国土空间规划体系下
详细规划编制审批管理制度
优化与广州探索

邓兴栋　蔡小波　孙　立　霍子文　周岱霖
黄慧明　杨　震　胡嘉佩　吴天谋　张颖异　　著

U0330677

中国建筑工业出版社

粤AS（2023）032号

图书在版编目（CIP）数据

国土空间规划体系下详细规划编制审批管理制度优化
与广州探索 / 邓兴栋等著. —北京：中国建筑工业出
版社，2023.10

ISBN 978-7-112-29042-0

Ⅰ.①国… Ⅱ.①邓… Ⅲ.①国土规划—研究—广州

Ⅳ.①F129.965

中国国家版本馆CIP数据核字（2023）第155227号

责任编辑：刘　静
书籍设计：锋尚设计
责任校对：刘梦然
校对整理：张辰双

国土空间规划体系下
详细规划编制审批管理制度
优化与广州探索

邓兴栋　蔡小波　孙　立　霍子文　周岱霖
黄慧明　杨　震　胡嘉佩　吴天谋　张颖异　　著

*

中国建筑工业出版社出版、发行（北京海淀三里河路9号）
各地新华书店、建筑书店经销
北京锋尚制版有限公司制版
建工社（河北）印刷有限公司印刷

*

开本：787毫米×1092毫米　1/16　印张：15½　字数：311千字
2023年11月第一版　　2023年11月第一次印刷
定价：58.00元
ISBN 978-7-112-29042-0
（41742）

编写组

广州市城市规划编制研究中心

方棣波　吕萌丽　乔思航　李　景　李时雨　周　舟
温墨缘　蔡小波　熊李闽

广州市城市规划勘测设计研究院

王　烨　邓兴栋　庄泽鸿　刘　洋　刘莉娜　米名璇
李文龙　李亚洲　吴天谋　陈丹阳　周岱霖　胡嘉佩
钟　烨　黄慧明　韩文超　滕　腾　霍子文

北京建筑大学

王韵淇　孙　立　李佳萱　杨　震　邱怡凯　沈　洋
张安然　张颖异　赵　旭　秦梦楠　黄晓雯　路　玥

北京北建大城市规划设计研究院有限公司

王　玮　张志杰　武　全

广州产投产业园投资发展集团有限公司

杨　明

北京市规划和自然资源委员会详细规划处（城市更新处）

马红杰　李婉璐

目 录

第1章 / 理论基础
——详细规划"编审管"制度梳理

第 **2** 章 / ## 攻玉之石
——详细规划"编审管"制度推行实例解析

第 3 章 / 推陈出新

——详细规划"编审管"制度创新探索

第 4 章 / 庖丁解牛
——广州市详细规划"编审管"制度现状解读

第5章 / 创新探索
——新时期广州市详细规划"编审管"制度优化与探索

第 6 章 / 结论与展望

第 1 章

理论基础

——详细规划"编审管"制度梳理

1.1　概念内涵

　　详细规划是国土空间规划体系中的重要层级，是落实国土空间总体规划、面向实施管理的重要环节。国土空间规划"五级三类"的体系中，详细规划是一个强调实施性的规划类型，其具体任务是对具体地块用途和开发建设强度等作出的实施性安排，是开展国土空间开发保护活动、实施国土空间用途管制、核发城乡建设项目规划许可、进行各项建设等的法定依据，是保障公共利益、协调多方利益的关键平台，是完善城市治理体系的重要抓手。详细规划主要包括城镇开发边界内的详细规划（控制性详细规划和修建性详细规划）和城镇开发边界外的乡村地区[①]的详细规划（村庄规划，是以一个或多个行政村为单元来编制的详细规划）。

1.1.1　控制性详细规划概述

　　控制性详细规划（简称控规）是"以城市总体规划或分区规划为依据，确定建设地区的土地使用性质和使用强度的控制指标、道路和工程管线控制性位置以及空间环境控制的规划要求"。控制性详细规划以国土空间总体规划或者分区规划为依据，以土地使用控制为重点，详细规定各类用地性质、使用强度和空间环境要求。它强调规划设计与管理及开发相衔接，作为国土空间规划实施管理的依据并指导修建性详细规划的编制与建筑设计等后续工作。控制性详细规划重点关注对建成环境中公共利益的保障，明确社会各阶层、集团和个人在城乡建设和发展中的责、权、利关系，并积极运用城市设计手段建造、管控良好的城乡空间环境。在国土空间规划体系中，控制性详细规划是连接总体规划与建设实施之间具有承上启下作用的关键性规划，在规划管理体系中处于核心地位。"承上"是要衔接国土空间总体规划，"启下"是要指导具体的建设方案实施，把总体规划的发展战略、发展要求等宏观控制转化为对具体地块的微观控制。控制性详细规

[①] 编者注：乡村地区（rural area）与城市地区相对应，村庄是乡村地区的基本单元。乡村地区指城市建成区以外的一切区域，是一个空间地域系统，一般包括村庄和乡镇的广大地域。乡村的土地利用类型为粗放型利用的农业用地，拥有开敞广阔的郊外环境和人口规模较小的聚落。从社会学角度讲，乡村是以血缘、地缘为主要社会关系的，传统的、具有地方性的同质地域群体。从产业的角度讲，乡村等同于农村，指的是以农业生产为主体的地域，农业是其生产、存在与发展的前提和条件。

划也是各级自然资源主管部门依法行政的依据，它直接面向开发地块的规划调控层次，重点保障公共设施、基础设施、绿地等"公共产品"的合理配置，并调控项目开发可能产生的不利影响，将"分散、短视"的地块开发整合到国土空间整体发展的框架之中，从而保障城乡发展的整体利益和长远利益。国土空间规划体系下的控制性详细规划在方法体系上，应以全域管控作为规划手段，提升对城乡建设空间外江、河、湖、海、田、林等广阔国土资源的保护和利用，对国家公园、风景名胜区、历史文化保护区等范围内存在建设需求的空间进行必要的管制，以保障全域国土空间的土地发展权；对于无发展需求的空间，应严守底线、保留必要的弹性。同时应注重将生态理念融入国土空间规划以形成新的空间规划逻辑，从生态文明的高度来提升资源的节约程度及生态环境的保护力度，促进产业结构增长方式与消费模式的协调，以正确的生态文明价值观取代以往的工业文明价值观[①]。

1.1.2　修建性详细规划概述

修建性详细规划就是对城市的地块建设进行总体策划，并作出具体的安排和设计，以指导各项建筑和工程设施的设计与实施的规划[②]，是城市总体规划、控制性详细规划与建设管理、工程设计的中间环节，它以城市总体规划、分区规划、控制性详细规划为依据，研究和确定建筑、道路以及环境之间的相互关系，用直观、具体、形象的表达方式来落实和反映各个建筑项目所包含内容的落地安排，从实施建设的层面对规划区内的当前或近期需要实施开发的各类用地、建筑空间、绿化配置、公共服务设施以及市政、道路等工程设计等作出具体安排和指导。[③]修建性详细规划具有可实施性、针对性、严谨性、整体性、全面性、编制主体多元性、编制成果多元性的特征。在规划传导过程中，修建性详细规划必须按照控制性详细规划所规定的功能分区、用地性质和各项控制指标进行规划，能够直接指导地块的具体建设，是确定性的规划。同时，修建性详细规划针对规划条件不稳定的情况，对规划条件进行分析研究并同步进行空间落实，能够起到核定规划条件的作用，保证城市规划的顺利实施。[④]在成果表现形式上，修建性详细

① 李鹏，马灿. 国土空间详细规划技术逻辑重塑与创新 [J]. 规划师，2021，37（9）：5-9.
② 畅月萍. 投资效益评估法在城市修建性详细规划中的推广和应用 [J]. 规划师，2010（S1）：53-55.
③ 阳建强. 详细规划 [M]. 北京：中国建筑工业出版社，2016：64-65.
④ 张伟娟. 从悖论走向创新——浅谈修建性详细规划对规划条件的核定作用 [J]. 规划师，2012（S2）：150-163.

规划具有直观的图纸表现形式,建设开发主体基本明确,更容易使规划涉及的利害关系人与开发建设单位、政府之间就规划的内容进行协商,以保障各方的合理利益,将外部效应调控在各方都可以接受的范围内,使得修建性详细规划成为调控消极外部效应的重要载体。[①]

1.1.3 村庄规划概述

村庄规划是指在一定时期内,为实现村庄[②]经济社会发展的目标,以一个或者几个行政村[③]为单元,基于国家相关法律法规,通过空间规划等技术手段,对村域内国土空间的生态保护、土地利用、居民点[④]建设、生产生活设施建设等活动进行的统筹布局和具体安排。村庄规划是国土空间规划体系中乡村地区的详细规划,是乡村地区开展国土空间开发保护活动、实施国土空间用途管制、核发乡村建设项目规划许可、进行各项建设等的法定依据。村庄规划的范围涵盖行政村村域的全部国土空间。村庄规划作为乡村地区的详细规划,既要承担落实上位国土空间规划中关于城乡统筹和乡村振兴的政策要求、乡村地区国土空间开发和保护的管控要求、乡村地区重大基础设施建设要求以及村庄居民点布局和村庄文化保护要求等,又要明确村域国土空间布局,明确生态红线、永久基本农田和其他耕地的保护,还要发动村民广泛参与,结合上位国土空间规划的指引,依据村庄自身特点制定村庄发展目标、制定符合村庄实际的生产生活设施建设安排

---

① 邹丽东. 在修建性详细规划评审阶段调控消极外部效应——以上海市为例 [J]. 规划师,2004(9):10-12.

② 编者注:村庄是指主要以农耕业为主的非城市人类活动区。从地理学角度来说,是指居民以农业为主要经济活动的空间聚落,是乡村聚居社会的载体和农村居民发展的平台,通常指社会生产力发展到一定阶段上产生的,并且相对独立的、具有特定的经济、社会和自然景观特点的地区综合体,村庄是乡村生产生活、人口组织和经济发展的基本单位。在我国,村庄拥有着明确的空间范围,是包含了村域管辖权、土地使用权和发展权以及各种社会经济要素的实体。同时我国的村庄是一个自治体,土地属于集体所有。

③ 编者注:行政村指政府为便于管理而确定的管理机构所管辖的区域,并设村民委员会,村民委员会是村民自我管理、自我教育、自我服务的基层群众性自治组织,是农村社会基层的管理单位。自然村是人类长期生产生活自发形成的聚居点,是农村社会的基本细胞,是农民日常生活和交往的社会基层单位。自然村通常是一个或多个家族聚居形成的居民点,早期多是由一个家族演变而来的,由同姓、同宗族的人聚居在一起构成。在地理范围上,村庄由一个或多个自然村组成,故行政村一般大于自然村。

④ 编者注:集镇是较大规模的居民点,是乡村一定区域内经济、文化和生活服务中心,是乡村地区商品经济发展到一定阶段而自然形成的居民点,通常由具有一定商业贸易活动的村庄发展而成。集镇是乡村与城市之间的过渡型居民点,早期的集镇便是城市的雏形。

和符合地域特色的居民点建设和人居环境整治提升等安排，并明确规划内容的实施路径和实施计划。村庄规划不同于城镇开发建设区的详细规划，它既包括了自上而下的刚性管控传导，又包括了村庄自身发展建设的具体安排，既是物质空间的规划，又是涉及社会层面的规划，是非常综合的详细规划类型。编制村庄规划、坚持规划引领是推动乡村振兴、促进城乡融合发展，加快农业农村现代化，提高人民幸福感、获得感和安全感的重要保障。

1.2 工作要求

1.2.1 分级分类传导的要求

1.2.1.1 分级分类传导的缺失

当前，在城市规划管理过程中出现一定程度的"总详脱节"[①]问题。从《中华人民共和国城市规划法》到《中华人民共和国城乡规划法》（简称《城乡规划法》）的修法过程中，分区规划被取消。由于中间层次规划的缺失，总规对下层次规划的指导和约束作用缺乏传导的载体，导致总规难以发挥战略引领作用，在城市规划管理过程中出现一定程度的"总详脱节"问题[②]。具体体现在：一是由于很多城市缺少市县级总体规划向详细规划的分层传导路径，常出现详细规划脱离总体规划编制的情况；二是传导内容过分关注中心城区与建设空间拓展，未能实现全域覆盖；三是传统城市规划对强制性内容、引导性内容的传导方式和要求不明确，提出的管控和传导细则深度不够，刚弹划分不清晰。

1.2.1.2 分级分类的具体要求

2019年5月发布的《中共中央 国务院关于建立国土空间规划体系并监督实施的若

---

① "总详"为"总体规划、详细规划"的简称。
② 黄孚湘，韩文超，朱红. 国土空间详细规划编制的"总详联动"机制研究 [J]. 规划师，2021，37（17）：23-29.

干意见》（中发〔2019〕18号）（简称《若干意见》）提出分级分类建立国土空间规划的总体框架，指出国土空间总体规划要统筹和综合平衡各相关专项领域的空间需求。总体规划是详细规划的依据、相关专项规划的基础，相关专项规划要相互协同，并与详细规划做好衔接。从规划层级和内容类型来看，可以把国土空间规划分为"五级三类"。"五级"是从纵向看，对应我国的行政管理体系，分五个层级，就是国家级、省级、市级、县级、乡镇级。其中国家级规划侧重战略性，省级规划侧重协调性，市县级和乡镇级规划侧重实施性。"三类"是指规划的类型，分为总体规划、详细规划、相关的专项规划。总体规划强调的是规划的综合性，是对一定区域，如行政区全域范围涉及的国土空间保护、开发、利用、修复作全局性的安排。详细规划强调实施性，一般是在市县级以下组织编制，是对具体地块用途和开发强度等做出的实施性安排。相关的专项规划强调的是专门性，一般由自然资源部门或者相关部门来组织编制，可在国家级、省级和市县级层面进行编制，特别是对特定的区域或者流域，为体现特定功能对空间开发保护利用作出的专门性安排。

1.2.1.3　分级分类传导的探索

因此，当前详细规划需要响应国土空间规划分级分类传导要求，构建"总详传导链"。近年来，为实现和优化总详衔接，各地积极进行详细规划编制探索。例如，北京在分区规划之下构建了"街区指引—街区控规—地块实施方案"三级传导的详细规划层级体系，其中街区指引重在将分区规划意图分解至街道，街区控规则进一步细分至社区，地块实施方案在深化研究的基础上明确地块管控要求，实现不同层级规划之间的有序传导。上海在总体规划和详细规划之间增加了单元规划层次，通过"单元规划—街区控规"分层传递管控要求，主城内的单元规划以区的行政管辖范围为编制范围，街区控规则尽可能结合街道范围编制①。

1.2.2　全域全要素规划的要求

1.2.2.1　全域全要素规划的缺失

传统的详细规划重点关注城乡建成区。在城镇化进程不断推进的过程中，农村的劳

---

① 胡海波，曹华娟，曹阳. 国土空间规划体系下详细规划再认识与改革方向［J］. 规划师，2021，37（17）：12-16.

动力也不断地向城市集聚，使得城市获得了充足的发展动力，但也不断加大了城乡间的差距。同时，生态空间、农业空间等非建设空间在传统的规划模式中通常采用刚性管控，仅仅得到了底线保护，未能满足地区"保用结合"的目标。非建设空间除土地用途外，在土地治理、生态修复、配套设施的建设、功能的管控、准入的项目类型等方面始终缺乏有效的规划管理、监督工具。[①]

中国新时代生态文明建设正处于保护修复生态环境的关键时期[②]，但城市建成区外的各类用地、生态空间等缺乏详细规划层面的规划管理，使得生态文明建设理念在详细规划中的落实效果不够显著。2019年5月，《中共中央 国务院关于建立国土空间规划体系并监督实施的若干意见》，提出建立国土空间规划体系并监督实施，实现"多规合一"。在现行的国土空间规划体系中，详细规划基本延续了原控规的法律地位和作用[③]。国土空间规划体系确定了城镇开发边界、生态保护红线与永久基本农田保护红线的划分标准，并提出在城镇开发边界内延续控制性详细规划的内容，在城镇开发边界外进行村庄规划管控。[④]但该划分方式依旧缺乏对非建设用地的管控，使得山、水、林、田、湖、草区域处于控制"真空区"，缺乏明确的管控依据。

1.2.2.2　全域全要素规划的具体要求

从字面上来看，全域全要素规划包括两方面内容。全域，即地域范围覆盖陆地、水域、领空等，涵盖城镇空间、农业空间与生态空间，形成全域统一的管控框架。全要素，即围绕人与自然和谐共生、山水林田湖草是一个生命共同体的核心理念，统筹山、水、林、田、湖、草等自然资源，同时融合人、车、路、地、房等社会要素，形成全要素融合的管控基础。将全域全要素管控作为详细规划的手段，就需要将管制范围扩展为覆盖广大农村和非建设区的全域空间，并对空间内各类资源的保护和利用作出科学合理的实施性安排。[⑤]在城镇开发边界内的区域继续编制控制性详细规划，在城镇开发边界外的乡村地区，可以一个或几个村为单位编制村庄规划，作为详细规划对村庄地区进行

① 赵广英，李晨. 国土空间规划体系下的详细规划技术改革思路［J］. 城市规划学刊，2019（4）：37-46.
② 王军，应凌霄，钟莉娜. 新时代国土整治与生态修复转型思考［J］. 自然资源学报，2020，35（1）：26-36.
③ 王飞虎，黄斐玫，黄诗贤. 国土空间规划体系下深圳市详细规划编制探索［J］. 规划师，2021，37（18）：11-16.
④ 李鹏，马灿. 国土空间详细规划技术逻辑重塑与创新［J］. 规划师，2021，37（9）：5-9.
⑤ 韩文静，邱泽元，王梅，等. 国土空间规划体系下美国区划管制实践对我国控制性详细规划改革的启示［J］. 国际城市规划，2020，35（4）：89-95.

管控。在此基础上还要提出农业布局、农田保护、生态管控等方面的要求，根据非建设用地的特性，分类划定单元，对各单元提出不同的管控重点，进一步落实国土空间规划全域全要素的要求。

1.2.3 全过程全方位实施管控的要求

国土空间体系下详细规划的实施管理需要建立"全局观"，要求统筹各主体要素、各层级并分区明确管控要求，制定详细规划全流程管控的传导机制。

1.2.3.1 横向统筹：全方位统筹的空间治理要求

（1）城镇建设空间

城镇建设空间需响应品质空间营造的要求。在存量更新背景下，"小规模、渐进式"的开发建设活动将是空间发展的主要建设方式，其更加关注品质空间营造、特色空间塑造等。[1]然而，目前的控规编制仅适用于土地出让管理和整体开发控制，已经无法满足空间发展的多元化需求，主要问题体现在以下两点。其一，品质空间营造不足。现行控规主要运用"平面化、指标化"的控制方式进行城镇空间建设[2]，对不同区域空间肌理的复杂性、功能的复合性、生活的多样性等关注欠缺，导致空间千篇一律。其二，社会空间治理欠缺。存量开发背景下以局部改造、综合整治为主的开发建设涉及大量产权问题，需要将个人权属关系、多元利益诉求和公共利益保障等纳入详细规划编制，现行控规对该方面的关注尚有不足。故需通过分类塑造高品质空间、附加图则等措施，进一步落实城镇建设空间的品质性要求。

（2）乡村建设空间

乡村建设空间需响应乡村振兴发展的要求。作为乡村一、二、三产业融合发展的重要载体，集体经营性建设用地为乡村产业发展提供了空间保障。[3]在乡村振兴背景下，集体经营性建设用地要素流通加大，需要借助详细规划落实用地入市规模、控制指标和

① 徐家明，雷诚，耿虹，等. 国土空间规划体系下详细规划编制的新需求与应对［J］. 规划师，2021，37（17）：5-11.

② 姜涛，李延新，姜梅. 控制性详细规划阶段的城市设计管控要素体系研究［J］. 城市规划学刊，2017（4）：65-73.

③ 王竹，孙佩文，钱振澜，等. 乡村土地利用的多元主体"利益制衡"机制及实践［J］. 规划师，2019，35（11）：11-17，23.

功能布局等管控内容，为各项建设提供法定依据，对统筹城乡建设用地市场、盘活乡村闲置资源和提高乡村空间治理水平意义重大。然而，现行控规重点关注城镇建设空间，对乡村建设空间的治理较为欠缺。故需在现行控规指标、功能等管控的基础上，分类细化建设空间治理，进一步落实乡村建设空间的实用性要求。

（3）非建设空间

非建设空间需响应全域全要素统筹的要求。落实全域空间用途管制是空间治理的基础，其要求管制对象从"点"扩展到"域"，从过去局限在城镇建设空间转向全域国土空间。[①]同时，乡村经济的发展依靠农业、旅游休闲和近郊服务等业态，故农业、生态等非建设空间是乡村经济的重要载体，对其的合理利用更是实现乡村振兴的重要途径。然而，非建设空间治理存在以下问题。其一，消极治理。当前对非建设空间的治理以生态、农业保护为导向，编制生态保护专项规划，对开发建设活动实施强制性管控，严重限制了现代农业配套设施等的建设，对乡村的合理建设诉求响应不足。其二，缺乏统筹。现有管控体系包括林业、农业和水利等多部门的空间管控要求，不仅存在交叉、重叠的问题，还存在各部门管控冲突的问题。故需通过"一张图"融合不同职能部门的专项规划、积极治理等措施，进一步落实非建设空间的积极性要求。

1.2.3.2 纵向传导：全过程管控的传导路径要求

传导路径需要满足全过程管控的要求。《若干意见》提出，下级国土空间规划要服从上级国土空间规划，每一级国土空间规划须明确规划传导空间载体，并对规划约束指标、刚性管控要求和指导性要求进行分解传导，健全规划实施传导机制，提出详细规划的分解落实要求。[②]2020年9月，自然资源部发布的《市级国土空间总体规划编制指南（试行）》也提出，"按照主体功能定位和空间治理要求，划分规划分区"，"编制分区规划或划分详细规划单元，加强对详细规划的指引和传导"。因此，落实上级国土空间规划的管控要求并建立逐级传导管控机制是国土空间规划体系下详细规划工作的重要要求，亦是使规划管控具有可实施性的重要保障。

然而，现行详细规划仍存在以下问题。其一，对自上而下的管控缺乏统筹。目前以单个地块编制控规存在空间破碎化问题，导致总体规划的战略性、强制性等目标缺乏统筹。其二，对自下而上的开发建设需求考虑不足。在《城乡规划法》颁布后，许多城市

---

① 孙施文. 从城乡规划到国土空间规划 [J]. 城市规划学刊，2020（4）：11-17.
② 王飞虎，黄斐玫，黄诗贤. 国土空间规划体系下深圳市详细规划编制探索 [J]. 规划师，2021，37（18）：11-16.

在短期内进行控规全覆盖总体规划区的实践，导致控规管控与后续开发建设需求脱节，需求侧与供给侧的"盲区"凸显。

故详细规划需要关注落实上下管控与响应地方发展之间的协调性关系。其一，分级落实上下管控。详细规划编制要从"地块"向"单元+地块"的综合治理转型，首先要确定"详细规划单元"的主导功能、开发强度、公共设施配套等战略性与强制性内容；其次要在单元内部划分"详细规划地块"，进一步落实和细化管控要求；最后要在满足相关规范的基础上，在整体单元层次统筹单个地块的管控要求。其二，积极响应地方发展。首先要精准把握发展诉求，通过调研不同主体的开发建设需求，打通需求侧与供给侧的"盲区"，在保障公共利益底线的同时响应市场主体的多元开发诉求；其次要留有弹性发展余地，通过实线控制、指标控制、虚线控制、留白控制和点位控制等刚弹结合的管控方式，为未来发展的不确定性留有余地。以此进一步落实传导路径的全过程管控要求。

1.3　再次认知

1.3.1　规划与规则的结合

详细规划作为国土空间规划中"底线管控"和"分区引导"的管制工具，应该改变已有的固化思维，兼具规划与规则的双重属性，严守底线、留足弹性，深化技术标准创新。

1.3.1.1　规划应与规则保持辩证关系

有学者提出"规划具有未来导向性"，"规则具有普遍约束性"[①]。规划和规则是互相关联的辩证统一关系，而不是孤立存在的两种指导方式。规划是面向长远的发展蓝图和

---

① 黄明华，赵阳，高靖葆，等. 规划与规则——对控制性详细规划发展方向的探讨［J］. 城市规划，2020，44（11）：52-57，87.

一种可能未必是最优的设计方案，是可以合理变化的，需要制定系统的规则来保证规划的有效执行。因此规划是规则实施过程中要达成的目标，规则则是保障规划预期实现的措施，现实则是按规则执行后规划落成的结果。

1.3.1.2　详细规划应兼具规划与规则的双重属性

传统控规重规划、轻规则，表达的是未来导向性的期末建设结果，采用的是图表控制的管控方式，仅关注基础需求，对空间品质和特色营造不足。面对经济社会发展和城市建设的复杂性，尽管有的控规对建设时序有引导，部分指标也采用了弹性控制，但仍缺乏高效的动态应对措施，导致控规调整变动频繁，规划的权威性不够而广为社会诟病。

国土空间规划体系下，详细规划在落实和分解总体规划的宏观战略要求、保证强制性内容的同时，应兼具规划与规则的双重属性，用规划和规则分别表述可能的建设结果和管控措施。其中，建设结果包括土地使用功能、开发强度和设施配置等相对合理的方案，管控措施包含概括或抽象出方案的内在核心控制要素，使多种方案的灵活实施成为可能。

1.3.2　编制与管理的结合

在梳理详细规划编制技术和实施管理互动关系的内在逻辑时，既要关注编制与管理关系的两重性，更要关注编制与管理作为一个整体在社会经济发展中的地位和作用。

1.3.2.1　编制应与管理保持互动关系

规划编制是一项技术工作，结合当下城市管理需求及城市发展规律谋划目标、定位、用途和指标等，制定未来管理依据。规划管理是一项行政工作，是依法依规组织规划编制、开展规划审批、执行规划成果的过程。规划编制与规划管理的两重性体现在精细建设的可能性和实施管理的现实性，也可理解为技术性和法律性。两者目标一致，表现不同，互为支撑，即管理给编制提要求，编制为管理定规则。两者一旦脱节，则编制缺方向引导，管理无规则可依。

1.3.2.2　详细规划应是"编管协同"的产物

传统控规重技术、轻管理，成果往往局限于技术属性，对于城市管理中公共利益的考虑不足[①]，城市发展决策过于理论化，难以平衡规划的科学性与规划管理的灵活性和实用性，导致规划与管理的脱节[②]，造成许多地方出现控规"编而不批""编而不用"的现象。

国土空间规划体系下的详细规划应是"编管协同"的产物，详细规划作为管理的法定依据，应当具有足够的严肃性，因此其编制过程需要从过去简单的在标准和规范下进行规划，转向关注规划实施过程中的主要使用者和受规划调节影响的权益主体人，由使用者提出的方案可在较大程度上提升土地利用效率，同时也应充分适应市场的变化，体现其灵活性和权威性，健全动态管理维护机制，更好地应对复杂的城市建设发展情况。

1.3.3 空间与事权的结合

详细规划是政府与市场空间权益协调的界面，其编制应实现对国土空间的全覆盖，研究各级政府的规划权责边界，甄选规划管控要素，建立尊重事权的空间管控体系。

1.3.3.1 空间应与事权保持匹配关系

保障公共利益是空间规划的根本使命，其在规划中的体现方式之一是公共服务功能的配置。以空间为基础的公共服务功能配置主要考虑的是公共服务设施规模与人口规模的匹配关系，以及公共服务设施布点与服务半径的协调关系，其前提是各类公共服务设施可以无门槛地均等使用。现实生活中，各级各类公共服务设施的建设、运营与各级政府的事权紧密关联，通常有较强的行政辖区属性，存在有门槛的差别使用限制，如学校之于学区，行政服务之于行政管辖范围。两者一旦失配，就有可能导致貌似合理的公共服务设施配置与布局方案，在实际使用中无法给使用者提供便利的服务。要解决这一问题，既要寄希望于政府治理水平的提升，用新的管理方式打破更多的服务壁垒，也需要在规划时充分考虑空间与事权的匹配，以减少可能出现的矛盾。

1.3.3.2 详细规划应是尊重事权的空间管控

传统控规重功能空间、轻事权治理，管控单元往往按功能以自然地理界线、线性交

① 徐耀宽，刘楚君. "一张蓝图干到底"之下控规编制与管理的对策——以广州为例 [J]. 中外建筑，2018（6）: 68-70.
② 龚毅，段宁. 当前控规编制与实施管理的反思——以长沙市控制性详细规划评估工作为例 [C] //规划创新: 2010中国城市规划年会论文集，2010.

通设施和开发建设功能等空间要素进行划分，与地方实际管理辖区不相符[1]，难免会造成跨行政区的单元在建设中出现失控现象[2]，导致设施配置的缺失或重复。

国土空间规划体系下的详细规划应是尊重事权的空间管控，改变过去一刀切的做法，综合考虑公共服务的管控、开发利益的平衡和市场服务的引导，在结合区、街道、社区的权利与责任的前提下，经营性用地的配置应充分考虑不同实施主体的成本与收益关系，而市场服务设施的配置应以人口分布与交通可达为基本原则，合理划分管控单元。在规划和实施之间划定空间与事权匹配的权利边界，既明确行政实施主体的功能配套责任和用地开发收益，也兼顾功能设施的合理服务范围。此外，随着信息技术的发展，多数城市已具备平台化管理的条件，通过技术管理平台实现项目许可、规划审批等流程，建立基于规划事权的信息管理体系成为可能。各级管理主体在同一工作框架下，根据自身权限，实施规划管理审批、监测、预警和评估等。[3]

1.4　研究进展

1.4.1　详细规划编制研究进展

1.4.1.1　详细规划编制制度历程

1980～1990年间，我国展开了详细规划的理论探索。20世纪80年代初，我国开始明确实行有计划的商品经济，并建立土地有偿使用制度，由单一的计划分配转变为计划和市场交易并行的双轨模式。为适应经济发展转型的管治要求，在借鉴我国香港法定图则与美国区划的规划经验的基础上，形成了以土地开发指标控制为核心的控制性详细规划制度。最早的探索包括广州的街区规划、上海虹桥开发区规划、桂林市中心区详细规划研究、温州的旧城改造等。

---

① 张艳芳，刘治彦. 国家治理现代化视角下构建空间规划体系的着力点［J］. 城乡规划，2018（5）：21-26.
② 胡耀文. "多规合一"实践中的生态探索［J］. 景观设计学，2016（5）：38-45.
③ 赵广英，李晨. 国土空间规划体系下的详细规划技术改革思路［J］. 城市规划学刊，2019（4）：37-46.

1991～2000年间，我国正式确立详细规划编制制度。1991年10月1日施行的《城市规划编制办法》（已废止）第一次以部门规章的方式解释和定义了控制性详细规划及其编制内容；1992年的《城市国有土地使用权出让规划管理办法》规定，城市国有土地使用权出让前应该制定控规；1995年《城市规划编制办法实施细则》对控制性详细规划编制的详细内容要求作了进一步的规定。通过一系列部门规章，基本建立了控规的编制与规范管理的制度框架。

2001～2011年间，各类法律法规使控制性详细规划作为土地出让条件和规划管理直接法定依据的法定地位不断加强。这一时期全国各地都开始重视详细规划的编制，很多城市都推进了总规建设用地范围的控规全覆盖工作。2001年《国务院关于加强国有土地资产管理的通知》和2002年《招标拍卖挂牌出让国有土地使用权规定》出台，明确规定经营性用地使用权出让必须采用"招拍挂"方式，控制性详细规划直接与土地的"招拍挂"挂钩。2006年4月1日起施行的《城市规划编制办法》（建设部令第146号）主要从六个方面对控制性详细规划的内容进行规定，主要包括：确定规划地块的用地性质、边界线及其建筑类型；确定规划地块的控制指标和控制要求；提出城市设计引导要求；确定交通设施控制要求及道路相关设计要求；确定各市政工程管线规划要求及地下空间开发要求；对土地使用和建筑管理进行规定。此外，还明确了控制性详细规划编制的控制指标等强制性内容。2007年《全国工业用地出让最低价标准》规定，工业用地也必须采用招标拍卖挂牌方式出让。2008年1月1日施行的《城乡规划法》中明确："未确定规划条件的地块，不得出让国有土地使用权"。2011年1月1日起施行的《城市、镇控制性详细规划编制审批办法》从四个方面对控制性详细规划的主要内容进行了规定，包括：确定用地性质及其兼容性；确定容积率等用地指标；确定基础设施、公共服务设施和公共安全设施的控制要求；确定绿线、紫线、蓝线、黄线等控制要求。此外，还提出了划分规划控制单元、编制单元规划等要求。

2012年至今，详细规划进入了快速发展阶段，为社会经济发展发挥了积极的作用。2013年党的十八届三中全会提出建立统一空间规划体系，2014年我国在武汉、宁夏等地推行"多规合一"试点工作。2017年《自然生态空间用途管制办法（试行）》颁布，标志我国用途管制在空间覆盖范围上逐步完善。2018年自然资源部成立，统一行使所有用途管制职责，结束了过去"九龙治水"的分散管理局面，由详细规划一并负责实施。2019年5月，《中共中央 国务院关于建立国土空间规划体系并监督实施的若干意见》发布，提出了"五级三类"的国土空间规划体系，明确了国土空间规划体系的主要方向。

详细规划编制的规划实践，为落实依法治国理念，实现城乡一体化发展作出了有益探索，但也出现了制度性异化现象。理论上，这些实践探索加剧和暴露了城市发展的不确定性与法定规划确定性之间的内在矛盾，现实中，详细规划的频繁修改又屡屡挑战详细规划的法律地位，与依法治国的理念背道而驰。

1.4.1.2　详细规划编制中存在的问题

首先，详细规划的公共属性难以得到合理的管控。城市规划不同于其他营利性设计行业，它具有公共政策的属性，是市县级政府管理城市、指导城市建设的重要决策工具。然而详细规划的编制单位无法更好地从城市管理的角度去考虑公共利益，对城市发展的决策也过于理想化，缺乏可实施性和客观性。城市管理重审批、轻研究，无法更好地运用技术手段去解决城市问题，导致规划管理与规划编制的脱节，在控规的实际使用过程中存在各种问题。

其次，过往详细规划的编制体系难以适应多元化的利益需求。详细规划中的控制性详细规划作为法定规划，批复后便难以调整，或面临复杂且周期长的调整程序，但是城市发展具有不确定性，城市建设的复杂性难以预判，尤其是老城区，用地权属众多，利益主体复杂，现行体系缺乏一定的灵活性和可实施性，弹性不足，刚性有余，难以适应当前复杂的城市建设情况。由于规划编制时的科学性和前瞻性不足，加之于城市发展的不确定性因素众多，使其在实施过程中难以适应市场的多样化需求。

再次，过往详细规划编制缺少上位统筹，忽视生态本底，导致规划空间分割。以往空间规划管制侧重点在于"规划区"内的城乡建设空间；土地用途管制以耕地保护为核心，严格管制"农转非"；森林、水域等生态资源用途管制则存在空间边界不清、部门职权交叉重叠的问题。[1]各用途管制侧重点、深度不统一，没有上层制度的统筹规范，缺少协调各用途管制落地的依据。

最后，过往详细规划的编制技术难以适应信息化的社会。《若干意见》提出，将主体功能区规划、土地利用规划、城乡规划等空间规划融合为统一的国土空间规划，实现"多规合一"。国土空间规划要求逐步建立"一张图"规划平台，将规划信息矢量化，实现数据的融合。详细规划的信息共享程度较低，大部分地市都没有完整统一的规划信息平台和数据库，也没有统一的基础数据入库标准，其编制多依靠工作经验，增加了大量重复性工作，严重影响了工作效率。在"多规合一"的大背景下，基础数据处理任务增加，编制技术手段亟待更新。

---

① 汪毅，何淼. 新时期国土空间用途管制制度体系构建的几点建议［J］. 城市发展研究，2020，27（2）：25-29，90.

1.4.1.3 新时期我国详细规划编制体系的探索

首先，探索详细规划编管单元管理方式。详细规划要保证市级总体规划确定的强制性内容得到有效落实，以实施国土空间用途管制的方式引导其完成，这意味着要将上位"总体"目标要求转化到"地块"的控制要求上，这中间需要一个传导工具，以实现管制落地。因此，详细规划应以"编管单元"为单位拆分传导内容，分单元构建"传导要素+规则管制"两级指标体系来导控城市土地的使用。其中，传导指标用以保障上位规划强制性内容能够顺利传导，包括土地要素的"量"、城市空间的"布局"、控制边界的"线"及基础设施的"点"等；管制指标以"双评价"为基础，严格落实城镇空间、生态空间、农业空间不同空间的管制区域与规则，在避免空间分割的同时制定差别化的管控细则。目前，国内各个大城市针对编制单元层面规划，提出街区控规、控制性编制单元、城市发展单元、规划编制单元等多种规划编制方式予以解决和优化。对于大城市和特大城市，从总体规划到详细规划的传导层级相对较多。上海就建立了总体规划、分区规划、控制性编制单元规划（简称单元控规）、地块控规的四级传导体系。[①]单元控规有三个非常重要的作用，即定性质、定功能、定总量，单元控规可以把总体规划确定的性质、功能和容量等刚性内容有效分解，并结合上海"两级政府三级管理"的行政体制进行传导落实。北京建立了总体规划、分区规划、街区指引、街区控规的传导体系，在详细规划层面，街区指引需要备案，街区控规为法定依据。[②]街区是街区控规编制、深化和维护的最小单元，也是核定人、地、房指标和落实三大设施的基本单元。中小城市的市辖区、中心城区，由于规模不大，总体规划的向下传导一般通过详细规划编制单元落实，编制单元的面积应控制在1~5km^2。总体规划确定的指标可以分解到每个单元，并在单元内综合平衡和动态维护各内部地块的有关指标。例如，广东近期印发的《关于加强和改进控制性详细规划管理若干指导意见（暂行）》提出，在城镇开发边界范围内结合行政区划、城镇功能等划分用地面积合理、相对稳定的控规单元，但对于分区规划并没有作强制性的规定要求。

其次，在详细规划编制阶段就应充分考虑规划实施管理的要求，将对应实施管理的规划编制作为各类开发保护建设活动的基本依据。目前，全国层面在建立"一张图"信息平台、规划动态评估修改机制和国土空间开发保护监测预警系统等方面持续推进；在

---

① 凌莉. "体系衔接与治理创新"——上海市单元规划的演进与探索 [J]. 上海城市规划，2018（4）：80-85.

② 常青，石晓冬，杨浚. 新时代推动国土空间规划重构的实践探索——以北京为例 [J]. 城市规划，2021，45（5）：61-67.

地方层面，厦门在"多规合一"阶段就开始探索构建面向规划实施的空间规划体系，通过构建面向治理主体的规划编制体系、搭建信息共享和协同管理平台、统筹建设项目等方式，提升规划在空间治理中的作用①；嘉兴在规划编制中提出主体功能区政策、弹性留白政策、全生命周期管理政策、要素管理政策和设施共享政策五类政策保障机制②；新疆阿克苏地区探索通过严格层级传导、精细化空间管制和强化生态优先的地方特色等策略实现国土空间用途管制③。

再次，对生态、农业空间进行进一步控制性规划。我国沿海发达地区和部分特大城市围绕生态空间的规划管控，开展了大量的实践探索。在深圳、厦门、北京、上海、武汉和成都等地涌现出生态控制线规划、限建区规划、生态网络规划、生态守护规划等生态空间类规划。④在自然保护地体系中，风景名胜区内也建立了总体规划、详细规划、修建性详细规划的传导机制，推进生态保育修复和风景游憩发展。在乡村地区，除村庄规划外，农业空间也是详细规划编制一直在探索的领域。上海在2012年开始探索编制郊野单元规划，推进建设用地集约使用和减量化发展⑤，探索建立了"以减定增"为核心的政策体系。上海在全市域郊野地区划分了104个郊野单元，与998个控规单元无缝衔接，大多数郊野单元以乡镇行政边界为划分边界，如新浜镇郊野单元、外冈镇郊野单元等；也存在以主导属性为依据，跨行政边界选取区域交通通道、河流湖泊等明确、稳定的要素进行划分的情况，如青西郊野单元（郊野公园）。杭州也探索建立了郊野地区分层管控的规划编制技术体系⑥，如在余杭区大径山区域划定了若干郊野单元，在郊野单元内进一步划分功能区。

最后，构建基于"一张图"系统的规划动态化维护与智慧化管理平台，促进城市治理能力的不断提升。通过国土空间"一张图"+详细规划核心内容控制，实现从规划编制、管理到实施的信息化管控。在"一张图"的基础上，结合规划审批建设，将项目信

---

① 邓伟骥，谢英挺，蔡莉丽. 面向规划实施的空间规划体系构建——厦门市"多规合一"的实践与思考 [J]. 城市规划学刊，2018（S1）：32-36.

② 姚凯，杨颖. 市级国土空间规划的统筹与传导实践探索 [J]. 南方建筑，2021（2）：34-38.

③ 邵琳，曹月娥. 市县级国土空间用途管制的逻辑和运作策略——以新疆阿克苏地区为例 [J]. 南方建筑，2021（2）：51-55.

④ 吴岩，贺旭生. 生态空间控制性规划的探索实践与思考——基于国土空间规划的背景 [J]. 中国园林，2021，37（S1）：12-17.

⑤ 黄婧，吴沅箐. 乡村振兴背景下的上海市郊野单元村庄规划研究——以松江区泖港镇试点为例 [J]. 上海国土资源，2020，41（2）：13-18，30.

⑥ 余建忠，江勇. 城乡融合视角下乡村地区郊野单元规划编制实践探索——以杭州郊野单元规划编制为例 [J]. 上海城市规划，2020（2）：109-114.

息汇聚进入规划建设管理平台（BIM），实现规划建设协同联动。细化完善土地规划建设数据入库标准，对用地规划布局、开发建设强度、生态环境建设等进行监督，加强建设项目在土地使用期限内的全过程监管，实现系统化、精细化、动态化管理，促进土地集约高效利用。根据规划建设管理的不同需求建立规划控制和城市运行监测等指标体系，通过定期评估和动态反馈，及时进行规划调整和数据库更新维护，不断推动城市的高品质发展。

1.4.2 详细规划审批研究进展

1.4.2.1 详细规划审批制度历程

1980～2007年，详细规划审批处于探索阶段，审批主体与程序正逐渐完善。1980年颁布的《城市规划编制审批暂行办法》规定，市、镇和县城的详细规划与工矿区的详细规划，由所在市、镇、县人民政府审批，报上一级城市规划主管部门备案。1989年颁布的《中华人民共和国城市规划法》（中华人民共和国主席令第23号）中，详细规划审批主体由所在地人民政府独揽变更为依据编制分区规划与否及地块重要性，由城市人民政府或城市人民政府城市规划行政主管部门负责审批。2006年开始实施的《城市规划编制办法》开始提出详细规划的公众参与，不仅在编制过程中与审批前要采取公示、征询等方式，充分听取规划涉及的单位、公众的意见，而且在详细规划调整时，也需要取得规划批准机关的同意并向社会公开。

2007～2018年，详细规划审批体制实行分级审批的制度，并加强了专家审查与公众参与的安排。2008年颁布的《城乡规划法》进一步强化了详细规划编制与审批的法制性，并规定城市的控制性详细规划，经本级人民政府批准后，报本级人民代表大会常务委员会和上一级人民政府备案。镇的控制性详细规划报上一级人民政府审批。县人民政府所在地镇的控制性详细规划，经县人民政府批准后，报本级人民代表大会常务委员会和上一级人民政府备案。同时规定了城乡规划报送审批前，组织编制机关应当依法将城乡规划草案予以公告，并采取论证会、听证会或者其他方式征求专家和公众的意见。2010年通过的《城市、镇控制性详细规划编制审批办法》有着同样的分级审批规定，并进一步加强了对有关部门、专家和公众参与审查的规定。审查通过后，组织编制机关应当将控制性详细规划草案、审查意见、公众意见及处理结果报审批机关。

2018年后，详细规划审批随着规划体系的变革，开始面临进一步的强化要求。《中共中央 国务院关于建立国土空间规划体系并监督实施的若干意见》规定：在城镇开发边界内的详细规划，由市县自然资源主管部门组织编制，报同级政府审批；在城镇开发边界外的乡村地区，以一个或几个行政村为单元，由乡镇政府组织编制"多规合一"的实用性村庄规划，作为详细规划，报上一级政府审批。《若干意见》确立了国土空间规划的"五级三类"，首次将村庄规划纳入详细规划的范畴，延续了分级审批的制度，同时从强化规划的权威、改进规划的审批、健全用途管制制度、规划的监督实施、推进"放管服"改革等五个方面对国土空间规划的实施与监管作出要求。随后，相关部委、省、市文件纷纷在规划审批方面提出了与之配套的明确操作要求，2020年发布的《自然资源部办公厅关于加强国土空间规划监督管理的通知》(自然资办发〔2020〕27号)也提出了规范规划编制审批、严格规划许可管理、实行规划全周期管理、严格干部队伍管理的要求，明确提出深化"放管服"改革，在"多规合一"基础上全面推进规划用地"多审合一、多证合一"，提高审批效率。

1.4.2.2 详细规划审批中存在的问题

首先，详细规划审批权集中于政府，导致审批决策过程与结果均偏向封闭。在2008年前，详细规划的制定机关为所在地人民政府，政府及其行政主管部门集编制权与审批权于一身，缺乏有效的分工与制约。[①]此时详细规划的公众参与刚被提出，形式停留在成果公示层面，市民意志无法反映到详细规划决策中。[②]2008年《城乡规划法》以立法的形式规定了详细规划应当以论证会、听证会或者其他方式征求专家和公众的意见，但此时详细规划审批的决策权依然掌握在行政机关或其行政主管部门手中，封闭且主观的规划审批体系常常造成时间与资源浪费，容易为规划实施与城市发展带来无尽的"后遗症"，同时也不利于政府与公众意志的相互理解与支持。

其次，详细规划审批经常存在刚性与弹性难以平衡、多元利益难以协调的结构性问题。城市规划兼具规划和规则的双重特征，而详细规划既要向上承接总体规划的要求，又要向下指导具体的规划落地实施。但在现阶段，一方面详细规划审批呈现"一事一例"的个案化运作，规划性有余而规则性不足，难以实现国土空间规划体系下对空间治理的现代化要求。[③]另一方面，各级人大常务委员会和公众的审查往往流于形式，无法

---

① 唐绍均. 论我国城市规划审批决策体制的正义与效率 [J]. 城市规划，2008 (2): 50-54.

② 耿慧志，赵鹏程，沈丹凤. 地方城乡规划编制与审批法规的完善对策——基于地方城市规划条例的考察 [J]. 规划师，2009，25 (4): 50-55.

③ 黄明华，赵阳，高靖葆，等. 规划与规则——对控制性详细规划发展方向的探讨 [J]. 城市规划，2020，44 (11): 52-57，87.

对详细规划审批的刚性作用形成有效的监督与管理。^①此外，由于详细规划涉及多方利益，地方政府在详细规划审批中有着扩大城市规模、促进土地商业开发的诉求，土地开发商有着关注规划弹性、提升土地商业价值的诉求，公众则有着保障自身基本权利和提升自身福利水平的诉求，现行的规划审批机制在协调多方利益的过程中往往缺乏有效途径。^②

最后，详细规划审批经常存在土地资源配置和空间治理事权边界不清晰的问题。在我国，用地审批是各级政府行使权力的重要制度，也是国土空间规划审批制度的主要任务。其中，我国存量建设用地的用途和开发强度审批制度设计相对滞后，存在土地"产权人"的有效赋权问题、审批模式的转型问题和分级审批事权配置问题。^③此外，在国土空间规划体系下，详细规划审批一方面面临着非建设空间的用途管制体系不确定的问题，另一方面还需要解决总体规划的目标性内容与详细规划的约束性内容之间的传导逻辑和保障机制不清晰的问题。^④

1.4.2.3　详细规划审批的优化探索

首先，详细规划审批体系应与编制体系同步改革，维持分级审批的基本原则，并回归公共政策本质。在国土空间规划体系重构背景下，详细规划须适应"多规合一"与"多审合一"相结合的新要求，形成统一的审批流程、信息平台、审批管理体系和监管方式，应体现规划与规则的结合、编制与管理的结合、空间与事权的结合。^⑤详细规划审批决策权应适当交还于公众，可以延续部分城市推行的规划委员会制度，如延续广州市城市规划委员会细化完善技术审查机构内部职能分工、实施控规必要性论证作为控规调整的前置程序、下放重点片区审批权限等相关实践经验，进一步建立"事权清晰、放管结合、科学高效"的详细规划审批体系。^⑥

其次，应当在保障规划审批权威性的同时增强审批韧性，围绕行政管理主线完善多

① 张衔春，边防. 行政管理体制改革背景下规划审批制度优化对策［J］. 规划师，2014，30（4）：28-32.
② 屠李，张超荣. 多元利益诉求下的规划审批制度改革［J］. 规划师，2013，29（9）：99-103.
③ 何冬华，袁媛，刘玉亭，等. 国土空间规划中广州存量建设用地审批制度与策略研究［J］. 规划师，2021，37（15）：23-29.
④ 陈川，徐宁，王朝宇，等. 市县国土空间总体规划与详细规划分层传导体系研究［J］. 规划师，2021，37（15）：75-81.
⑤ 胡海波，曹华娟，曹阳. 国土空间规划体系下详细规划再认识与改革方向［J］. 规划师，2021，37（17）：12-16.
⑥ 刘涛. 治理能力现代化导向下的控规审批制度改革研究——基于广州市城市规划委员会的探索与实践［J］. 上海城市规划，2021（3）：98-102.

方参与审批的制度安排。规划审批制度的建设应基于社会公正原则和发展效率原则，保障规划审批作为规划法定环节的权威性，同时通过政府的职能转变，规范审批权的行使与多方制约。[①]审批过程要处理好政府管制与市场调控之间的刚性与弹性问题，从战略层面引领和刚性管控市场行为，并通过激励政策、留白空间和转换机制等弹性设计保障市场介入规划的灵活性。[②]

最后，详细规划审批应当统一技术标准，搭建智能化辅助审批平台，建立详细规划快速审批机制。可通过联动政府事权、建立各级政府"锥形"的报批审查结构，传导核心目标、明晰各级政府"三角形"的报批审查要素，通过搭建"十"字形的审批运作流程、搭建"智审"信息平台等方式高效管理规划成果，处理规划审批事务，提升审批运作效率。[③]应当参考地方实际规划审批机制改革与项目实施过程中的经验，如广州市旧村更新管理审批制度的创新实践，包括衔接旧村更新规划与国土空间规划体系、编制旧村更新的负面清单、推动连片成片更新协同、推动综合更新及多维度精简更新程序等[④]；长沙市在已有"多规合一"信息平台建设的基础上，推动数据治理向信息化治理升级，创新空间治理方式，推进工程建设项目审批管理系统建设，在事权、并联审批、机制体制等方面进行探索实践，通过信息化治理推动新时代空间治理技术的创新，推动空间高质量发展。[⑤]

1.4.3 详细规划管理研究进展

1.4.3.1 详细规划管理制度历程

1980～2006年，我国详细规划处于行政管理期。1980年颁布的《城市规划编制审批暂行办法》明确详细规划是总体规划的深化和具体化内容，规定城市规划由所在城市人民政府负责制定。而后，1991年10月施行的《城市规划编制办法》（已废止）首次

① 屠李，张超荣. 多元利益诉求下的规划审批制度改革 [J]. 规划师，2013，29（9）：99-103.
② 李晓晖，詹美旭，李飞，等. 面向实施的市级国土空间规划传导思路与技术方法 [J]. 自然资源学报，2022，37（11）：2789-2802.
③ 白娟，黄凯，路遥. 国土空间规划体系核心价值认知及落定策略 [J]. 规划师，2021，37（10）：12-19.
④ 王慧芹，詹美旭，曹靖，等. "放管服"背景下广州市旧村更新管理审批体制创新研究 [J]. 规划师，2021，37（14）：41-46.
⑤ 崔海波，尹长林，陈光辉，等. 从"数据治理"到"信息化治理"：高质量发展的空间治理方式改革探索——以长沙市工程建设项目审批管理系统为例 [J]. 规划师，2020，36（24）：58-63.

明确提出控制性详细规划和修建性详细规划的概念。2006年4月起施行的《城市规划编制办法》中规定了详细规划的管理主体。其中，控制性详细规划由城市人民政府建设主管部门（城乡规划主管部门）依据已经批准的城市总体规划或者城市分区规划组织编制；修建性详细规划可以由有关单位依据控制性详细规划及建设主管部门（城乡规划主管部门）提出的规划条件，委托城市规划编制单位编制。

2007～2018年，我国详细规划处于法定约束期。2008年1月起施行的《城乡规划法》首次在国家法律条文中规定详细规划分为控制性详细规划和修建性详细规划，赋予控制性详细规划对规划行政管理的法定拘束力，并且进一步详细规定了管理主体。其中，城市人民政府城乡规划主管部门组织编制城市的控制性详细规划；镇人民政府组织编制镇的控制性详细规划；县人民政府所在地镇的控制性详细规划，由县人民政府城乡规划主管部门组织编制。市县人民政府城乡规划主管部门和镇人民政府可以组织编制重要地块的修建性详细规划。2011年1月起实施的《城市、镇控制性详细规划编制审批办法》中对于控制性详细规划管理主体的规定与《城乡规划法》一致。

2018年后，详细规划开始转入国土空间规划体系下。2018年4月，中华人民共和国自然资源部成立，整合多部门职责，统一行使全民所有自然资源资产所有者职责，统一行使所有国土空间用途管制和生态保护修复职责，着力解决自然资源所有者不到位、空间规划重叠等问题，实现山、水、林、田、湖、草整体保护、系统修复、综合治理。2019年的《若干意见》提出分级分类建立国土空间规划。国家、省、市县编制国土空间总体规划，各地结合实际编制乡镇国土空间规划。国土空间总体规划是详细规划的依据，在市县及以下编制详细规划。在城镇开发边界内的详细规划，由市县自然资源主管部门组织编制；在城镇开发边界外的乡村地区，以一个或几个行政村为单元，由乡镇政府组织编制"多规合一"的实用性村庄规划，作为详细规划。在城镇开发边界内的建设，实行"详细规划+规划许可"的管制方式；在城镇开发边界外的建设，按照主导用途分区，实行"详细规划+规划许可"和"约束指标+分区准入"的管制方式。

总的来看，详细规划的管理主体随着我国规划体系的变革而不断变化。主要经历了行政管理期和法定约束期，并逐渐转入国土空间规划体系下。管理主体从城市人民政府整体主抓，到编制主体由市县人民政府城乡规划主管部门和镇人民政府担任，再转为市县自然资源主管部门和乡镇政府。并将村庄规划纳入详细规划的范畴中，在城镇开发边界内外实行不同的管制要求。

1.4.3.2　详细规划管理中存在的问题

详细规划具备行政属性，政府出台政策、进行行政管理和规划审批等行为对详细规划的编制、落实和修改等流程的效率与实施成效起着至关重要的作用。[①]因此，需要对详细规划的管理进行完善，提高规划的科学性和适应性，使其更规范、高效。我国详细规划工作在管理过程中存在以下几个问题。

首先，存在主体不清、规划内容交叉问题。2018年，自然资源部在北京正式挂牌，我国各级政府开展了行政机构改革，从管理体制上有效缓解了空间规划横向交叉管理的问题。但是，自然资源部门与生态环境部门、住房和城乡建设甚至是农业农村部门仍有部分的权责需要逐步界定，规划内容交叉的问题还将存在。[②]

其次，全覆盖采取各区各阶段相同深度的编制及管理规定，难以适应不同城市建设类型的需求。均质化的管控模式导致规划的可实施性受到严重制约，不利于用地资源的高效利用和规划管控意图的实施。对于性质不同、重要程度不同的地区，采取同样的规划标准及成果要求不利于精细化管理。

再次，成果审查及管理存在不足。在成果审查方面，现有的管理规程尚且缺乏明确的操作细则或技术要点，难以满足精细化审查需求，应当在当前管理规程文件基础上，进一步细化审查环节的技术要点。此外，控规成果在入库管理过程中，存在多规协调不佳、审批依据多头、成果更新不及时等问题，需要加强成果基础标准和管理平台的建设。

最后，详细规划的管理需要以本地化法规、规章为依托。1991年颁布的《城市规划编制办法》明确了详细规划的编制内容和要求，但并未明确详细规划的法律地位。2008年，《城乡规划法》的颁布实施，明确了控规的法律地位，使得控规进入法治化成熟阶段。虽然《城乡规划法》明确了控规的法律地位，但就规划本身来说，采用什么样的管控体系进行管理，还需要国家层面和城市层面确定规范和标准要求，许多具体的操作细节需要结合各地实际进行精细化设计。[③]然而，一些地区目前尚未构建起专门面向控规编制与管理的法规、规章体系。

1.4.3.3 详细规划管理的优化探索

针对上述问题，一些地区已在详细规划管理上作出了优化探索。首先，针对规划主体不清问题，一些城市对详细规划编制管理主体进行了规定。例如，汕头市提出协调规划单元和行政管理事权的关系，中心城区由县区（市）政府管理，主要将内部的功能片

---

① 李鹏，马灿. 国土空间详细规划技术逻辑重塑与创新 [J]. 规划师，2021，37（9）：5-9.
② 赵广英，李晨. 国土空间规划体系下的详细规划技术改革思路 [J]. 城市规划学刊，2019（4）：37-46.
③ 苏茜茜. 控制性详细规划精细化管理实践与思考 [J]. 规划师，2017，33（4）：115-119.

区作为单元划分的依据；各类新城、新区等政策区应考虑其实际相对独立空间的管辖权和空间资源配置，保持其边界完整性，以便后期的规划管理。①厦门市国土空间规划体系基于地方多级管理，建立事权对应的分级规划体系，将地方管理事权分为"市级—区级、专业部门、指挥部、管委会—镇"四级，提出在原控制性详细规划编制单元范围的基础上，要进一步优化空间单元与街道级社区、特定管理区域等管辖范围的衔接。对于城镇开发边界外的郊野单元，应考虑与村庄行政边界进行衔接，实现规划管理与行政资源配置的有效统一。②总的来说，在详细规划的管理过程中，需要明确规划全过程的责任主体，对权责进行明确界定，以减少规划内容交叉问题，提高规划效能。

其次，针对不同区域制定差异化编制内容及深度要求，有利于形成精细化规划管理局面，提升详细规划的灵活性和适用性。当前，已有一些城市在详细规划管理过程中实行分区精细化管控。例如，上海市在控规管理过程中实行"两规合一"，并把城市发展划分为一类、二类、三类管控区域，在统一平台的基础上，实行不同的管控规程，体现不同类型地区控规编制与管理需求的差异性，推进规划精细化管理。③北京市新控规根据不同地区的不同特点和需求，分区实施差异化、协同化的控规编制方法和成果形成要求，以提升控规的适用性，保障其服务中央的职能。④温州市提出"因区控制"，即重点区与一般区分离、街坊与地块分离，通过对中心区、滨水区与历史文化街区等重点片区的建设项目展开规划设计条件研究论证，可有效实现对城市空间的控制。⑤汕头市也探索了差异化管控模式，面对城镇建设空间、乡村建设空间和非建设空间三类主要国土空间的管控需求，运用指标管控、边界管控、名录管控和正面引导四种管控模式，对土地用途进行管制。⑥

再次，随着国土空间规划新时期的到来，需要加强详细规划成果管理与规划实施之间的联动，构建"一张图"平台，并提升控规成果审查质量，已有不少地区开启了详细规划成果管理优化的探索。例如，广州市南沙新区为确保控规成果的规范性、完整性、准确性和合规性，提出了第三方审查的审查重点、审查程序、技术审查和入库数据审查

① 胡思聪，罗小龙，顾宗倪，等. 国土空间规划体系下的汕头详细规划编制探索 [J]. 规划师，2021，37（5）：38-44.

② 邓伟骥，陈志诚. 厦门国土空间规划体系构建实践与思考 [J]. 规划师，2020，36（18）：45-51.

③ 姚凯. "两规合一"背景下控制性详细规划的总体适应性研究——基于上海的工作探索和实践 [J]. 上海城市规划，2011（6）：21-27.

④ 唐燕，刘畅. 存量更新与减量规划导向下的北京市控规变革 [J]. 规划师，2021，37（18）：5-10.

⑤ 章毓婷. 温州控制性详细规划改革探索 [J]. 规划师，2018，34（S1）：29-33.

⑥ 胡思聪，罗小龙，顾宗倪，等. 国土空间规划体系下的汕头详细规划编制探索 [J]. 规划师，2021，37（5）：38-44.

的审查内容，探索智能化审查工具，提高了成果审查的效率和质量。[①]上海市提出统一全市控规成果数据标准并数据清理入库，控规成果数据标准通过全市统一的CAD标准化控规模块进行控制，进而经数据管理部门转换为GIS格式文件，纳入统一的信息平台数据库。[②]江阴市为了加强规划编制与管理的有效结合、进一步为规划管理提供技术依据，开展了"四个一"工作，即一套标准、一个库、一个平台、一张图。其中，"一套标准"是根据国家、省有关法律法规、技术标准和规范，结合江阴市制定的各类标准，实现数据无缝对接；"一个库"即建设包括现状、规划在内的地理空间信息数据库；"一个平台"即打造功能完备、实用高效的规划平台，实现各类信息、数据、成果的汇总；"一张图"即在横向、纵向实现全覆盖的规划成果的动态管理机制，为城市规划管理工作提供科学支撑。[③]

最后，各地有关详细规划管理的法规、规章也是加强详细规划管理的关键。目前，一些国内一线城市颁布了相关的法律法规，以支持详细规划的实施。例如，上海市于2010年建立了完善"四位一体"的控规法规标准体系，是保证控规科学性、权威性和可实施性的基础和关键。并且，上海市在2015年颁布了《上海市控制性详细规划制定办法》，2020年颁布了《上海市详细规划实施深化管理规定》，不断深化详细规划的法定地位，为上海市详细规划工作的推进确立规范化标准。天津市在法规体系框架内，制定了"1-2-3+X"的控规管理法规体系。天津市规划和自然资源局于2021年印发了《天津市控制性详细规划管理规定（试行）》，规范编制和管理工作，使控规内容向公共政策转变，使控规管理走向法治化。北京市通过确立管控图则、引导导则、管理规则"三位一体"的控制性详细规划统筹管理制度，进一步明确了控制性详细规划的地位作用、管理内容及管理重点，强化刚弹结合，突出管控重点和引导策略，明晰了街区控制性详细规划的报批流程和修编程序，提出了"一张蓝图绘到底"的保障措施。[④]

① 陈东梅，彭璐璐，马星，等. 国土空间规划体系下南沙新区详细规划成果智能化审查研究［J］. 规划师，2021，37（14）：47-53.
② 阚俊杰. 特大城市控制性详细规划成果数据管理的总体框架——以上海市为例［J］. 上海城市规划，2014（2）：106-111.
③ 赵毅. 控制性详细规划实施管理视角的"2231"核心环节探讨［J］. 规划师，2014，30（8）：72-77.
④ 北京市构建"三位一体"统筹管理制度　全面深化控制性详细规划编制实施管理改革［N/OL］. 中国日报网，2022-03-02［2022-11-15］. https://baijiahao.baidu.com/s?id=1726183368731927582&wfr=spider&for=pc.

1.5 问题剖析

当前，在国土空间高质量发展背景下，控制性详细规划"编审管"制度存在一定的问题，主要包括规划传导体系不明确、生态文明建设不充分、刚弹协同机制不完善、规划事权分配不明晰等，具体如下。

1.5.1 规划传导体系不明确，影响规划实施效率

以往详细规划管制没有上层制度的统筹规范，缺少协调各用途管制落地的依据。目前，详细规划的侧重点在于"规划区"内的城乡建设空间，以及森林、水域等生态资源的用途管制，但对于耕地和永久基本农田的保护，对生态红线及重要生态空间的管控内容考虑较少，存在空间边界不清、部门职权交叉重叠的问题。此外，在从总体规划到详细规划的传导过程中，若过于强调总体规划的严肃性和刚性，则管控可能过于严格，难免出现由于总规内容偏于宏观，总规的一些规定和要求可能不完全符合实际，从而造成详细规划无所适从的局面，影响详细规划实施效率。

1.5.2 生态文明建设不充分，导致全域要素管控失效

传统规划对于国土空间价值传导中的"工具理性"和"功能性"较为重视，而对"意识形态性"和"价值理性"则较少考虑，详细规划作为连接空间需求与空间生产的工具也发生了变化，出现了工具失灵的现象。在详细规划编制、审批、管理的过程中，自然资源要素处于相对弱势的地位，随意占用情况普遍存在。虽然近年来规划界进行了"反规划""先底后图"等生态反思，但是在传统详细规划中，生态用地仍以E类非建设用地存在，对于各类要素的量与界管控不足，对空间的系统性和连片性考虑相对较少，导致众多非建设空间的自然资源存在管控失效的风险。

1.5.3 刚弹协同机制不完善，应对发展的不确定性能力不足

当前各部门对空间用途管控的标准具有差异性，使得刚性管控和弹性管控的协同手段对复杂多变的市场需求适应性不足，详细规划的横向连通性、上下层级衔接性、区域统筹性、时间连贯性等仍存在较大的提升空间。刚性管控边界的时效性对耕地红线、林地红线、生态红线、水域岸线、城镇开发边界等新兴管控底线的要求适应性不充分。规划实施内容的弹性管制中，相关管控指标的补充调整需要严守控制底线，由于空间参考不统一、管控标准不精确、权责界限不清晰，使得同一国土空间的多重功能潜力未被充分激发或部分功能超负荷运行。弹性管制内容对未来发展余地考虑不足，使得空间发展面临城市扩张占用农田而未同质增补、产业用地布局未充分考虑对生态的全局保护而引发局部环境恶化、生态生产生活空间之间无序的交织重叠使国土空间系统偏离稳态等问题。

1.5.4 规划事权分配不明晰，致使管控机制失灵

详细规划存在重功能空间、轻事权治理的问题，管控单元往往按功能以自然地理界线、线性交通设施和开发建设功能等空间要素进行划分，与地方实际管理辖区不吻合，可能导致跨行政区的单元在建设中出现失控现象，造成设施配置的缺失或重复。详细规划应是尊重事权的空间管控，需要综合考虑公共服务的管控、开发利益的平衡和市场服务的引导，其中公共服务设施的配置应充分结合区、街道、社区的权利与责任，经营性用地的配置应充分考虑不同实施主体的成本与收益关系，而市场服务设施的配置则应以人口分布与交通可达为基本原则，合理划分管控单元，在规划和实施之间划定空间与事权匹配的权利边界，既明确行政实施主体的功能配套责任和用地开发收益，也兼顾功能设施的合理服务范围。

1.6 小结

　　本章节阐述了国土空间规划体系中详细规划的概念内涵，总结了详细规划在国土空间规划背景下的工作要求，再次探讨和认识了详细规划在新时期的工作方向和思路，并在编制、审批、管理三个层面梳理了详细规划的发展历程。三者并不对立，而是相互依存，共同推动着详细规划的落实与发展。同时，对详细规划的价值进行了重新认知，其在社会层面、文化层面、管理层面存在诸多正面价值意义。

第 2 章

攻玉之石

——详细规划"编审管"
制度推行实例解析

近年来，国内外许多大城市积极探索详细规划制度改革创新，本章选取北京、上海、深圳、纽约、柏林五个城市的详细规划"编审管"制度推行实践为例，通过梳理各市详细规划的构建体系、构成内容、优化方式等，总结当前国内外详细规划"编审管"制度的经验，以期更好地响应新时期国土空间规划体系重构背景下详细规划的新要求，为后续制度创新探索提供支撑。

2.1　北京：刚柔相济，三位一体

《中共中央　国务院关于建立国土空间规划体系并监督实施的若干意见》中指出，详细规划是对具体地块用途和开发建设强度等作出的实施性安排，是开展国土空间开发保护活动、实施国土空间用途管制、核发城乡建设项目规划许可证、进行各项建设等的法定依据，包括控制性详细规划、村庄规划和规划综合实施方案。详细规划上承总规，下启实施，是北京市"三级三类"体系中的重要一环。

2.1.1　详细规划标准体系构建

北京构建了上下互动、有序传导、批备一体、刚柔相济的详细规划层级体系。在分区规划审批下形成街区指引传导备案层，在街区控规审批下形成地块方案传导备案层，并指导规划综合实施方案编制工作；建立了从总规到分区规划再到详细规划的逻辑自洽、由街区指引到街区控规再到规划综合实施方案的层层递进关系。

街区指引是分区规划的传导备案层，是市区博弈统筹的框架约定，各行政区贯彻落实城市总体规划确定的规模、布局等刚性要求，深化全区统筹，指导街区控规编管。街区控规是面向实施的法定规划，要做好底线管控、系统优化、品质提升与实施引导，明确街区功能定位、强度形态、城市风貌、三大设施配置等各项刚弹要求。规划综合实施方案是统筹多元主体的实施商定，对近期建设作出全面、具体的实施计划与安排，是指导项目建设的直接依据；类似于原修建性详细规划，在其基础上增加具体的资金安排和实施程序等相关内容。

2.1.2 详细规划的内容构成及成果要求

北京创新并完善刚弹并济、控导结合、虚实有度、近远有别的详细规划内容。严格落实街区功能定位、规模指标、三大设施等刚性要求，确保城市基本框架。引导城市高品质空间营建，引导规划实施，建立街区资源、任务、实施清单。同时，创新10～30hm²尺度的街坊研究，在街坊层面持续通过主导功能、基准强度、基准高度的分析，将功能布局、建筑规模和空间形态等要素从街区尺度下沉至街坊尺度，从地块尺度上提至街坊尺度，确保城市空间结构性内容。公益性设施落实到地块深度，包括三大设施、五线边界，严守公共利益底线。

北京建立了国土空间规划"一张图"平台，研究街区控规数据库和街区指引数据库、分区规划数据库的对应、传导和更新关系，保障不同层级的数据库之间的转换与维护。建立了"数据库+工具箱+政策包"的详规编管成果体系，明确"图则+导则+规则"的编管模式和成果形式，达成多元共治、有序有效的编管局面。

2.1.3 详细规划优化思路

2.1.3.1 强化"三位一体"统筹详细规划管理

北京市构建了由管控图则、引导导则、管理规则"三位一体"的控制性详细规划管理体系，实现管控与引导的刚弹结合。管控图则体现规划的刚性管控要求，必须严格执行；引导导则体现规划的弹性引导要求，增强规划应对社会经济发展需求变化的适应性；管理规则是控制性详细规划编制、管理、实施的相关规定，与管控图则和引导导则一并规范规划实施，发挥空间规划对经济社会高质量、可持续发展的支撑保障作用。

2.1.3.2 突出"管控+引导"的刚弹结合

刚性管控与弹性引导，是北京控制性详细规划管理改革的重要特点之一。在弹性引导上，明确规划街区为控制性详细规划编制的基本单元，对重点功能区、绿化隔离地区、重要城市节点和景观廊道地区、轨道站点周边地区等不同区域、不同类型、不同规划实施地区的规划引导方向和引导策略，实现有重点、差异化的精细化管理。在刚性管控上，明确了控制性详细规划的管控重点，对永久基本农田、生态保护红线、城镇开发边界等底线约束条件和常住人口、建设用地、建筑规模、战略留白用地等刚性要求应进行严格管控，确保城市总体规划、分区规划的刚性管控要求得到有效传导，为国家、市级重点工程和重大项目建设做好支撑保障。

2.1.3.3 突出规划编制、管理、实施一体化的思路

权责明晰，实现共编、共管、共治，推进编管模式创新，将以往"市级编制、区级执行"的模式变为"市级主导、区级主责、部门协同"，市级规划部门负责规划实施的即时监测和动态监管，强调各区级政府在规划编制实施中的主体责任，明确了区级政府的规划编制和实施责任主体地位；建立健全政府有关部门的协同联动机制、公众参与机制和实施协商机制，实现科学规划和高效治理的协同。

整体统筹，保障规划实施成效，强化资源和任务的整体统筹，将以往按照地块编制控制性详细规划的做法，改为以街区为单元进行整体编制，创新规划实施方式，合理安排实施时序，严格控制实施成本，制定重点任务清单，统筹减量发展与提质增效、存量更新与增量开发，实现资源与任务的有效衔接。

完善机制，实现动态过程管控，加强规划实施管理系统建设，强化实施动态监测，完善实施评估和反馈监督机制，鼓励各区建立建筑规模流量指标池，将空间资源从一次性投放变为在时间上有序释放；根据评估要求和区域经济社会发展需求对街区控制性详细规划进行定期整体修编，实现从静态蓝图式控制性详细规划向过程管理式控制性详细规划的转变。

2.2 上海：提升品质，改革转型

上海市引发《上海市控制性详细规划成果规范（2020试行版）》，落实《关于建立上海市国土空间规划体系并监督实施的意见》和全面实施"上海2035"总体规划的要求，控规层面的城市设计工作重点突出提升品质、强化实施的转型理念，按照分级分类要求，实施差异化管控引导，提升上海市控规编制的科学性和精细化水平，塑造高品质城市空间和全球城市风貌特色，实现高品质规划、高质量管理、高水平实施。

2.2.1 最新控制性详细规划的分类

（1）从范围上划分

从范围上分为整单元控规和街坊单元控规。整单元控规是指规划范围覆盖整个控规编制单元的控规；街坊控规是指规划范围为单个街坊的控规。

（2）按照管控级别分类

按照区域重要性与空间形态对空间的影响程度进行分级。

一级地区为在城市总体空间格局中具有重要地位的市级节点，一般为上位规划所明确的重点地区内的核心区域，具体范围在控规阶段经研究划定。

二级地区为在城市总体空间格局中较为重要的地区级节点，一般为地区中心，以及上位规划所明确的重点地区内根据控规划定的区域。

三级地区为全市城镇建设用地中除一、二级地区以外的区域。

2.2.2 控制性详细规划的成果构成

（1）法定成果文件：文本与图则两部分

文本：以条文方式明确上海市控规管控要素的释义和管理要求，控规项目的文本应按照第三部分文本样稿编制，可根据项目实际情况进行删减。

图则：图则是指具有法律效力的规划图示文件，包括普适图则和附加图则，主要确定各地块的规划控制要求。因项目需要，图则可以特定管理条文的形式对文本中的具体条款进行调整或增加，当文本和图则的具体条款不一致时，以图则为准。

（2）编制技术文件

技术文件是制定法定文件的基础性文件，可作为规划管理部门执行控规的参考文件。技术文件包括基础资料汇编、说明书和编制文件。其中，基础资料汇编包括现状基础资料、公众意愿综述和现状图纸。说明书包括规划说明和规划系统图。编制文件包括任务书、市区级部门意见汇总及处理建议、公众意见汇总及处理建议、规委会[①]审议意见汇总及处理建议、其他附件等控规编制过程性文件。

---

① 即城市规划委员会，详见第4章。

（3）普适图则内容

地块划分、用地性质、设施、控制线、空间管控、其他。

（4）附加图则内容

增加公共通道要素、连通道、桥梁、广场绿化、建筑形态、分层设施空间范围、开发机制对控制方法的影响。

2.2.3　主要优化思路

2.2.3.1　完善分级分类的管控体系，推动城市设计全覆盖

落实城市全覆盖的要求，在坚持既有分类分级体系的基础上，将城市设计管控范围从重点地区扩展至全市城镇建设用地，将一般地区作为城市空间基底进行整体性管控，优化形成全市城镇建设用地"五类三级"的城市设计管控体系。

深化分级管理要求，将一般地区纳入三级地区范围，并进一步细化各分级地区在成果深度和管控力度上的差异化要求。全市城镇建设用地按照区域重要性，分为以下三个级别：一级地区为城市总体空间格局中具有重要地位的市级节点，须编制附加图则，其中历史风貌区视城市设计研究深度，编制风貌保护控制图则；二级地区为城市总体空间格局中较为重要的地区级节点，宜编制附加图则，也可视情况将城市设计管控要素在普适图则中表达；三级地区为全市城镇建设用地中除一、二级地区以外的区域，是城市总体空间格局的基底，不需要编制附加图则，将城市设计管控要素纳入普适图则中表达。

细化分类管控的目标体系，在坚持既有五种功能类型的基础上，重点完善两个方面。一是结合新要求完善历史风貌地区的管控内容，强调保护整体风貌格局和历史建筑风貌，促进历史建筑活化利用，提升风貌地区整体品质。二是将其他地区细化为居住区、产业区和存量地区。其中，居住区重点关注舒适宜人的公共空间网络、活力开放的街道界面；产业区重点关注重要节点和廊道的天际线特色、开放共享的交流空间；存量地区重点明确功能提升、绿化广场以及慢行步道体系等方面的系统性要求，以此指导更新行动的有序开展。

2.2.3.2　落实规划服务发展的导向，对接开发需求，推进城市设计实施

以强化实施为导向，重点完善以下两个方面：一是加强城市设计目标理念向实施的传导，优化管控方式，由"形态指标管控"向"目标原则+形态指标+程序管控"转变，在指标管控的基础上，提炼城市设计核心要求，形成设计原则纳入图则；二是充分对接

开发需求，结合不同的开发机制和实施条件（如区分有无开发意向，有无整体实施主体），守住底线并加强弹性适应，形成差异化的规划编制要求。

2.3 深圳：标准单元，协同传导

详细规划作为国土空间规划的重要组成部分，是开展国土空间开发保护活动、实施国土空间用途管制、核发城乡建设项目规划许可、进行各项建设的法定依据。但随着国土空间总体规划编制工作的不断深入，详细规划在覆盖范围、编制内容和管控方式上的不适应性逐渐显现，与机构改革背景下新的城市空间管控体系衔接关系欠佳。因此，深圳市尝试以标准单元作为分区规划和详细规划的共同传导单元。标准单元是规划编制的技术单元、规划传导的管控单元，是各级规划的基础空间单元，还是与社会管理信息衔接的空间信息载体。其向上承接分区规划和专项规划，向下指导详细规划及城市更新。

2.3.1 增加中间层级，应对指标传导困难的问题

龙岗区位于深圳市东部，总用地面积约为388km^2，第七次全国人口普查结果显示全区常住人口共有397.9万人，位居深圳市第二位。目前，新一轮深圳市国土空间总体规划为龙岗区划定了159片标准单元，但由于龙岗区面积较大，根据分区规划的要求，难以直接将人口、土地和配套设施等指标细分到159个单元，因此通过增加中间层次的空间概念来传导分区规划的发展定位与管控目标。

龙岗区以功能板块作为衔接规划传导的载体，以其推动分区规划向法定图则向下传导。

功能板块划分应顺应法定图则的标准分区，与主要道路、水系、自然山形进一步拟合，且在分区规划中对功能板块形成规划指引，确定功能板块的功能与产业定位、规划策略、人口规模、建筑规模和配套设施等管控要求。并根据分区规划各类目标与指标的类型，通过定界、定量、定位、定形四种方式向下级空间传导。其中定界主要针对具有明确管控边界的指标，如生态保护红线、永久基本农田保护红线等；定量主要针对具有

明确数量要求的指标，如常住人口规模、建筑总量等；定位主要针对分区规划已经明确需要落实或保护的项目，如市区级重大设施、市区级以上文物保护单位等；定形主要针对需要整体把控、无法量化的指标，如天际线、滨水界面等。

2.3.2　划定生态管理单元，应对标准单元覆盖不足的问题

国土空间规划作为全域全覆盖的规划，应考虑建设地区和非建设地区的指标传导与管控要求。但目前标准单元主要针对建设地区的指标传导，且尽管深圳目前有近一半的空间是生态空间和农业空间，但深圳市级层面仍未明确生态空间和农业空间在详细单元层面的划定规则。因此龙岗区结合自身情况，因地制宜，对城镇开发边界外的区域提出生态管理单元的划定思路，即结合生态要素特征，如水源涵养、水土保持、生物多样性、重要山林防护等，分类划定单元，重点突出各单元主要功能。

龙岗区生态管理单元的划定一要顺应国土空间规划全域全覆盖的要求，实现城镇开发边界外全覆盖、完整的生态要素全涵盖，同时保证不交叉、不重叠；二要顺应详细规划刚弹结合的特点，实现功能适度兼容，将区内分布较为分散的永久基本农田和一般农田，与周边主导生态功能融合为一个单元。

2.3.3　划定陆海统筹组团，应对各类管控单元交叉的问题

深圳市国土空间总体规划提出，各区要根据实际情况，划定生态单元、农业单元、标准单元和湾区单元，构建全域全要素的规划传导管控体系。

大鹏新区的建设响应规划要求。首先明确了生态单元和农业单元的具体边界。其次在深圳市国土空间总体规划划定的海岸带湾区单元的基础上，结合陆域功能联系，海洋功能区划、标准单元划定及道路等天然地理边界，同时参考生态保护红线、"双评价"中的"生态保护极重要区"、"城镇建设适宜区"等边界对三个湾区单元进行边界优化，对各个单元内的环境治理、生态修复、产业发展、空间品质和设施建设等分类提出空间指引。并以市级标准单元为基础，综合考虑规划结构、功能联系等，对已有单元范围进行优化。

在完成了四类单元的细化和调整后，基于国土空间规划全域全要素、陆海统筹的要求，大鹏新区提出陆海协同管理思路，统筹考虑陆域的标准单元、生态单元、农业单元

的指标传导和管控要求，以及湾区单元的管控要求。以该思路为指引，划定了十个陆海统筹组团，每一个陆海统筹组团均统筹四类单元，做到全域全覆盖，边界不交叉、不重叠；兼顾各类单元的指标传导，对每个组团中涉及的各类单元的管控要求，从保护利用与修复到开发与利用都有清晰的引导和管控，为规划的管理提供了便利。

2.4　纽约：分类审批，多元监管

美国的规划体系分为两个层面：综合规划（comprehensive plan）和区划条例（zoning regulation）。区划条例是美国城市开发控制的重要依据，需要将城市规划的内容全面而具体地转译成区划条例的内容，相当于我国的详细规划。

纽约市区划条例诞生于1916年，是世界上最早的区划条例。经过一个多世纪的发展，纽约市区划条例已成为全世界最综合、最复杂的区划条例之一，自诞生之日起，纽约市区划条例始终引领着美国乃至全世界区划条例的发展，在一定程度上也影响了我国的相关实践。

2.4.1　混合审批方式

目前，纽约市采用混合式的审批制度，主要包括羁束型、认证型、裁量型。从管理成本来看，羁束型最少，认证型次之，裁量型最高。

羁束型审批制度是纽约市最早采用的审批制度，其优点是有效减少审批成本，压缩寻租空间，提高行政效率，稳定市场预期，但对区划条例中的相关条款则要求较高，必须严谨、简明、量化和易操作，同时还要不断根据实施效果进行检讨和更新。

认证型审批制度是在《纽约市1975版区划条例》中引入的审批制度，在实际操作中，开发商会聘请由律师和设计师组成的团队与专业人员进行前期对接，专业人员将根据区划条例的相关规定提出方案修改意见。上述合规性审核过程被称为预认证（pre-certification）。通过预认证的方案将进入正式认证程序，待纽约市规划委员会（City Planning Commission，简称CPC）主席裁量审批。当然，区划条例中关于设计标准的详细量化的条款能够保证通过预认证的方案具有较高的质量，在某种程度上对CPC主席的自由裁量权形成规制，避免滥用。方案批准后，开发商必须将方案送交市建设项目注册部门所在辖区办公室备案。随后，正式认证通知将送达建筑委员会，以便启动对建筑方案的审批流程。

裁量型审批制度适用于被认为具有重要影响或复杂性的审批方式，在裁量型审批制度下，一旦方案被CPC认为具有重要影响或复杂性，开发商必须向CPC提出特别许可（special permit）申请。在接到并确认申请材料完整后启动土地利用标准化审批程序（Uniform Land Use Review Procedure，简称ULURP），在规定时日内将申请材料送交相关社区委员会和辖区主席。如果项目影响涉及多个社区，还需送交辖区委员会。社区委员会随即通知社区居民召开公听会并将社区意见上报辖区主席。辖区主席有权再次召开公听会，并在规定时日内将意见上报CPC。CPC随即召开包括公务员、专家、开发商、辖区主席、社区代表的公听会，讨论社区和辖区主席的意见，最终由CPC的15位委员投票作出拒绝、修改后批准或批准的决定。如拒绝，则CPC的决定为终审。如批准或修改后批准，市议会具有启动终审的选择权；但如果在CPC听证会上社区委员会和辖区主席均反对批准，且辖区主席在CPC作出批准决定的5天之内呈交书面反对意见，则市议会必须启动终审程序。市议会将在50天内举行公听会，并根据全体议员投票的多数意见作出终审决定。如果市长在作出终审决定的5天内行使否决权，市议会将启动复审，如复审中支持批准的议员超过三分之二，则维持终审决定。

2.4.2 多元监管制度

为保证激励性区划政策的实施效果，纽约市建立了多元化的监管制度，监管主体包括政府、非政府组织、公众和媒体。在政府方面，规划局和建设局是主要的监管主体。

规划局主要负责项目实施情况定期监管工作，实行定期的实施报告审查制度，业主必须在审查年份的规定日期前完成自查工作，并将自查报告送交规划局和利益相关社区委员会待查和备案。自查报告应由具有专业资质的建筑师、景观设计师或工程师撰写，内容应包括相关设计和变更批准文件、撰写人员资质证明、是否满足区划条例要求的说明、服务设施清单和近期现状照片等。针对自查出现的问题，规划局将与业主进行交涉，并督促其限期整改。对于拒不履行定期自查报告义务或者拒不改正的业主，规划局将其列入审批黑名单，并将违规情况通知建设局。作为政府部门的监管实施主体，建设局接受来自规划局、社区委员会、社会团体和个人的举报，并根据举报情况派出人员到现场核实情况。一经核实，建筑委员会将向责任主体下达违规通知书（Notice of Violation）。如果业主对违规行为有异议，有权向环境管制委员会（Environmental Control Board）提出上诉，环境管制委员会在召开公听会听取各方证词后作出民事裁决。

2.4.3　借鉴启示

在我国城市发展普遍转向存量规划的大背景下，回顾纽约经验和教训对于我国刚起步的相关实践具有重要的现实意义。总结上文，主要有如下启示。

首先，纽约市区划的发展是一个在不断总结实践经验和教训的基础上修正错误与自我完善的过程。纽约市已经形成了一套定期对区划的实施情况和使用情况进行评估与检讨的机制。评估结果是对空间类型、奖励额度和具体要求等条款进行修编与完善的依据。目前全国城市普遍缺乏对政策实施情况的跟踪调查和评估。从长远来看，建立定期评估与检讨机制对于相关实践在我国取得成功至关重要。

其次，在审批管理制度上，纽约市经历了不断严格化和差异化的过程，从单一的羁束型发展成多元的混合型。针对不同空间类型采取不同的审批方式，有效分配了行政审批资源。这些行政管理上的制度创新值得我国借鉴。

最后，在监管制度上，纽约市建立了多渠道的社会监督网络，如何建立有效的寻租防范机制将在很大程度上影响激励性区划政策在我国的实施成效与评价。从这个意义上来讲，纽约市建立的有效社会监督机制对我国具有重要的参考意义。

2.5　柏林：政府主导，法制管控

2.5.1　空间规划体系构成

德国的行政管理体制分为联邦、州和地方三级，空间规划体系与之相对应，分为联邦空间规划、州层级规划和地方规划。从行政管理体制与空间规划体系的分层结构来看，均与中国类似。同时，德国完善的规划法律、法规体系确保了空间规划体系的权威性，使得对各类国土空间开发保护活动的管控均有法可依。

德国联邦空间规划通过制定联邦规划法，实现调节空间要素平衡、协调人口分布、保护生态环境的战略目标，类似于中国的城镇体系规划、国土规划和主体功能区规划。州层级规划分为州规划和区域规划，其中州规划是以联邦规划法为指导制定州规划法，进一步明确州发展目标和任务，制定发展计划与空间规划，相当于中国省级层面的城镇体系规划；区域规划在联邦规划法和州规划法的指导下，协调区域空间发展目标，协调各城镇发展方向和任务，类似于中国的城镇群、经济带规划。地方规划包括土地利用规划和建造规划。土地利用规划的任务是明确土地使用性质、用地规模、公共服务设施及基础设施的空间落位等，类似于中国的城市总体规划；建造规划使用文本与图则，通过用地性质、容积率和配套设施建设等控制指标规范地方的发展，相当于中国的详细规划。①

2.5.2　建造规划的内容要求

建造规划的主要作用是通过规划文本和图则，确定土地利用的具体形式，确立有关建筑、交通、公共设施、绿地等具体控制指标，指导城市硬环境建设；同时贯彻法律规定的公众参与程序，充分保障社会规划的实行，优化城市软环境。

建造规划在规划层级和内容要求上相当于中国的详细规划，同时又作为一种地方法律，直接指导具体的城市建设。建造规划的制定在遵循《基本法》的基础之上，还需要依据《建设法典》《联邦土地使用法规》《规划图例法》《联邦自然保护法》，以及联邦和州的各种专项规划法律和建筑法规。

建造规划主要包括以下内容：建筑和土地利用的类型和程度；覆盖类型，即地块是否能够用于建设，物质形体建筑物在地块中的位置；公共基础设施和公用设施的相关控制指标；绿地、开放空间和相关保护地区的控制指标；特殊用地类型的控制指标；公共交通设施的控制指标。

建造规划图纸通常采用1/1000或1/500的比例尺，并附带法律文件说明有关政策，同时公布详细的《充分理由说明》，列举规划的目标、定位、规划产生的主要影响并加以解释。②

2.5.3 柏林舒马赫区12-62E建造规划

2.5.3.1 规划背景及目标

随着2020年11月8日泰格尔机场的关闭，约460hm²的土地将开辟巨大的再利用潜力，其中一部分用于满足柏林巨大的住房需求，发展成为一个新的城市住宅区——舒马赫区。规划区域是舒马赫区的一部分，位于东部的库尔特·舒马赫广场和西部的工业研究区之间。作为一个示范项目，舒马赫区的发展应符合功能、社会和生态可持续的标准，并以面向未来的模式为导向。

制定分区计划12-62E的原因是计划在舒马赫区开发一个教育校园，主要目的是满足该地区发展对学校的需求。此外，还将建造一个日托中心和一个青年娱乐中心，以满足基础设施的需要。规划旨在实施高质量的城市发展，确保气候保护和适应措施及自然保护措施顺利实行。

2.5.3.2 规划内容

12-62E建造规划就建筑用途、土地利用、绿色基础设施和交通作出规定，该地区将作为一个整体进行有序的城市开发。该规划的主要内容是建造一个以教育校园为主体的公共区域，在西部规划区，一个楔形的绿地——北街绿地将被指定为公共绿地，作为南部规划的公园（12-62A建造计划）、北部规划的新流星路（12-62C建造规划）以及规划中的天王星区（12-62G建造规划）之间的连接功能。在东部规划区，作为舒马赫区内部发展概念的一部分，公共交通区域将吸收教育校园带来的交通。

教育校园公共用途的规划面积约为3.42万m²，可用于建造一所四班小学，一所六班综合中学，一个青年休闲中心和一个日托中心。为集约利用土地，学校的无遮盖体育设施（运动场、运动场、跑道等）和有遮盖体育设施（体育馆）不仅为校内体育活动设立，同时可用于成人教育。由于这些功能发生在学校运行的边缘时间，并且在空间上是次要的，因此并不妨碍主要教学用途。

为了保护人类的高质量生活区及动物的高质量生态区，考虑到《联邦自然保护法》规定的干预措施，以及适应气候变化的措施，应制定关于绿化种植和雨水管理的广泛规定。

2.5.3.3 规划特色

环境友好型交通。舒马赫区的总体特点是高质量的生活和应对未来气候相关挑战的措施，实现这一目标的一个组成部分是低碳交通理念。该理念规定发展低汽车区，私人机动交通将在很大程度上被排除在住宅区和教育校园之外。具体措施是将停车位和车库排除在公共区域之外，创建替代的交通服务（公共汽车及共享单车），根据开放空间规划创建必要的游戏和运动区域。

减缓和适应气候变化。一是舒马赫区应符合气候保护的要求，为应对气候变化，设想在10%的立面上强制安装光伏系统，从可再生能源中提取和使用能源，通过促进环境友好型交通以减免机动车碳排放。二是为了适应气候变化，将根据海绵城市的原则在建造规划中作出规定。规划采取"雨水和热量适应"措施，在第12-62E号建造规划大纲图范围内产生的雨水，将通过蒸发、滞留和渗流，在区内得到充分管理。为此，屋顶表面须至少绿化80%，并具有蓄水功能。不保留的雨水应通过蒸发床蒸发，或完全渗入槽沟系统。雨水蒸发有助于冷却规划区，规划中的公共绿地和立面绿化也有助于减少城市的气候压力。

自然生态保护。由于舒马赫区的规划区域是机场使用所产生的大型、连续的开阔地带，具有很高的自然保护价值，因此在规划过程中应高度重视为动植物创造栖息地和促进生物多样性。除了建立一个大型社区公园，为许多动植物创造栖息地外，这一目标主要是通过绿化建筑用地来实现的。规划需要尽可能保持教育校园的开放空间不受建筑设施的影响，建筑设施的范围应以《建筑使用条例》规定的80%作为上限，此外应确保种植高于规定最低数量的落叶树。由于游戏和运动场所只规划了相对较小的植被面积，因此屋顶和立面的绿化是非常重要的。特别是生物多样性屋顶，将为各种动植物创造新的栖息地。

2.6　小结

通过对以上五个案例的学习，总结出以下经验启示，为后续详细规划"编审管"制度创新探索提供一定的实践借鉴。

（1）编制方面

注重编制层次的有效衔接，对标深圳市以标准单元作为分区规划和详细规划的共同传导单元，尝试增加总体规划与详细规划之间的中间层次，实现国土空间规划的有效传导。注重编制内容的全覆盖，学习上海详细规划创新的先进经验，在坚持既有分类分级体系的基础上，将城市设计管控范围从重点地区扩展至全市城镇建设用地。

（2）审批方面

细化分类管控的目标体系，在坚持既有五种功能类型的基础上，重点完善两个方面：一是结合新要求完善历史风貌地区的管控内容，强调保护整体风貌格局和历史建筑风貌，促进历史建筑活化利用，提升风貌地区整体品质；二是将其他地区细化为居住区、产业区和存量地区。其中，居住区重点关注舒适宜人的公共空间网络，活力开放的街道界面；产业区重点关注重要节点和廊道的天际线特色、开放共享的交流空间；存量地区重点明确功能提升、绿化广场和慢行步道体系等方面的系统性要求，以此指导更新行动的有序开展。

（3）管理方面

纵向深化分级管理要求，明确各行政主体职能。以北京详细规划编管模式创新为学习案例，强调各区级政府在规划编制实施中的主体责任，明确区级政府的规划编制和实施责任主体地位。横向注重弹性引导与刚性管控：在弹性引导上，对不同类型地区的规划引导方向和引导策略，实行有重点、差异化的精细化管理；在刚性管控上，对底线约束条件和刚性要求应进行严格管控，确保城市总体规划、分区规划的刚性管控要求得到有效传导。

第 3 章

推陈出新

——详细规划"编审管"制度创新探索

详细规划在我国过去三十余年的快速城镇化时期发挥了重要的作用，面对新时期重构城乡空间、凸显生态文明、提升城市品质的空间治理命题，详细规划需要在国土空间规划体系下进行改革与创新。

基于前文理论与案例的研究，本章节从重塑国土空间规划体系下的规划思维、构建全程性的规划编制体系、联动多层次的规划管理体系、转型规划平台服务方式四大方面出发，探索国土空间规划背景下详细规划"编审管"制度创新。

为适应国土空间规划体系对详细规划的新要求，需重塑规划思维，为后续详细规划"编审管"各个环节打好基础。通过构建全程性的规划编制体系，实现总体规划与详细规划的有效衔接、编制内容的全域覆盖、编制与管理的有效结合。通过联动多层次的规划管理体系，明确各级规划管理事权，强化详细规划全域全要素管控，提升治理协调性。通过转型规划平台服务方式，搭建"一张图"信息管理平台，保障详细规划中公众与相关利益群体的全程参与，建立分级审批机制，提升规划审批效率。

3.1 重塑国土空间规划体系下的规划思维

3.1.1 体现全域全要素管控思维

全域全要素管控，要求管控对象从"点"扩展到"域"，从过去局限在城镇建设空间转向全域国土空间。[①]其中全域是指空间范围，全域管控，即将地域管控覆盖范围拓展至陆地、水域、领空等，涵盖城镇空间、农业空间与生态空间；全要素是指构成国土空间的各项要素，全要素管控，即将要素管控范围拓展至山、水、林、田、湖、草、滩、漠、海、岛等自然空间要素以及城、镇、村等人工环境。

---

① 孙施文. 从城乡规划到国土空间规划 [J]. 城市规划学刊, 2020（4）: 11-17.

2008年以来，随着住房和城乡建设部控规全覆盖工作的推进，我国大多数地级市实现了控规在中心城区的全覆盖。[①] 但随着国务院机构改革的完成及国土空间规划体系逐步建立，城乡融合发展、统筹全域各类要素与全域空间用途管控的新要求被提出，我国正式迈向山、水、林、田、湖、草、海等全域全要素统一管理的新阶段。因此，仅针对城市建设地区编制的详细规划不适应新需求。在全域全要素国土空间用途管控的前提下，详细规划也应作出思维转变。

为有效落实全域管控思维，详细规划的覆盖面应从原来的建设空间，逐步拓展到对非建设空间的规划管控与治理。非建设空间管控是实现全域全要素及全方位空间管控的重要一环，应将非建设空间纳入详细规划编制和管理体系，以城镇、农业、生态三类空间的交界地区为重点，推动详细规划与村庄规划、土地综合整治规划等技术和管理体系融合[②]，将各类型规划对非建设空间的管控手段融合到同一个层面，真正实现国土空间规划体系下中央事权对非建设空间的强有力管控。

为充分体现全要素管控思维，详细规划应基于存量时代的发展背景，根据新增地区、更新地区、存量地区、预控地区及生态地区的不同地区类型的实际需要，按照分类编制的实施路径，拓展详细规划的全要素管控范畴。其中新增地区以提升规划适应性、促进土地精细利用为重点，在用地管控上给予更大弹性空间或留白空间，同时在重点地区适当增加精细化、精准化、品质化的空间管控指标。更新地区主要加强规划统筹，引导有序开发，应强化区域统筹思维及全域全要素管控思维，引导更新改造有序开展。存量地区则应以改善人居环境品质为目标，推进渐进式的优化提升。预控地区作为城市发展备用地，应重点处理好发展时序问题。生态地区重点保护自然资源，建设美丽乡村，既要落实生态底线、自然资源管控边界，限定建设空间开发规模，实行用地准入清单管理制度，履行生态保护职责义务，同时也应加强乡村群之间的规划协调，统筹配置公共服务设施与生产服务设施，促进乡村振兴发展。

以全域全要素管控思维为指引，详细规划应拓展其覆盖面，将非建设空间纳入其中，并针对不同空间类型，以刚弹结合的管控方式，差异化明确详细规划管控指标及编制要求，将全要素管控思维充分落实，并促进全域谋划的高质量发展。

---

① 张秋仪，杨迪，杨培峰，等. 序时兼管、质效双控：国土空间规划体系下的控规转型趋势 [J]. 规划师，2021，37（20）：81-87.
② 徐家明，雷诚，耿虹，等. 国土空间规划体系下详细规划编制的新需求与应对 [J]. 规划师，2021，37（17）：5-11.

3.1.2　明确开发与保护相结合思维

　　开发与保护相结合思维，是基于发展和保护两大视角，以可持续发展为导向，处理我国国土范围内的人地关系问题。其要求聚焦全域空间格局构建，优化生态空间、城镇空间和农业生产三大格局，统筹建设与非建设空间、保护与发展两大关系，实现生态共保共治、功能互动协调、产业联动发展、交通互联互通、设施均等共享的国土空间开发保护蓝图。

　　尽管统筹社会经济、文化和生态发展等各方面的需求一直以来都是我国城乡规划编制的价值导向，但受到土地财政与地方经济增长诉求的影响，城乡规划体系下的详细规划在实践中往往体现了以开发为导向的鲜明特征。[①]而随着我国城镇化进入高质量发展的新时期，城乡发展不再一味追求规模扩张和外延式发展，而是更加重视人居环境品质与内涵的提升，"山水林田湖草"生命共同体理念，科学统筹生产空间、生活空间、生态空间成为国土空间规划体系的核心思想。

　　在新时期背景下，发展与保护相统一的可持续发展理念在城市发展和国土开发保护中被放到了重要地位，详细规划的核心理念也从以开发为导向转向开发与保护并重，并明确发展和保护相结合的思维，从原来的优先发展经济转变为生态优先和坚持底线原则。详细规划不仅约束建设活动在城镇空间中产生的负外部性；通过划定土地建设和使用的许可边界，并赋予土地抽象的规划建设指标，在确保公共利益底线的同时，满足市场多元主体的不同诉求；还在三类空间中统筹协调各类国土开发与保护活动，为城镇空间外的开发与保护活动提供科学依据。

3.1.3　强化规划逐级传导思维

　　规划逐级传导要求将具备明确分工及职责的各级各类规划置于整个国土空间规划体系中的特定部分及环节，并根据各自的分工职责承接转换，再将本体的管控需要传导给下一层次，从而保证整个体系的有机统一。

　　我国规划体系中，详细规划起到向上承接、落实城市总体规划的调控内容，向下引

---

① 邵润青，段进. 理想、权益与约束——当前我国控制性详细规划改革反思 [J]. 规划师，2010（10）：11–15.

导土地开发、建设的作用，是"原则性"与"微观性"的分界线。在国土空间规划"五级三类"体系框架下，处理与各级国土空间规划的衔接问题，明确其在规划体系中的位置，研究如何更好地用技术手段承接上位规划的指导思想和规划内容，是重点思考和解决的问题。[①]

《中共中央 国务院关于建立国土空间规划体系并监督实施的若干意见》提出，下级国土空间规划要服从上级国土空间规划，每一级国土空间规划须明确规划传导空间载体，并对规划约束指标、刚性管控要求和指导性要求进行分解传导，健全规划实施传导机制，提出详细规划的分解落实要求。2020年9月，自然资源部发布的《市级国土空间总体规划编制指南（试行）》也提出，"按照主体功能定位和空间治理要求，划分规划分区"，"编制分区规划或划分详细规划单元，加强对详细规划的指引和传导"。[②]

为强化规划逐级传导思维，详细规划应着重关注落实上下管控与响应地方发展之间的协调性关系。一方面详细规划要自上而下落实总体规划的战略性与强制性内容，如城市发展目标与定位、"三区三线"[③]管控、公共服务保障等，并通过相应的政策指引与之形成良性的传导和管控的衔接机制；另一方面详细规划作为实施性规划，也要把握自下而上的开发建设需求，明确地界传导内容和管控内容，形成逐层推进、逐层细化、全面覆盖的层级传导机制。

3.2 构建全程性的规划编制体系

3.2.1 加强衔接：优化总详传导机制

针对各层级之间缺乏衔接，规划传导链条不连续、不清晰等问题，详细规划需理顺

---

① 徐洋. 基于国土空间规划的控制性详细规划编制体系探究 [J]. 中华建设，2021（2）：102-103.
② 王飞虎，黄斐玫，黄诗贤. 国土空间规划体系下深圳市详细规划编制探索 [J]. 规划师，2021，37（18）：11-16.
③ "三区"即农业、生态、城镇三个功能区；"三线"即永久基本农田、生态保护红线和城镇开发边界。

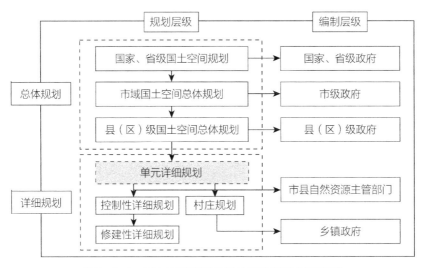

图3-2-1　国土空间规划传导体系改革路径示意图

空间、要素与功能之间的逻辑关系，并出台相关规划传导技术指引，以构建上下衔接的规划传导体系（图3-2-1）。

完善中间层，构建"总详传导链"。现有地块控制性详细规划与市县国土空间总体规划之间应增加单元层次，并将其作为新规划体系下的法定控制性详细规划。[①]首先，地区应发挥市县人民政府作为控制性详细规划审批主体的事权，按照规划纵向传导体系，以单元为范围对市县国土空间总体规划确定的各类非建设空间管控指标和用途管制要求予以深化落实；其次，根据政府和市场的协作与博弈边界，围绕发展规模、公益性事项两大类要素，将人口和建设用地规模、开发容量、公共服务设施与市政设施布局、蓝绿空间布局等事项在单元层面予以确定，对于具体地块层面的经营性用地性质、容积率和建筑密度等事项则预留市场博弈的弹性空间，充分发挥市场的调节作用，待具体开发建设意向明确、公益性事项有所保障之后，再于地块层面以开发细则、图则的方式予以细化。

紧扣四要素，优化"层级传导接口"。纵向传导应聚焦总体要求、底线约束、土地利用和设施配置四个核心内容以构建"总详联动"的传导机制。[②]首先，在总体要求层面，下层次规划需要围绕市级规划提出的总体目标逐步细化，确保总体发展目标的落地实施。县（区）级规划需重点结合自身资源禀赋与发展实际，明确各片区发展的具体定

① 陈川，徐宁，王朝宇，等. 市县国土空间总体规划与详细规划分层传导体系研究［J］. 规划师，2021，37（15）：75-81.
② 黄孚湘，韩文超，朱红. 国土空间详细规划编制的"总详联动"机制研究［J］. 规划师，2021，37（17）：23-29.

位、分项策略及重要功能布局指引，镇（街道）级规划则需依据县（区）级规划的主要功能指引，制定与之呼应的发展策略、相关政策，细化重大项目布局和指标考核要求，地块详细规划则根据镇（街道）级规划的功能要求，细化落实土地利用保障。其次，在底线约束层面，在确保各类底线规模总量不变的情况下，底线管控传导应着重于区分各类边界的调整机制，按照保护程度的不同可分为永久型控制线和预控型控制线两类。其中，永久型控制线采用定量和定界传导，预控型控制线采用定量和划示边界传导。再次，在土地利用层面，应确立与中心体系相适应的土地利用规则和引导政策，并将土地利用供给精准配置。在县（区）级、镇（街道）级规划中，构建人、地、房的总量分解制度，同时建立常态化评估机制，动态跟踪、实现与人、地、房容量相匹配的精准供给。最后，在设施配置层面，应按照"定标准、定量、定点、定界"四种方式来逐级深化配置要求。在市级规划中，重点明确城市级和地区级以上的设施建设总量、建设标准和布点指引，县（区）级规划则进一步明确地区级及以上设施的边界，同时明确独立占地的社区级设施的布点，并将各类设施配置的目标任务分解至各镇街；镇（街道）级规划进一步确定独立占地设施的用地边界，对非独立用地的设施提出配置的标准要求，以指导详细规划编制。

3.2.2　全域统筹：补齐详细规划编制短板

基于自然资源部门对国土空间全地域、全领域、全要素的治理事权，应针对不同空间单元提出差异化的编制内容，并将详细规划编制范围上由建设空间向农业空间、生态空间拓展，编制要素上由开发建设向农业、文化等要素覆盖，实现在详细规划层次的"多规合一"（图3-2-2）。

编制差异化的管控内容。首先，城镇空间类规划应结合城镇建设条件，将其细分为重点地区类、城市更新主导类、历史文化保护类和一般地区类等。其次，对应不同类别，分别编制与之相对应的管控要求或指标，其中：城市更新主导类规划应更倾向于突出产业建设量占比、配套服务设施及保障性住房等管控需求；农业空间类规划则更为强调村庄分类差异化引导、村民建房与配套设施、耕地整治与生态修复等方面的要求；生态空间类规划应在严格落实生态保护红线等管控线的基础上，进一步强化建设退出管控和生态修复要求等。

引导农业空间集约化发展。首先，应合理优化配置农村建设用地。其一，结合盘活闲散土地、空置房屋，探索休闲农业、乡村旅游项目点状供地模式。其二，充分挖掘

图3-2-2 全域统筹改革路径示意图

存量建设用地潜力，通过"三旧"改造、城乡建设用地增减挂钩等方式，引入社会资金，促进乡村用地连片化、集约化发展。其三，根据保护历史文化名村、传统古村落的需要，安排专项建设用地指标，建设农民集中居住点，腾挪安置历史文化名村、传统古村落村民，促进农村文化旅游产业发展。其次，应创新农业空间管控方式。以"用途管制+指标管控+准入管理"的模式，通过增加名录管控、正负面清单管控等方式，强调农业空间的保护，合理统筹乡村建设安排。最后，应划定永久基本农田控制线以及村庄建设边界。严守永久基本农田保护底线，按照"占补平衡"，保障基本农田数量与质量，识别村庄建设边界，严控随意扩张建设边界，促进农村建设用地高效集约发展。

倡导生态空间精准化修复。首先，应严格落实刚性要素控制要求。以生态屏障的建设为重点，全覆盖划定生态保护红线及饮用水源保护区、自然保护区、风景名胜区等各类具有特殊重要生态功能及保护意义的区域范围，通过市区联动调整优化管控边界，明确各类生态要素管控内容，保障和维护生态安全的底线和生命线。其次，应全面建立非建设用地要素管控体系。完成非建设用地用途划分，构建起由管控要求、转化机制、优化引导、建设管控组成的非建设用地基本管控体系，强化源头控制，强化饮用水源保护，保育水源地和森林生态系统，夯实"山水林田湖草"生态安全格局，推进"山水林田湖草海"自然修复统筹。

3.2.3 编管协同：注重规划与管理衔接

面对新时代国土空间用途管制的改革要求，国土空间规划应当在编制过程中同步考虑管理需求，做好用途管制的顶层设计（图3-2-3）。[1]

---

[1] 詹美旭，席广亮. 面向全域全要素统一空间管制的市级国土空间规划编制探索 [J]. 规划师，2021，37（10）：34-40.

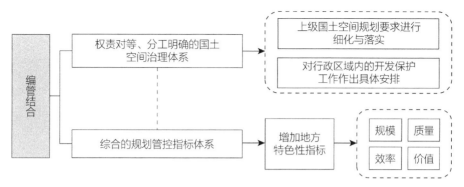

图3-2-3　编管结合改革路径示意图

完善权责对等与分工明确的国土空间治理体系。将规划内容划分为不同层次的管理事权，明确每个层次的管理要求。首先，根据管制事权层级性要与空间尺度性相匹配的原则[①]，市级国土空间总体规划要对全国和省级国土空间规划的要求进行细化与落实。其次，市级国土空间总体规划需要对其行政区域内的开发保护工作作出具体安排，注重管控具体布局，保障"三区三线"的实际落地，明确规划分区的空间准入要求、条件和程度，开展规划分区与用地布局，制定交通市政基础、公共服务和城市安全防灾等设施的规模、结构、布局和建设标准，并提出对下位规划和专项规划的指引，健全规划实施的传导机制。

建立和完善综合规划管控指标体系。结合全域全要素空间用途管制的需求，适当增加地方特色性指标，提升指标体系的国土空间系统性和整体性功能，形成覆盖规模、质量、效率和价值四个维度的自然资源管控指标体系。在规模方面，应关注总量、底线和转用指标，增加森林、草原等底线控制指标，强化年度占用耕地面积，年度整治补充耕地面积，年度造林、种草面积等转用指标；在质量方面，应考虑增加耕地、林地、草原等质量指标；在效率方面，应关注资源消耗、产出强度、循环利用指标，增加如单位GDP耗水量、单位GDP能耗下降率等指标；在价值方面，可围绕实物产品价值、生态服务价值两个方面设置指标，实现资产增值。在对指标进行管制时，应自上而下地分解落实指标和监督考核指标的实现情况，将考核结果作为政绩考核和离任审计的重要参考依据，考核结果与建设用地指标、财政转移支付挂钩，形成奖惩分明的激励机制，以此确保指标实现，进而构建健全的规划管控指标体系。

---

① 林坚，赵晔. 国家治理、国土空间规划与"央地"协同——兼论国土空间规划体系演变中的央地关系发展及趋向［J］. 城市规划，2019，43（9）：20-23.

3.3 联动多层次的规划管理体系

3.3.1 纵向贯通：加强各级规划管理事权联动

纵向贯通，明确涉及市域、片区、单元、地块多层级，覆盖规划全周期的规划管理事权。从宏观层面来看，在推动详细规划与总体规划联动的基础上，纵贯市域、片区、单元、地块各级，实现对非建设空间及建设空间自上而下的刚性管控和弹性指引；从微观层面来看，详细规划阶段建立"单元—地块"分层管理机制，以单元详细规划为纲，指导地块层面详细规划的"编审管"制度。详细规划阶段，遵循"谁审批、谁监管"的原则，重点确定自单元至地块各部门对各类管控要素的权责明细，形成权责清晰、管理严格、规划特征更强的纵向管理体系。

在规划管理工作中，不同层级、类型规划之间的传达不是事项简单地上传下达，而是应从事权出发，明确各类管控要素与规划管理主体及其管理方式相对应，并以此为基础对要素管理主体和管理责权进行划分。首先，从"总详联动"的管理体系来看，在执行总体规划到详细规划的传导时，应按照一级政府、一级规划、一级事权的要求，各级规划在编制时，应依责行政，以事权对应规划内容，明确规划实施、管理和监督主体[1]；各级规划在送审时，城市及镇层面的重要性事务应交由上级政府进行审批监督，而其他一般性事务由本级政府自行决定和实施。同时，为应对总详规划分离的趋势，以单元详细规划作为承上启下的中间传导层级，发挥市县人民政府作为详细规划审批主体的事权，并以单元为范围对市县国土空间总体规划确定的各类非建设空间管控指标和用途管制要求予以深化落实。[2]其次，从详细规划的分层管理体系来看，改变原先管控直接到地块层面的思路，形成"单元—地块"的两级传导思路。[3]其一，单元详细规划层级：在明确导控要素、要素分层管控原则的基础上，应强化单元与行政辖区的协同性，

---

[1] 徐晶，杨昔. 国土空间规划传导体系与实施机制探讨 [J]. 中国土地，2020，415（8）：21-24.
[2] 陈川，徐宁，王朝宇，等. 市县国土空间总体规划与详细规划分层传导体系研究 [J]. 规划师，2021，37（15）：75-81.
[3] 黄慧明，韩文超，朱红. 面向全域全要素的广州市国土空间规划传导体系研究 [J]. 热带地理，2022，42（4）：554-566.

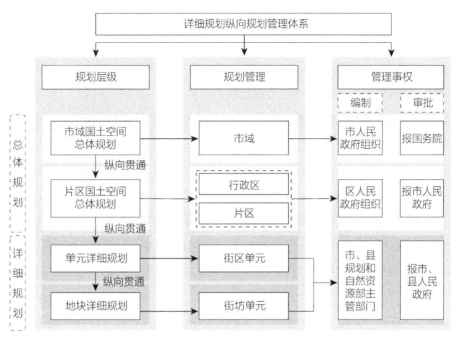

图3-3-1 详细规划纵向管理体系示意图

为详细规划提供权责相匹配的实施基础[①]，并以厘清各级空间管理事权边界为重点。其二，地块详细规划层级：相关管理部门应落实分解单元详细规划的要求。[②]其三，应进一步加强"单元—地块"的管理联动机制，以单元详细规划为纲，指导地块详细规划的"编审管"制度（图3-3-1）。

详细规划纵向贯通层面，应与"五级三类"国土空间体系实现联动，建立以详细规划为核心，从详细规划到分区规划再到总体规划的层层递进关系，构建上下互动、有序传导的纵向管理体系。

3.3.2 横向融通：强化详细规划全域全要素管控

横向融通，明确联动相关专项规划，协同全域全要素的规划管控体系。首先，详细规划管控体系良性发展的前提是要有相关专项规划作为广泛补充，以协调详细规划与各

---

① 蔡小波. 广州：空间精细治理支撑多元发展［N］. 中国自然资源报，2023-02-01.
② 黄慧明，韩文超，朱红. 面向全域全要素的广州市国土空间规划传导体系研究［J］. 热带地理，2022，42（4）：554-566.

类规划之间的矛盾。其次，应强化分类管控机制，实现详细规划编制范围、管控体系全域全要素发展。最后，需加强详细规划与专项规划在评估阶段的融通，作为管控工作开展的重要基础。

首先，强化详细规划与相关专项规划的横向"融通—反馈"机制。其一，编制层面，应促进详细规划与区级专项规划的内容融通，结合土地利用总体规划、环境保护规划及城市综合交通规划等专项规划的主要导控要素，明确详细规划需要补充的相关专项规划内容，丰富并细化该阶段的导控要素。[1]同时，相关专项规划可为详细规划提供横向技术支撑，以制定详细规划的技术标准及规范文件，完善技术标准体系。其二，管控层面，在详细规划范围全覆盖的基础上，加强详细规划与专项规划的反馈互动。详细规划阶段，保护公共利益是空间规划的根本使命，而各级各类公共服务设施的建设、运营与各级政府的事权紧密关联。[2]因而在管控工作中，相关政府部门可对不同级别设施实际建设情况进行全面统计反馈，评估设施落地可能性，并反馈至专项规划中进行调整。[3]

其次，对国土空间全地域、全领域、全要素的治理事权，通过完善详细规划分类管控机制，实现在详细规划层次的"多规合一"。其一，将非建设空间纳入详细规划编制和管理体系[4]，并结合土地用途分区要求，将城镇开发边界内外的详细规划单元进一步细分，不同单元应按其要素特点及管控需求，实行差异化的详细规划管控指标及编制要求[5]，促进规划高质量发展（图3-3-2）。同时，在详细规划管控工作中还应充分融入"刚弹一体""远近结合"的思维，既立足远期发展目标，又响应近期开发需求，且强化要素指标及管控需求在单元及地块内部的动态平衡。其二，拓展控规范畴，在规划导控要素明确、满足土地用途管制、开发容量控制等要求的基础上，对按照控规相关技术规范和审批流程审批的各类型规划，赋予与控规同等的法定规划效力，并纳入控规进行统一管理。[6]

最后，以单元为载体、以镇街为主体施行专项评估，建立详细规划全覆盖的评估机

---

① 赵广英，李晨. 国土空间规划体系下的详细规划技术改革思路［J］. 城市规划学刊，2019（4）：37-46.

② 胡海波，曹华娟，曹阳. 国土空间规划体系下详细规划再认识与改革方向［J］. 规划师，2021,37（17）：12-16.

③ 黄慧明，韩文超，朱红. 面向全域全要素的广州市国土空间规划传导体系研究［J］. 热带地理，2022，42（4）：554-566.

④ 陈川，徐宁，王朝宇，等. 市县国土空间总体规划与详细规划分层传导体系研究［J］. 规划师，2021，37（15）：75-81.

⑤ 蔡小波. 广州：空间精细治理支撑多元发展［N］. 中国自然资源报，2023-02-01.

⑥ 黄慧明，韩文超，朱红. 面向全域全要素的广州市国土空间规划传导体系研究［J］. 热带地理，2022，42（4）：554-566.

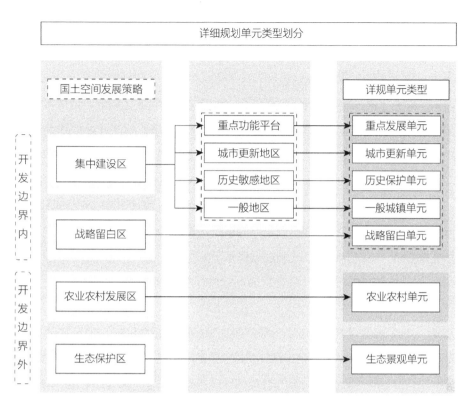

图3-3-2　详细规划单元类型划分示意图

制。其一，重点开展刚性管控要求及重点项目评估，以单元为载体、以镇街为实施主体，统筹负责组织、协调、指导单元、地块层次的规划评估开展，并对照具体问题清单，进一步划分详细规划单元，施行分类引导。其二，强化评估阶段的详细规划与专项规划的横向融通以作为后续管控工作开展的重要基础，加强详细规划与专项规划"一张图"比对衔接，对已编、在编专项规划成果进行评估，通过将详细规划与涉及空间需求的专项规划"一张图"进行校核比对，强化专项要素选址可行性、实施性。

　　详细规划横向融通层面，应在"五级三类"国土空间规划体系导控下，协调详细规划与各类规划之间的矛盾，加强详细规划与相关专项规划在"编审管"制度上的衔接，并通过完善分类管控机制，体现全域全要素思维。

3.3.3　横纵融合：协同治理以优化地方管控体系

　　横纵融合，完善详细规划之间及详细规划与各类规划之间的衔接，强调规划逐级传导思维及全域全要素管控思维，在响应地方发展需求的前提下，健全详细规划管控体系，提升治理协调性。

3.3.3.1　促进纵向贯通

首先，基于"总详联动"的工作基础，对涉及市域、片区、单元、地块多层级的不同规划，分级落实上下管控，为应对总详规划的分离趋势，促使详细规划编制从"地块"向"单元—地块"的分层管理转型。[①]其中单元详细规划是承接国土空间总体规划要求、开展地块详细规划编制管理的依据，而地块详细规划需落实分解单元详细规划的要求。其次，遵循一级政府、一级规划、一级事权的规划管理逻辑，在详细规划阶段，发挥市县人民政府作为详细规划审批主体的事权，明确各级政府的规划权责边界及对应的规划管控要素，促进详细规划在新规划体系下的稳定发展。

3.3.3.2　推动横向融通

首先，强化详细规划与相关专项规划的横向"融通—反馈"机制，基于详细规划与相关区级专项规划间的融通要求，细化详细规划导控要素；其次，完善详细规划分类管控机制，促进详细规划编制范围全覆盖，推进建立详细规划与各类空间性规划间的协同管理机制。

3.3.3.3　实现横纵融合

详细规划在延续上位规划、覆盖相关规划导控重点的同时，也需要适应并融入新的空间管控体系。首先，应保证详细规划在横、纵两个方向上的编制范围全覆盖和类型多样化。在"五级三类"国土空间规划体系框架下，详细规划阶段需明确详细规划与国土空间规划、总体规划及相关专项规划间的衔接要求。以《城市规划编制办法》（2006年）为基础，结合住建部发布的《城市总体规划编制审批管理办法（征求意见稿）》等文件，梳理各类空间性规划中的核心导控要素；再结合《省级国土空间规划编制指南》（试行）（自然资办〔2020〕5号）等文件，梳理国土空间规划领域的全面导控体系；同时结合相关专项规划的主要导控要素，明确详细规划需要落实的上位规划内容及需要补充的相关专项规划内容，细化并形成该阶段的导控要素。[②]其次，在导控要素与管理事权相适应的基础上，应施行垂直分层管理和横向分类管理机制（图3-3-3），并在完善的管控体系支撑下，推进详细规划从"管理"走向"治理"。其一，针对各个城市和地

---

① 徐家明，雷诚，耿虹，等. 国土空间规划体系下详细规划编制的新需求与应对 [J]. 规划师，2021，37（17）：5-11.

② 赵广英，李晨. 国土空间规划体系下的详细规划技术改革思路 [J]. 城市规划学刊，2019（4）：37-46.

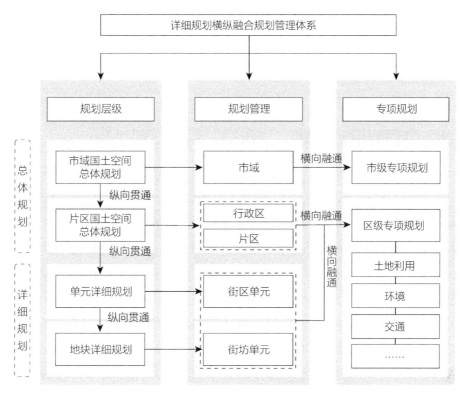

图3-3-3 详细规划横纵融合的规划管理体系示意图

区不同的发展阶段和所面临的突出矛盾，响应地方发展需求，精准把握发展诉求，在上下刚性管控的传导中，融入弹性引导思维，通过留白控制、虚线控制等刚弹结合的方式，为未来发展的不确定性留有余地。[①]其二，构建"一张图"动态管理平台，统一数据底座，赋能全流程治理。以"编审管"全流程数据支撑为目标，建设国土空间规划统一数据底座，推进数据便捷共享，提高多部门协同工作能力，实现国土空间全域全要素的数字化、智能化管控体系。[②]其三，衔接社区责任设计师制度，助力详细规划精细化治理。实行划片管理，全面加强社区规划建设与国土空间规划管理体系衔接，有效挖掘各地问题，落实针对性解决措施。同时，对详细规划"编审管"制度进行动态调整，对编制内容、审批方式及管理层级等方面在横纵融合的大网络下不断作出改革与创新，实现详细规划治理能力与治理效率的全面提升。

① 徐家明，雷诚，耿虹，等. 国土空间规划体系下详细规划编制的新需求与应对［J］. 规划师，2021，37（17）：5-11.

② 同衡规划."一张图"系统：统一数据底座，赋能全流程治理［EB/OL］.（2022-08-26）［2023-06-25］. https://m.thepaper.cn/.baijiahao_19631738.

3.4 转型规划平台服务方式

3.4.1 全程智治：搭建"一张图"信息管理平台

当前我国信息化高速发展，国土空间规划的信息化平台正在建设之中，详细规划应从实际问题着手，依托大数据，不断加强规划编制与管理的信息化融合，构建"一张蓝图"。根据《中共中央 国务院关于建立国土空间规划体系并监督实施的若干意见》对国土空间规划"一张图"的描述可知，它是以自然资源调查监测数据为基础，建立全国统一的国土空间基础信息平台，并以信息平台为底板，结合各级各类国土空间规划编制逐步形成的，目的是推进政府部门之间的数据共享以及政府与社会之间的信息交互。

搭建"一张图"信息管理平台，首先，要基于"三调"[①]成果整合规划编制所需的空间关联数据和信息，将"三调"数据汇总为"一张底图"（图3-4-1）。摸清家底，逐步实现国土空间全域数字化表达和信息化底板，实现国土空间数字化成果全域覆盖，并依托"一张底图"开展国土空间开发保护现状评估、规划实施评估等工作。

其次，要加快推进各地国土空间基础信息平台的建设。国土空间基础信息平台的打造离不开对大数据方法的灵活应用，通过采用微服务、微前端和容器等云原生技术，实现数字化能力的沉淀、管理、编排和调用，为详细规划全过程业务提供统一支撑。一方面考虑规划后续的执行操作、动态适应和持续优化问题；另一方面，要关注规划区域的经济社会发展情况，构建"可动态跟踪、可持续维护、可国际对标"的监测、评估机制。

最后，推进详细规划成果向本级平台入库并向国家级平台汇交。一方面通过严密的程序进行规划符合性和有效性的审查和筛选，保证"一张图"具有法定性、有效性和唯一性的特征，能够有效避免多部门管理造成的"规划打架"、互相推诿等现象发生；另一方面确保各类数据都汇总至"一张图"平台管理，实现全局信息共享，建立规划编制和管理信息交流纽带。规划管理者使用"一张图"作为审批依据，并通过"一张图"实时反馈审批信息至规划编制人员，保证规划编制成果的实时性，提高规划编制工作的效率和质量，形成"编制—管理—编制"的良好的信息循环。

---

① "三调"，即第三次全国国土调查。

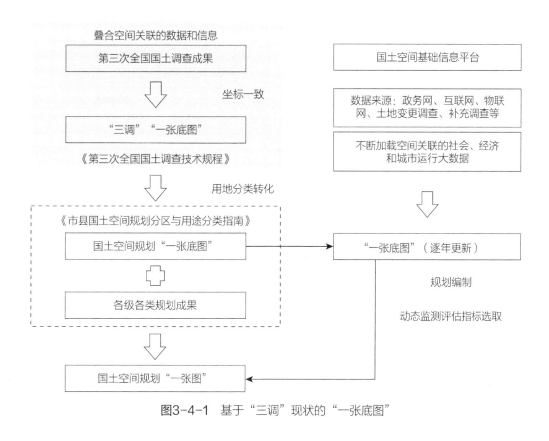

图3-4-1 基于"三调"现状的"一张底图"

3.4.2 公众参与：形成多元利益协同平台

详细规划运作中，处于弱势的社会公众在利益博弈中存在明显的"信息壁垒与技术壁垒"，为了实现多元主体利益平衡，必须要消除社会公众参与的壁垒，[①]建立协同共治机制，以问题为导向，以场景为枢纽，通过多端平台和线上线下相结合的方式，连接政府、市场和社会，形成多元主体的协同共治，保障公众与相关利益群体的全程参与，提升规划决策透明度。

实现公众、相关利益群体等在详细规划中的全过程参与，首先，要提升公众对于规划内容的知情度。一方面，进行系统宣传，规划编制人员、管理人员和媒体工作者协同合作，对规划内容进行公众化的处理，建设公众可便捷获取信息的平台，并根据规划工作阶段调整宣传重点，在海量的规划成果中筛选核心信息，把规划专业语言翻译为生动

① 汪坚强. 控制性详细规划运作中利益主体的博弈分析——兼论转型期控规制度建设的方向［J］. 城市发展研究，2014，21（10）：33-42.

的大众传播语言。另一方面，扩大宣传途径，利用丰富的宣传途径形成合力，通过电视、广播、地铁视频、专题展览、报纸、宣传手册、海报、微信、微博、网站及其他活跃的新媒体方式，结合问卷等社会调查的方式，使民众了解规划编制的过程和结果。

其次，鼓励公众对规划内容提出意见。调动市民发表有效意见，保障顺畅的表达渠道，同时做好意见引导，避免少数意见主导舆论环境。一方面，根据目标预备议题预估公众可能关切的问题，拟定议题引导公众讨论。另一方面，主动征询意见领袖，意见领袖包括专家和社会领袖，此类身份通常受到权利拥有者和公众的双方认可，可以代表和引导公众意见。

最后，保障公众对规划的全程监督。通过对意见公开反馈，实现公众对于规划的全程监督。在详细规划成果中除技术内容外，应该有公众意见的整理和反馈信息，关注有效性判断标准和程序，保障通畅的反馈路径。一方面，健全完善公众参与方式，包括参与环节、有效性判断机制、与规划的时间关系、参与的渠道等内容。另一方面，严格判断意见的有效性，根据规划成果的工作范围、原则和导向，判断意见的有效性，并公开相关依据和采纳的结果，收集意见后通过公众参与咨询团、专家、部门审议等方式判断意见的有效性，在反馈时说明结果和判断依据（图3-4-2）。

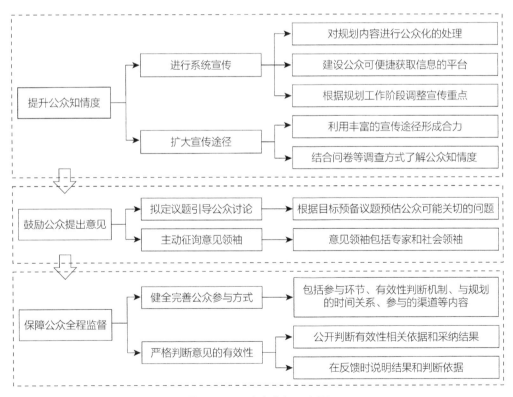

图3-4-2 公众参与示意图

3.4.3　韧性提升：建立分级联动审批机制

详细规划作为城乡建设项目规划许可的法定依据，应依托统一的国土空间规划审批联动共享平台，整合各部门的审批工作，建立分级联动审批机制，解决审批过程中审批事项互为前置、流程繁复的问题[1]，并将各种数据汇至"一张图"信息平台，保障信息联动，提高审批效率。

3.4.3.1　强化数据入库审查

根据自然资源部2019年7月发布的《国土空间规划"一张图"建设指南（试行）》，对成果审查与管理模块的功能描述如下：通过信息化辅助审查功能，在国土空间规划成果审批阶段，对审查各阶段成果和最终成果进行管理和利用。包括质检工具扩展建设、规划成果辅助审查、规划成果管理等功能。质检工具扩展建设，是基于统一的要求和细则，在自然资源部下发的数据质检工具基础上进行扩展建设，使其满足详细规划数据质检的要求；规划成果辅助审查是针对规划成果，依据审查有关办法和传导要求，提供指标符合性、空间一致性、图数一致性等方面的辅助审查；规划成果管理，是在规划成果审查过程中，根据审查的内容和审查结果，将空间规划成果与相关材料、审查意见等进行挂接，动态建立审查任务"一棵树"，综合管理每个阶段每次审查的成果。

审查内容主要包括：①成果完整性检查。辅助检查文本、图纸、数据库、基础资料等是否齐全、完整。②空间协调性审查。检查上报规划与平行相关规划是否冲突，按照冲突规则进行检测，对冲突位置进行高亮标识。数据入库审查时，应重点关注入库电子文件，确保最终入库管理的数据与规划文本一致，同时确保入库文件在格式与内容上的有效性[2]，能够最终符合信息库数据要求并满足规划管理的相关要求。

3.4.3.2　增强审批过程中的线上数字化应用

针对详细规划中工作管理用图过多的问题，以及规划管控逻辑和处理规则不清晰的

---

① 王开泳，陈田. 新时代的国土空间规划体系重建与制度环境改革［J］. 地理研究，2019，38（10）：2541-2551.

② 韦冬，程蓉. 立足规划的公共政策属性，强化管理的公共服务职能，全面加强对控制性详细规划的技术支撑——关于上海市规划编审中心的工作实践和探索［J］. 上海城市规划，2011（6）：54-57.

问题，通过"多规合一""一张图"汇集关键要素和核心信息，实现在一张工作技术底图上的内容集成。通过技术底图和管理依据的精简促进管理流程的简化，为并联审批提供技术可能。

依托"互联网+行政审批"的行政审批服务新模式，搭建信息共享的业务协同平台。通过线上整合、电子化审批信息的转变，解决线下审批程序繁琐、流程不清晰、部门互相推诿等问题。

依托网上政务大厅，开展全过程网上审批，实现一表申请、并联审批、流程简化、结果共享、及时公开，提高政府运作效能。共享各部门的违法查处信息，提高综合执法力度。

3.4.3.3 构建分层分类的成果审批及调整机制

对不同单元、不同地区、不同层级的成果类别，运用不同的审批程序，由不同机构、部门审批，提高行政效率，刚性与弹性结合，实现从传统详细规划扁平化管理到国土空间详细规划分层、分级、多维度管理的转变。

（1）宏观层面

针对宏观层面的法定规划与管理规划的审批中，法定规划作为城乡规划管理的主要依据，规划成果应当依照城乡规划法确定的法定程序进行审批，不能随意调整修改，保证控规的权威性和严肃性，加强国土空间总量的管控；而管理规划作为城市管理的重要内容，规划成果由城乡规划主管部门依照相关程序进行审批，适度为控规增加了弹性，提高了控规的可实施性。

（2）微观层面

针对微观层面的不同类型地区的审批中，一方面，应优化重点地区控规调整审批流程，在现有繁杂的控规调整程序的基础上进行简化，实行"片区控规动态编制＋局部地块报批"的控规管理方式，控规成果通过公示、规委会审议之后，结合土地出让的实际情况和具体需求，将拟出让地块以"单个地块／多个地块打包"的形式提请行政审批，提高控规调整审批的效率。另一方面，应实施控规调整分类管理机制，通过对控规调整内容的分类管理，尽可能减少某些类型调整中不必要的程序和对行政资源的消耗，并对不同调整项目设定差别化的审批要求与流程：如公益性项目可降低审查难度、简化审批程序；商业性项目如不涉及重要指标的修改，因实际施工时遇到无法解决的难题时，可在规划管理部门与地区规划师协调下进行控规调整，简化审批程序；对其他公共价值较低、负外部性较高的项目，则应进行严格审查和管控。

3.4.3.4 形成从编制、审批到评估监督实施的完整闭环

一方面，制定不同类型详细规划编制规程和管理规定，以及数据库的成果及维护要求，实现各类空间管控要素的精准落地及详细规划成果的实时更新。建立数据动态更新机制，根据不同的信息，以阶段性更新、实时更新和定期收集维护三种形式进行分门别类处理。

另一方面，根据规划建设管理的不同需求建立规划控制和城市运行监测等指标体系，通过定期评估和动态反馈，及时进行详细规划调整和数据库更新维护，不断推动城市的高品质发展。[①]实施审批信息反馈机制，通过渠道建设和程序建设，打通各部门之间堡垒，保障信息的准确性和时效性；建立规划实施评估机制，对数据平台进行动态评估，建议一年一评估，及时发现问题，化解规划落地难的问题（图3-4-3）。

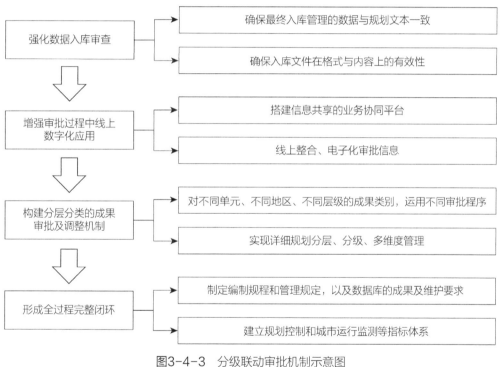

图3-4-3 分级联动审批机制示意图

---

① 王海蒙，石春晖，高浩歌. 国土空间详细规划编制技术路线构建［J］. 规划师，2021，37（17）：17-22.

3.5 小结

本章节探讨详细规划在当前国土空间规划体系重构背景下的创新探索，总结新时期详细规划创新改革应包括以下四个重点。

①转换原有规划体系下思维方式，更加注重体现全域全要素管控思维，管控对象从"点"扩展到"域"；明确开发与保护相结合的思维，基于发展和保护两大视角，以可持续发展为导向，处理我国国土范围内的人地关系问题；强化规划逐级传导思维，着重关注落实上下管控与响应地方发展之间的协调性关系，响应新时期国土空间规划体系下详细规划的新要求。

②通过构建"总详传导链"，优化"层级传导接口"，建立"总详衔接"规划传导机制；差异化编制城镇空间、农业空间、生态空间的管控内容，实现全域统筹，补齐详细规划编制短板；通过完善权责对等与分工明确的国土空间治理体系，建立和完善综合规划管控指标体系，促进编管协同。

③纵向加强各级规划管理事权，与"五级三类"国土空间体系实现联动，构建上下互动、有序传导的纵向管理体系；横向强化详细规划全域全要素管控，明确联动相关专项规划，协同全域、全要素的规划管控体系；横纵融合，因地制宜地优化地方管控体系，提升详细规划管理能力与管理效率。

④依托"一张图"系统，建立信息管理平台，并加快推进各地国土空间基础信息平台的建设，促使规划成果向本级平台入库并向国家级平台汇交；通过扩大公众对于规划内容的知情度，鼓励公众对规划内容提出意见，保障公众对规划的全程监督，实现多元主体协同，提升规划决策透明度；通过强化数据入库审查，增强线上数字化应用，构建分层分类的成果审批及调整机制，优化审批流程，最终形成从编制、审批到评估监督实施的完整闭环。

第 4 章

庖丁解牛

——广州市详细规划
"编审管"制度现状解读

广州市作为国内先行探索详细规划的城市之一，从20世纪80年代至今，广州控制性详细规划先后历经"初创—发展—成熟—优化"的发展路径，逐步建立起"市域—片区（组团）—功能单元—规划管理单元"四级空间管理体系，在详细规划的编制、审批、管理方面已构建起相对完善的制度体系。广州过去以控制性详细规划实践为主，根据《中共中央　国务院关于建立国土空间规划体系并监督实施的若干意见》对国土空间规划体系的调整，逐渐转变为对国土空间详细规划的探索。

4.1　广州市详细规划"编审管"发展历程

4.1.1　初创：街区规划阶段（1980～1990年）

4.1.1.1　规划背景和实践

　　党的十一届三中全会后，改革开放的春风使城市建设出现了新的热潮。为使城市总体规划能更具体地指导城市建设，为旧城区成片改造规划控制、开展招标投标工作提供依据，1982年，广州市政府决定在市中心区内全面开展街区规划的编制工作，并发动省市有关设计单位、大专院校和各区城建部门，协同城市规划局共同完成。截至1983年底，按照原详细规划的编制方法，完成了全市约1/3街区的规划编制工作。从1984年开始，广州市街区规划学习参考香港分区图则的办法进行编制，并称之为"控制性规划"。1986年广州市中心区（74条行政街）及边缘地区共81条街的街区规划编制工作全部完成，并于1988年5月全部审核完毕。

4.1.1.2　规划内容和程序

（1）规划内容和成果体系

　　街区规划的主要内容为明确以下六个方面的规划控制指标：明确街区地块的土地使用性质；明确道路骨架和建筑退缩要求；明确街区内各类公共、市政、生活服务设施的配套要求和总体规划要求；明确街区内包括人口、绿化、公共建筑等各项经济技术指标；明确容积率、建筑密度、建筑间距、拆建比等基本控制指标；明确该街区需要说明或需要控制的其他规划要求，如各级文物保护单位、传统文化商业中心、传统民居建筑的保护范围等。[①]

这一阶段形成的法规和技术标准主要包括《广州市街区规划编制办法》（1982年）、《城市规划条例》（1984年）、《广州市城市规划管理办法》（1987年）、《广州市城市规划管理办法实施细则》（1987年）等（图4-1-1）。

（2）规划程序

街区规划的工作程序主要分为五个阶段，在划分街区、调查研究、分析现状的基础上通过示意性的建筑形体规划，检验控制指标在空间建设的合理性和可行性，并基于检验成果编制控制性规划文件、绘制图表，最后再上报审批。

图4-1-1 金花街规划及批复

资料来源：1983年金花街街区规划图（左）；

《广州市人民政府办公厅关于金花街规划的批复》（穗办函〔1983〕26号）（右）。

---

① 徐晓梅. 街区规划编制工作的回顾［M］//广州城市规划发展回顾编纂委员会. 广州城市规划发展回顾 1949-2005：上卷. 广州：广东科技出版社，2006：152-153.

4.1.2 发展：分区规划阶段（1990~2000年）

4.1.2.1 规划背景和实践

（1）在新发展地区编制控制性详细规划

20世纪90年代，全国范围内对控制性详细规划编制方法的探索日趋成熟。尤其是建设部《城市规划编制办法》（1991年）和《城市规划编制办法实施细则》的颁布实施，统一了控制性详细规划编制方法。这一时期，全国各城市主要按照部颁规定编制控制性详细规划，但由于各地城市建设中面临的问题不尽相同，各地在颁布规定的基础上也在不断探索适合本地实际需要的控制性详细规划编制方法。广州市在20世纪80年代街区规划的基础上，依据部颁规定进一步探索了控制性详细规划的编制方法。这一时期，广州市控制性详细规划的实践主要集中在新发展地区。例如，1991~1993年，为了配合广州珠江新城和地铁的建设，编制了珠江新城15个地块和地铁沿线24个地块的控制性详细规划；为了有效地指导新区建设和房地产开发，组织编制了东晓新村赤岗新区（桥西区）、机场路西、三元里开发区等控制性详细规划；为了给市政府对外招商提供条件，组织编制了横沙高级别墅、商住旅游、工业综合区、大坦沙综合区、肖岗商住综合区、工业综合区等控制性详细规划。[①]

（2）实现总体规划范围内分区规划全覆盖

同时，由于20世纪90年代控制性详细规划编制实践主要局限于以上新发展地区，全覆盖的控制性详细规划尚未正式开展，1994年《广州市城市总体规划修编方案》上报审批后，为保证实施，广州市人民政府决定在城市总体规划中确定的规划发展用地及其邻近区域全面开展分区规划编制，以强化城市规划管理。在对一些发达国家和地区实行的"区划制"（美国）和法定图则（中国香港）进行总结的基础上，以行政区划为基础，以功能分区为原则，适当结合自然的地理界线，在规划发展区（897km²）内划分79个分区，每个分区的面积约为10km²，并于1998年基本完成分区规划管理图则的编制工作。分区规划管理图则对总体规划内容进行深化，其土地利用性质及强度等指标达到控制性详细规划深度，基本实现了对1994年版总体规划建设用地的全覆盖。

---

① 姚燕华，王朝晖，孙翔. 广州市控制性详细规划的实践与思考［C］//载舒扬，陈如桂，涂成林，等. 广州蓝皮书：2007年：中国广州城市建设发展报告. 北京：社会科学文献出版社，2007：158-166.

4.1.2.2　规划内容和程序

（1）规划内容和成果体系

分区规划与20世纪80年代的街区规划内容目的一致，均为确定土地和建筑控制指标，引导土地开发使用；与街区规划相比，在编制深度方面有所优化，主要体现在对总体规划的落实上。分区规划将城市总体规划的内容充实、完善和具体化，分解了总体规划的人口规模、用地布局、公共设施、配套设施，尤其在土地细分、用地性质、地块开发强度、地块控制指标体系、公共建筑配套设施定位等，达到控制性详细规划的深度（图4-1-2）。另外，分区规划的编制范围相比于街区规划有大规模的扩展，从市中心区（54km^2）扩大到规划发展区及其边缘地带（897km^2）。

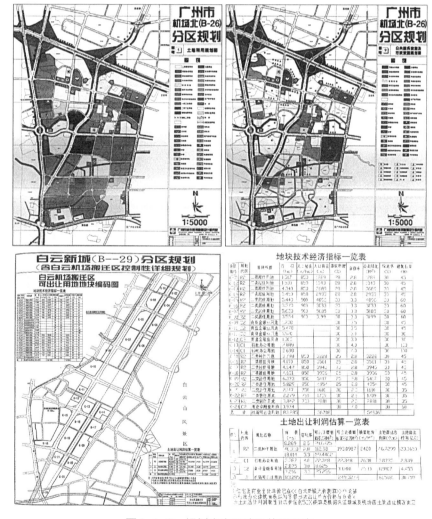

图4-1-2　规划内容和成果体系示意

资料来源：《广州市机场北（B-26）分区规划》（上）；《白云新城（B-29）分区规划》（下）。

这一阶段形成的法规和技术标准主要包括《广州市分区规划和控制性详细规划编制办法》（1994年）、《广州市分区规划计算机交换文件格式规定》（1994年）等。另外，1996年批准发布的《广州市城市规划条例》中明确"编制城市规划，一般按城市总体规划、分区规划、控制性详细规划、修建性详细规划的阶段进行"，分区规划正式被赋予法定地位，作为总控传导重要层级。

（2）规划程序

分区规划的工作程序主要分为准备工作、委托任务、现状调查、规划设计、规划审查与修改、审批、实施七个阶段。

准备工作：分区划定、确定分区发展性质和人口规模，制定分区规划编制方法、深度要求和指标体系。

委托任务：与规划设计单位签订合同，提交规划设计条件和地理信息图件，交代规划意图。

现状调查：现场踏勘，向市规划局各业务处室和区政府、区规划分局、镇政府和用地单位进行现状调查，修正、补充地理信息图件，全面摸清现状土地利用情况、大型基础设施建设现状以及环境保护与建设要求。

规划设计：提出规划构思、分区发展目标、功能布局，安排规划土地利用，配置城市基础设施和公共设施，提出环境保护措施，确定土地开发强度。

规划审查与修改：由广州市城市规划局（2010年更名为广州市规划局）和区规划分局组织初审和复审，设计单位根据审查意见修改规划方案，形成规划成果，送分区规划审批小组审批。

审批：根据《中华人民共和国城市规划法》，广州市分区规划审批小组代表广州市人民政府审批分区规划设计成果。

实施：分区规划一经审批通过，即由广州市城市规划自动化中心建立分区规划信息库，作为城市规划行政主管部门的管理依据之一。

4.1.3 成熟：控规全覆盖阶段（2000~2010年）

4.1.3.1 规划背景和实践

（1）上一轮分区规划缺乏统筹衔接

广州市于1998年完成了上一轮分区规划全覆盖，1999~2001年期间开展了近200项城市重点地区的控规、城市设计、景观设计和道路交通、市政工程等专项规划，为实现城市形象"一年一小变、三年一中变"目标奠定了基础。但是，随着规划成果的积累，也出现了城市规划管理依据分散、控制层次过多的问题。同时，已编制完成的各层次规划成果之间，不可避免地出现了不和谐，甚至与管理实际相矛盾的问题。

（2）地块作为控规单元缺乏灵活性和适应性

同时，上位政策要求及日常规划管理中遇到的新问题推动广州进一步思考规划管理单元的概念。2002年8月，建设部联合国务院其他八个部委办局发出《关于贯彻落实〈国务院关于加强城乡规划监督管理的通知〉（国发〔2002〕13号文）的通知》（建规〔2002〕204号文），要求贯彻各层次规划的强制性内容。强制性内容落实到单个地块，对其调整的程序将十分复杂，而调整的余地又十分有限，它势必会带来对规划灵活性的质疑。另外，20世纪90年代形成的控制性详细规划编制方法在实践中面临一系列问题。一是由于控制性详细规划产生的背景是20世纪90年代的土地出让，它更适合对新区土地出让的管理，在全市范围内，特别是建成区要完全按控制性详细规划进行管理，在经济高速发展、情况多变的现实面前，还缺乏适应性和灵活性。二是原有的控制性详细规划编制多偏重技术，成果过于技术化，不便于应用于规划管理，规划编制与规划管理脱节。三是按照原有控制性详细规划编制方法，较难快速实现控规的全覆盖，导致很多地区在规划管理中出现无法可依的局面。[①]因此，将规划控制管理范围从单个地块适当扩大到多地块组成的单元作为重要的解决思路被提出。[②]

（3）广东省出台控规管理条例，确定控规法定地位

广东省作为全国市场经济体制确立较早的地区，随着转轨时期经济水平的进一步提高，城市发展面临新的形势和挑战。为适应新形势要求、更好地指导城市建设，2004年广东省第十届人民代表大会常务委员会通过了我国第一部规范控制性详细规划的《广东省城市控制性详细规划管理条例》（简称《广东条例》），并于2005年7月开始在广东省内各城市实施。《广东条例》共6章31条，从广东省的实际出发，确立了控制性详细规划的法定地位，强化了控制性详细规划的强制性内容，规范了控制性详细规划的编制、审批、实施、调整和公众参与途径等法定程序。另外，为配合《广东条例》的实施，广东省还制定了三个配套文件：《广东省城市规划委员会指引》《广东省城市控制性详细规划信息公开指引》和《广东省城市控制性详细规划管理条例技术规范》，为全省

---

① 姚燕华，王朝晖，孙翔. 广州市控制性详细规划的实践与思考［C］//载舒扬，陈如桂，涂成林，等. 广州蓝皮书：2007年：中国广州城市建设发展报告. 北京：社会科学文献出版社，2007：158-166.

② 彭高峰，等. 基于规划管理单元的广州市控制性规划导则编制研究［M］//广州城市规划发展回顾编纂委员会. 广州城市规划发展回顾1949-2005：下卷. 广州：广东科技出版社，2006：536-540.

控规编制内容和审批程序等提供了统一指引。

（4）探索建立基于"规划管理单元"的控规编制体系

为改善分区规划阶段存在的缺少行政区之间统筹衔接的问题，使城市规划管理更加准确与高效，广州市于2001年开展分区规划整合工作，将79项原分区规划、近200项重点地区的控制性详细规划及各类专项规划、城市规划管理动态信息在分区规划层次进行梳理、协调，整合形成原中心八区分区规划。

同时，考虑到分区规划不便直接运用于规划管理、控制性详细规划在情况多变的现实面前尚缺乏适应性和灵活性等问题，广州汲取了美国、新加坡及我国香港等地的经验，在新分区规划的基础上提出以规划管理单元为载体编制控制性规划导则，并提出以控制性规划导则为核心构建"一张图管理"平台。[1]根据当时的《广州市城市规划管理技术规定》，在广州市新的城市规划编制体系的四个层次中，控制性规划导则与控制性详细规划同属于控制性详细规划层次。较之20世纪90年代控制性详细规划的技术路线，控制性规划导则在规划控制要素、规划的弹性以及与规划管理衔接方面有较大改进。[2]

2005年2月广州市政府批复了《广州市原中心八区分区规划及控制性规划导则》，中心八区范围内划分规划管理单元共789个，平均面积为0.8～1km^2，地块覆盖面积549km^2。但由于体制、经费、发展主体等不同，白云区北部地区与外围地区没有统一编制控规导则，各区根据具体情况开展控规编制工作。

（5）全面推进控规全覆盖工作

为保障广州市区近、远期发展需求，保证规划许可的依法行政，根据《2009年广州市政府工作报告》的要求，广州市城乡规划局在《广州城市总体规划（2001-2010）》的指导下结合《广州城市总体发展战略》于2009年5月正式启动了番禺区、花都区、白云区北部萝岗区的控规全覆盖工作，编制范围约为1284km^2（涉及254个村庄）。2011年6月，广州市政府常务会议审议通过《广州市控制性详细规划（全覆盖）》。

4.1.3.2　规划内容和程序

（1）控制性规划导则

在全面推进控规全覆盖前的"分区规划整合+控规导则"时期，广州形成的主要控

---

① 彭高峰，等. 基于规划管理单元的广州市控制性规划导则编制研究［M］//广州城市规划发展回顾编纂委员会. 广州城市规划发展回顾1949-2005：下卷. 广州：广东科技出版社，2006：536-540.

② 姚燕华，王朝晖，孙翔. 广州市控制性详细规划的实践与思考［C］//载舒扬，陈如桂，涂成林，等. 广州蓝皮书：2007年：中国广州城市建设发展报告. 北京：社会科学文献出版社，2007：158-166.

规成果为"规划管理单元控制性规划导则"。它是分区规划与控制性详细规划的高度结合，以土地使用分类规划和道路交通规划为核心内容，文本和图则都较为简洁、清晰，是用于规划管理的具体执行依据。其包括四部分内容：详细图则、规划管理单元控制内容、分地块控制指导表、规划控制条文。

详细图则。对地块具体规划控制，要求以图形形式标明分地块编码、土地使用性质和各类控制线，并标注出支路网细分的道路控制线，作为控制示意信息。

规划管理单元控制内容。针对各个规划管理单元，分别确定其主导属性、总用地面积、总建筑面积、配套设施、文物保护、开敞空间、人口规模七个方面的控制要求。

分地块控制指导表。将八区789个规划管理单元共划分为29389个细分地块，确定各细分地块的地块编码、用地性质、用地面积、容积率、建筑面积、建筑密度、绿地率、人口毛密度、建筑控高、指标确定依据、配套设施、相关规划、实施建议、相关详细规划及备注等方面的内容（图4-1-3）。

规划控制条文。其属于指导性内容，主要对规划管理单元层面的特殊情况进行说明，有针对性地提出应遵循的规划控制要求。[1]

这一阶段形成的法规和技术标准主要包括《广州市分区规划整合（暂行）技术规定》《广州市法定规划管理图则编制办法与技术规定研究》《广州市分区规划及控制性规划导则编制技术规定》等。

（2）法定文件、管理文件、技术文件

自2004年广东省内出台《广东省城市控制性详细规划管理条例》，2005年出台《广

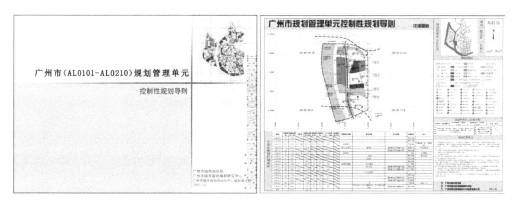

图4-1-3　广州市规划管理单元控制性规划导则示意

---

① 彭高峰，吕传廷，王朝晖，等. 基于"一张图"管理模式的规划探索与实践——以广州市中心八区分区规划及控制性规划导则为例［C］//吕传廷. 广州市城市规划编制研究中心学术论文（2006-2010）. 北京：中国建筑工业出版社，2010：200-205.

东条例》配套文件《广东省城市控制性详细规划管理条例技术规范》后，广州的控规成果主要按照《城市规划编制办法》及《广东条例》等规范的要求进行编制，具体包含三部分内容：①法定文件；②管理文件；③技术文件。其中，法定文件（即规划管理单元导则）由文本和导则组成；管理文件（即规划管理单元地块图则）由通则和图则组成；技术文件包括基础资料汇编、说明书、技术图纸。[①]

同时，为满足日常规划管理的需要，切实落实"编制—管理"联动的要求，控规全覆盖在满足国家及广东省控规编制规范的基础上，结合广州城市规划管理实际需要，对控制指标的选取与确定进行了优化，例如对公益性设施的学校、医院等用地指标不作强制性要求，而在通则中要求按行业标准予以落实。[②]

4.1.4 优化：重点地区精细化控规提升阶段（2010年至今）

4.1.4.1 规划背景和实践

（1）广州城市发展进入转型阶段

2010年前后，伴随着举办亚运会等重大事件的发生，广州城市发展进入转型阶段，传统的城市规划管理方式已不能满足城市快速发展的需求，城市规划管理逐渐走向精细化。2006年12月，广州市在《广州市城市总体规划（2001—2010）》提出的"东进、西联、南拓、北优"的发展方针基础上，增加了"中调"战略，要求中心城区"调优、调高、调强、调活"，全面承担起广州发展新阶段的核心职能，转变空间增长方式，全面提升内生发展动力，实施宜居城市战略，不断优化城市综合环境，塑造特色城市景观。2008年，广州市政府提出建设全省"首善之区"，明确提出要突出抓好白云新城、琶洲—员村、白鹅潭、新城市中轴线南段四个中心城区重点地区的规划建设工作，支持广州建立现代产业体系和建设宜居城市。[③]

（2）以"控规+城市设计导则"共同引导地区发展

在新的城市总体发展战略规划指引下，城市设计作为一种新的规划手段被引入广州

---

① 广州市规划局. 广州市实施《广东省城市控规管理条例》办法［Z］. 2007：第七条.

② 彭冲，吕传廷，廖文翰，等. 广州市控制性详细规划全覆盖的探索与实践［C］//中国城市规划学会. 转型与重构：2011中国城市规划年会论文集. 南京：东南大学出版社，2011：4251-4261.

③ 郭文博，荣颖. 广州白云新城地区城市设计历程回顾——重点地区城市设计工作思考［C］//中国城市规划学会. 面向高质量发展的空间治理：2020中国城市规划年会论文集. 北京：中国建筑工业出版社，2021：45-59.

的规划体系中。广州规划管理部门重点对山水城市空间格局、重点地区城市设计、城市公共空间等进行了研究，并实现了城市设计在控规体系中由概念型向指导型、强制导则型的转变。经过多年实践，广州市基本形成了"城市设计竞赛—概念设计综合深化—法定控规编制—地块图则（含城市设计导则）"的工作流程，并确立了在重点发展地区采取"控规+城市设计导则"共同引导地区发展的精细化规划管理模式。自2008年广州启动多个重点功能区的规划提升工作以来，截至目前，已完成白云新城、琶洲—员村地区、白鹅潭地区、黄埔中心区、金融城起步区、海珠生态城启动区、大学城、广纸片区、广钢新城等19个重点功能区的城市设计及控制性详细规划编制工作。

4.1.4.2　规划内容和成果体系

城市设计的主要目标在于解决城市土地空间整合及近期策略性发展地区的规划引导问题。为使城市设计具备可实施性，广州市重点地区城市设计的编制并非只是对空间形态的设计，而是在深入的现状调查和社会经济分析的基础上，对用地布局、空间形态、开发强度、形态控制手段等进行的详细设计，主要内容包括竞赛方案评估与现状调查、专题研究、发展定位与发展策略、规划布局、整体空间形态和景观结构、各专项规划、分期实施与经济分析、分类城市设计指引（景观界面、街道、建筑、环境等）、分区城市设计指引、地块控制图则（含城市设计导则）等10大部分。[①]通过城市设计导则（图则）与传统控规紧密结合，形成新的控规技术体系——"地区城市设计指引+管理单元导则+地块图则"，将城市设计的技术成果转化为法定文件和管理文件。以广州国际金融城起步区城市设计及控制性详细规划为例，除遵循广州市控规编制的基本要求之外，针对金融城高强度开发的现实，全面落实城市设计的思想和设计意图，规划形成了"1+8"地块管理控制图则体系，即除1张常规的地块管理控制图则（普适图则）外，还包括8张专项补充图则。

和传统的控制性详细规划成果相比，广州重点地区的控规在纳入城市设计要素后，更注重将广州"云山珠水"的自然格局和人文环境与高品质的城市空间环境塑造紧密结合。例如，白云新城紧邻白云山风景名胜区，规划范围主要为旧白云机场搬迁后的用地。白云新城城市设计中注重保护和利用白云山优质的自然景观，通过视线分析，明确景观视线廊道和开敞空间通道，并对建筑高度、体量和布局提出控制要求，形成错落有致、富有节奏的天际轮廓线，既显山露水、山城交融，又通过良好的生态、景观环境提

---

① 姚燕华，鲁洁，刘名瑞，等. 精细化管理背景下的广州市重点地区城市设计实践 [J]. 规划师，2010，26（9）：35-40.

升土地的开发价值。与此同时，规划还注重保护与传承机场的历史文脉，利用原机场跑道空间，形成一条南北向宽80m的中央带形公园，以串联居住区、文化中心、商业中心及公园等各个功能片区，并将原候机楼改造成大型购物中心，建设飞翔公园与机场博物馆，传承机场的文化与历史，保留对机场的历史记忆。

城市设计的精细化重点体现为公共空间和公共设施设计的精细化。广州重点地区的城市设计，根据地区的开发建设规模和人口规模确定各类公共服务设施和市政设施的规模与布局，并就此反复、多次征求相关职能部门的意见，优先保证公共设施的落实；在空间形态设计上，除了明确整体空间形态外，尤其重视公共空间设计，对滨水空间、主要街道空间、环境艺术和街道家具等公共空间和设施提出详细的城市设计指引；局部地段的设计也强化了公共空间设计，例如，在琶洲—员村地区的城市设计中，重点强化了对政府投资建设的公共环境设施的详细设计，如通道、休息场所、坡道、街桥、公共厕所、公用电话亭及其他服务设施等。[1]

4.2 广州市详细规划编制内容与成果要求

4.2.1 编制范围划分

广州以行政街道为基础，划分若干规划管理单元，形成"行政区—行政街道—规划管理单元"三级结构。其中，每个行政街道划为一个或若干个规划管理单元。[2]规划管理单元结合行政街道界线、天然地理界线等因素划定，对应社区级行政单位，其规模基

---

① 姚燕华，鲁洁，刘名瑞，等. 精细化管理背景下的广州市重点地区城市设计实践 [J]. 规划师，2010，26（9）：35-40.

② 王朝晖，师雁，孙翔. 广州市城市规划管理图则编制研究——基于城市规划管理单元的新式 [J]. 城市规划，2003，23（12）：44.

本与社区规模相当，单元内配套设施规模和类型与社区配套设施要求基本一致，一个规划管理单元通常由多个规划地块组成。①规划管理单元是规划区内控规的基本编制单位，在用地规模上，旧城中心区为0.2~0.5km²，新区为0.8~1.5km²，非城市建设区的规模视具体情况而定。

4.2.2 成果规范形式

广州市现行详细规划编制主要根据《广东省城乡规划条例》《广东省城市控制性详细规划管理条例》《广东省城市控制性详细规划编制指引（试行）》及《广州市城乡规划技术规定》中的相关要求开展，建立了包含法定文件、管理文件和技术文件在内的详细规划成果体系。其中，法定文件主要明确规划管理单元层面控制内容，是规定控制性详细规划强制性内容的文件；管理文件主要明确单元内地块层面控制内容，是城市规划行政主管部门实施规划管理的操作依据；技术文件是法定文件和管理文件的技术支撑和编制基础。

4.2.2.1 法定文件

法定文件由文本和图则组成。

（1）文本

文本是指规定规划强制性内容的具有法定效力的规划条文，主要包括总则、发展目标和功能定位、地块划分及编码、建设用地性质控制、建设用地使用强度控制、道路交通规划、公共服务设施和市政公用设施用地规划、历史文化保护区内重点保护地段的建设控制指标和规定，以及建设控制地区的建设控制指标等内容。具体成果构成要求如下。

①总则：法定文件编制的主要依据和原则、规划范围、生效日期及其他事项。

②发展目标和功能定位：编制区的发展目标和功能定位。

③地块划分及编码：主要结合道路界线，在编制区内划分地块。地块编码采用二级编码方法，由"编制区代码—地块代码"组成。

④建设用地性质控制：主要包括土地使用性质、土地使用的兼容性。

⑤建设用地使用强度控制：确定各地块的土地使用强度，以地面以上总建筑面积为

---

① 彭高峰，李颖，王朝晖，等. 面向规划管理的广州控制性规划导则编制研究 [C] //中国城市规划学会. 城市规划面对面：2005城市规划年会论文集. 北京：中国水利水电出版社，2005：839.

控制指标；确定各地块的绿地率和公共绿地面积；对提供公益性空间的项目，确定所提供公益性空间的最小面积与实施中奖励的最大面积；确定特定地区地段允许的建设高度。

⑥道路交通规划：确定道路系统中主、次干路的功能分级和道路红线宽度；确定主、次干路交叉口的形式、用地范围及控制要求；确定公共停车场（库）和公交站场的用地规模和数量。

⑦公共服务设施和市政公用设施用地规划：确定居住区级以上（不含居住区级）以及独立用地的公共服务设施和市政公用设施用地的种类和规模，明确其空间布局及建设要求；确定大型市政公用设施（包括市政通道）用地的种类和规模，原则划定其占用的地下、地面或上空的控制范围，并提出相关控制要求；确定对环境有特殊影响的设施的卫生与安全防护距离和范围。

⑧历史文保：历史文化保护区内重点保护地段的建设控制指标和规定，以及建设控制地区的建设控制指标。

（2）图则

图则是指反映文本内容的规划图纸及相关表格。应将文本中确定的土地利用、道路交通、公共服务设施和市政公用设施等强制性控制内容集中标示在一张有效的地形图上。主要包括地块划分、土地利用、道路交通、区域位置、地块规划控制指标表、其他要素等内容。并且需要以插图方式标示所在的区域位置（图4-2-1）、以插表方式标示主要的地块规划控制指标。具体成果构成要求如下。

①地块划分：标示编制区范围及其各地块的划分情况和编码。

②土地利用：标示各地块的土地使用性质代码，并以不同颜色区分。

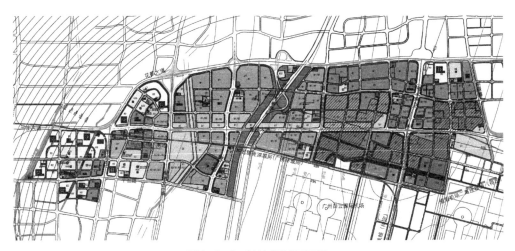

图4-2-1 地块规划图示例

资料来源：广州《空港经济区控制性详细规划》。

③道路交通：标示城市主次干路名称、功能、道路红线及其交叉口形式，以及公共停车场、公交站场用地范围。

④区域位置：标示编制区的区域位置，以及与城市道路网络的衔接关系。

⑤地块规划控制指标表：本表必须反映各地块的全部强制性内容，主要包括土地使用性质代码、土地使用性质、土地使用兼容性、用地面积、地面以上总建筑面积、绿地率、公共绿地面积、公共服务设施用地和市政公用设施用地的种类、规模等（表4-2-1）。

表4-2-1　地块规划控制指标表示例

地块编码	土地使用性质代码	土地使用性质	土地使用兼容性	用地面积（m²）	地面以上总建筑面积（m²）	绿地控制		公共服务设施用地		市政公用设施用地		备注
						绿地率	公共绿地面积	种类	规模	种类	规模	
1-01												
1-02												
1-03												
1-04												
1-05												
1-06												

资料来源：《广东省城市控制性详细规划编制指引（试行）》（粤建规字〔2005〕72号）。

4.2.2.2　管理文件

管理文件由管理文本和管理图则组成。

（1）管理文本

管理文本是指对规划的各项目标和内容提出规定性要求，并明确其管理规则的规划条文。其中，规定性要求是对法定文件的细化，而管理规则是实施规划的管理原则及相关管制规定。主要包括总则、管理规定性要求、管理规则（建设用地地块划分、建设用地土地使用性质、土地开发强度、道路交通、绿地及公共开放空间、配套设施、建筑物管制）等内容。具体成果构成要求如下。

①总则：制定管理规则的主要依据和原则、规划范围、生效日期及其他事项。

②管理规定性要求：根据法定文件和技术文件明确编制区的功能定位和发展目标；明确细分地块的编码、建设用地使用性质以及容积率、建筑密度、绿地率、建筑限高、人口密度等建设用地使用强度控制指标；明确各级道路红线；明确各级公共服务设施和市政公用设施的种类、数量、分布和规模。

③管理规则：各编制区的管理规则，原则上应结合当地城市规划标准与准则和编制

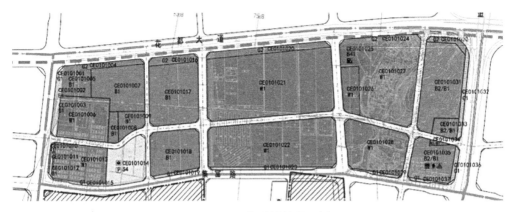

图4-2-2　细分地块图示例

资料来源：广州《空港经济区控制性详细规划》。

区实际情况制定，可以视具体情况，全面作出或选择下述款项中的若干内容作出详细规定，包括建设用地地块划分的管制、建设用地土地使用性质的管制、土地开发强度的管制、道路交通的管制、绿地及公共开放空间的管制、配套设施的管制、建筑物的管制。

（2）管理图则

管理图则是指反映管理文本内容的规划图纸及相关表格。管理图则应集中标示在一张有效的规划图纸上（图4-2-2）。主要包括区域位置、土地利用规划、细分地块规划控制指标表、公共服务设施及市政公用设施规划、道路交通规划以及各类规划控制线等内容。具体成果构成要求如下。

①区域位置（插图）：标示编制区的地理位置、与周边地区的关系及交通联系。

②土地利用规划：标明细分地块的界线及编码。图则中编码由"编制区代码—地块代码—细分地块代码"三级代码组成。

③细分地块规划控制指标表（插表）：列出"细分地块规划控制指标表"（表4-2-2），以汇总本编制区各细分地块的规定性要求。本表的主要内容包括：细分地块编码、用地面积、土地使用性质代码、土地使用性质、土地使用兼容性、地面以上总建筑面积、容

表4-2-2　细分地块规划控制指标表示例

细分地块编码	用地面积（m²）	土地使用性质代码	土地使用性质	土地使用兼容性	地面以上总建筑面积	容积率	建筑密度（%）

绿地率	建筑限高（m）	人口密度（人/hm²）	公共服务设施		市政公用设施		停车位（个）	备注
			项目	规模	项目	规模		

资料来源：《广东省城市控制性详细规划编制指引（试行）》（粤建规字〔2005〕72号）。

积率、建筑密度、绿地率、建筑限高、人口密度、公共服务设施、市政公用设施、停车位个数项目及规模等。

④公共服务设施及市政公用设施规划：标明各类公共配套设施及市政公用设施的位置、用地范围及其符号。

⑤道路交通规划：标明主、次干路及支路的道路红线，主、次干路交叉口形式，交叉点竖向标高以及道路交通设施的分布与用地范围，包括人行天桥、隧道。

⑥各类规划控制线：标明各类规划控制线，包括轨道交通线路及保护控制线、管道运输线路及保护控制线、高压走廊保护控制线、微波通道保护控制线、河涌水域的保护控制线，以及文物保护单位、历史保护街区的绝对保护线和建设控制地带界限、景观、通风廊道控制线等方面的内容。

4.2.2.3 技术文件

技术文件包括基础资料汇编、说明书、技术图纸和公众参与报告。

（1）基础资料汇编

基础资料汇编是对编制区现状情况的资料汇总。主要包括上层次及相关规划要求、自然条件、人口及居住状况、土地利用现状、建筑物状况、道路交通现状、公共服务设施现状、市政公用设施现状、历史文化及建筑风貌、环境保护现状及其他等内容。具体成果构成要求如下。

①上层次及相关规划要求：已批准的城市总体规划或者分区规划等上层次规划和相关规划对编制区的规划要求，以及相邻地区已批准规划的情况。

②自然条件：编制区的水文、地质、地貌、自然灾害、生态环境特征等自然条件。

③人口及居住状况：编制区的人口空间分布、人口结构及居住状况等情况。

④土地利用现状：土地利用现状及征地权属情况，建议以"现状用地汇总表"（表4-2-3）和"现状用地权属表"的形式汇总。包括用地结构及各类用地布局现状、

表4-2-3　现状用地汇总表示例

用地代码			土地使用性质	用地面积 （hm²）	比例 （%）
大类	中类	小类			
R	R2	R21			

资料来源：《广东省城市控制性详细规划编制指引（试行）》（粤建规字〔2005〕72号）。

已划拨或出让用地的征地权属情况、已批准的设计要点情况。

⑤建筑物状况：编制区的建筑物状况，包括建筑物的用途、面积、建设年代、建筑质量、建筑权属、建筑层数和合法性等情况。

⑥道路交通现状：现状道路的等级体系、功能划分、红线及断面形式、交叉口形式、交通设施的分布与规模。

⑦公共服务设施现状：现状公共服务设施的类型、规模和分布情况。

⑧市政公用设施现状：各类市政公用设施的分布、规模、用地面积以及管网等级和分布情况。

⑨历史文化及建筑风貌：编制区的历史文化传统（包括各级文物保护单位情况）、建筑特色及环境特征等资料。

⑩环境保护现状：编制区主要污染源、污染类型及污染指标。

⑪其他内容。

（2）说明书

说明书是对编制区现状的分析、规划设想的论述和规划内容的解释。主要包括前言、规划依据与原则、现状概况与问题分析、规划目标、用地布局、地块划分与细分、地块控制、道路交通规划、竖向规划、绿地系统规划、公共服务设施规划、市政公用设施规划、城市设计指导原则以及规划实施的措施与建议等内容。具体成果构成要求如下。

①前言：说明规划编制的背景及主要过程，包括规划的委托和编制过程等。

②规划依据与原则：说明规划编制的依据和原则，包括已审批的上层次规划及专项规划，适用的法规、规范和其他依据，规划编制所遵循的主要原则等。

③现状概况与问题分析：简述编制区自然、历史和现状特点，分析评价现状存在的主要问题、发展所面临的挑战与机遇等，并提出相应规划对策。

④规划目标：根据上层次规划的要求，结合编制区的发展条件，确定编制区的功能定位、发展方向与发展目标，并预测编制区的人口发展规模和开发建设规模。

⑤用地布局：分析影响编制区用地布局结构与功能组织的重大因素；阐述用地布局与功能组织的基本思路及规划方案；确定各类用地的布局、规模及规划要求；列出"规划用地汇总表"。

⑥地块划分与细分：评价影响编制区地块划分与细分的要素，明确地块划分与细分的依据和原则，确定地块划分与细分的方法。

⑦地块控制：按照规划控制的要求及项目的具体情况，确定编制区的各地块及细分地块的建设用地性质和建设用地使用强度等控制指标，并根据实际情况，对控制指标进行必要的说明和论证。

⑧道路交通规划：评价道路交通现状；预测发展需求；落实上层次规划确定的控制要求；制定交通组织原则和交通发展对策，合理组织内外交通系统；确定各类交通设施的布局和用地范围。

⑨竖向规划：评价自然地形现状；结合城市道路、交通运输和防洪排涝的要求，确定道路控制点标高及地块控制标高。

⑩绿地系统规划：评价绿地系统现状；预测发展需求；落实上层次规划确定的控制要求；阐明绿地系统规划原则；确定绿地的种类和规模，明确其空间布局及建设要求。

⑪公共服务设施规划：评价公共服务设施现状；预测发展需求；落实上层次规划确定的控制要求；论证公共服务设施的种类、数量、分布和规模，编制"公共服务设施一览表"（表4-2-4），明确其空间布局及建设要求。

表4-2-4 公共服务设施一览表示例

设施类别	项目名称	数量		规模	所在地块号		备注
		总量	规划增加		现状保留	规划	
教育设施	小学						独立占地

资料来源：《广东省城市控制性详细规划编制指引（试行）》（粤建规字〔2005〕72号）。

⑫市政公用设施规划：包括给水工程规划，雨水、防洪工程规划，污水工程规划，供电工程规划，电信工程规划，燃气工程规划，环保环卫设施规划，工程管线综合规划，编制"市政公用设施一览表"（表4-2-5）。

表4-2-5　市政公用设施一览表示例

设施类别	项目名称	数量		规模	所在地块号		备注
		总量	规划增加		现状保留	规划	
供电设施	110kV变电站						独立占地

资料来源：《广东省城市控制性详细规划编制指引（试行）》（粤建规字〔2005〕72号）。

⑬城市设计指导原则：对特定地区，落实、深化上层次规划中有关城市设计内容对编制区的控制要求，分析和研究编制区的环境特征、景观特色要素及空间关系，建立编制区的城市空间结构和城市景观框架，明确控制性详细规划中城市设计的指导原则和控制要求。

⑭规划实施的措施与建议：明确规划管理措施，根据实际情况提出规划分期实施的策略。

（3）技术图纸

技术图纸是说明规划意图的相关图示。主要包括区域位置图、土地利用现状图、现状用地权属图、土地利用规划图、地块划分编码图、开发建设密度分区图、道路系统规划图、竖向规划图、绿地系统规划图、公共服务设施规划图、市政公用设施规划图、城市设计导引图等内容。具体成果构成要求如下。

①区域位置图：标示编制区的地理位置、与周边地区的关系及交通联系。

②土地利用现状图：标示现状用地的种类和界线。

③现状用地权属图：标示各土地权属单位的土地利用性质和界线。

④土地利用规划图：标示规划用地的性质和界线。

⑤地块划分编码图：标明地块划分（包括地块细分）的界线及编码。

⑥开发建设密度分区图：标明地块开发建设密度分区等级和范围。需要时也可分别绘制"建设用地使用强度分区图"和"高度控制分区图"。

⑦道路系统规划图：标明城市各级道路的平面、断面；标明各级道路交叉口及控制点坐标；标明主要交叉口形式以及道路出入口方位；标明铁路、公路、港口、空港、客运站、货运站等对外交通设施的位置与用地范围；标明城市轨道交通站场、公交站场、广场、公共停车场、加油站等城市重要交通设施的位置及用地范围。

⑧竖向规划图：标明城市各级道路交叉口及控制点标高；标明各级道路坡向及坡

度；标明地块控制标高。

⑨绿地系统规划图：标明各类绿地的位置和用地范围。

⑩公共服务设施规划图：标明各类公共服务设施的位置与用地范围。

⑪市政公用设施规划图：包括给水工程规划图，雨水、防洪工程规划图，污水工程规划图，供电工程规划图，电信工程规划图，燃气工程规划图，环保环卫设施规划图，工程管线综合规划图。

⑫城市设计导引图：对特定地区编制城市设计导引图。标明轴线、节点、地标、开放空间、视觉走廊等空间结构元素的位置以及建议的建筑高度分区。

（4）公众参与报告

公众参与报告是对规划过程中公众参与的基本情况、公众对规划的主要意见以及对公众主要意见的处理情况的有关说明。主要包括公众参与的阶段及基本情况、公众意见摘要、规划回应概要等内容。具体成果要求如下。

①公众参与的阶段及基本情况：说明本规划公众参与的基本情况，并列出"公众参与情况一览表"（表4-2-6），详细列出公众参与时间、信息公开方式、意见收集方式、参与的公众人数、收集的意见数量以及意见处理和反馈情况等。

表4-2-6　公众参与情况一览表示例

阶段	时间	信息公开方式	意见收集方式	参与的公众人数	收集的意见数量	意见处理和反馈情况
编制阶段						
审批阶段						

资料来源：《广东省城市控制性详细规划编制指引（试行）》（粤建规字〔2005〕72号）。

②公众意见摘要：说明公众对本规划的主要意见。列出"公众意见摘要及回应一览表"（表4-2-7），详细列出意见提交人（单位）、意见提交时间、主要意见摘要等。

表4-2-7　公众意见摘要及回应一览表示例

意见提交人（单位）	意见提交时间	主要意见摘要	是否采纳	相关回应内容	意见未获采纳的原因	备注

资料来源：《广东省城市控制性详细规划编制指引（试行）》（粤建规字〔2005〕72号）。

③规划回应概要：说明本规划对公众主要意见的处理情况。对未获采纳的公众意见，应说明原因。在"公众意见摘要及回应一览表"中，详细列出是否采纳、相关回应内容、意见未获采纳的原因、备注等。

上述控规成果包括书面成果及相应的电子数据成果，具体形式要求如表4-2-8所示。

表4-2-8 控规成果的形式要求

	成果内容		成果形式要求	
法定文件	书面成果	文本	文本和图则合订为一本完整的书面成果	A4幅面竖向装订，封面注明规划的名称、编制部门和编制时间
		图则		按1/10000～1/2000的比例尺制作，折叠为A4幅面附订于文本之后
	电子数据成果	文本	word格式	
		图纸	dwg和jpg格式，并符合城市规划行政主管部门有关规划成果电子报批和管理的格式要求	
管理文件	书面成果	管理文本	A4幅面竖向装订，封面注明本控制性详细规划的名称、编制部门和编制时间	
		管理图则	比例尺一般为1/10000～1/2000，折叠为A4幅面附订于文本之后。管理图则若无法折叠为一张A4幅面的图纸装订，可分幅折叠为A4幅面装订，但必须附A4幅面缩图	
	电子数据成果	文本	word格式	
		图纸	dwg和jpg格式，并符合城市规划行政主管部门有关规划成果电子报批和管理的格式要求	
技术文件	书面成果	基础资料汇编、说明书和公众参与报告	A3幅面装订，可合订，也可单独成册	
		技术图纸	比例尺一般为1/2000～1/1000，须同时制作A3幅面缩图，单独成册或附于说明书之后	
	电子数据成果	文本	word格式	
		图纸	dwg和jpg格式，并符合城市规划行政主管部门有关规划成果电子报批和管理的格式要求	

资料来源：作者依据《广东省城市控制性详细规划编制指引（试行）》（粤建规字〔2005〕72号）整理。

4.3 广州市详细规划审批程序要求

广州市的控制性详细规划审批主要根据《广东省城市控制性详细规划管理条例》以及《广州市城乡规划程序规定》（2019年修订版）中的相关要求开展，结合编制、修改、局部调整等不同的情形，分别设置了不同的审批程序。

4.3.1 审议制度

4.3.1.1 规委会制度背景

改革开放以来，随着我国由计划经济向市场经济转型，城市在发展与建设的过程中形成了多元的利益主体和复杂的利益结构，政府对城市规划的管理也从"全能型"的控制者逐步转变为多方利益的协调者。为规范控制性详细规划，推进城市规划管理的法治化，各地迫切需要制定更加公开、公正的制度以防止不法开发商为求得较大的利润而向拥有自由裁量权的城市规划管理者行贿，从而出现权力寻租。广东省作为经济快速发展、多元利益格局交织的先行地区，在城市规划管理法治化方面有更为迫切的需求。政府角色的转型和对规划管理法制化的迫切需求给行政管理带来了诸多转变，要求增强规划决策的科学性和民主性，城市规划委员会（简称规委会）制度应运而生。①

1986年，在借鉴香港规划决策的基础之上，深圳成为内地第一个设立"城市规划委员会"的城市，又在1998年借落实《中华人民共和国城市规划法》之机，以《香港城市规划条例》为原型，制订《深圳市城市规划条例》，把城市规划委员会确定为常设机构，赋予深圳市城市规划委员会对法定图则的终审权，使城市规划决策和管理逐步走向民主化。

作为城市治理的有效尝试，深圳市城市规划委员会制度较为成功的运行经验给了广东省推动改革的信心。在学习、总结《深圳市城市规划条例》实施后的经验教训的基础上，2004年广东省第十届人民代表大会常务委员会通过了我国第一部规范控制性详细规划的地方性法规《广东省控制性详细规划条例》。该条例第三条明确规定："控规实行

---

① 庞晓媚，蔡小波，戚冬瑾，等. 广州市城市规划委员会的发展回顾与运作评价 [J]. 规划师，2020，36（24）：35-40.

城市规划委员会审议制度；城市规划委员会是人民政府进行城市规划决策的议事机构"，并制定了《广东省城市规划委员会指引》作为三个配套文件之一，成功地将城市规划委员会制度推广到广东全省范围。[①]

4.3.1.2　规委会制度发展历程

广州是全国最早建立规划委员会审议制度的城市之一，从2006年依据《广东省控制性详细规划条例》和《广东省城市规划委员会指引》开始实行城市规划委员会审议制度以来，先后召开会议200多场次，审议议题超过1300项，成为政府与社会各界沟通、广纳民意、广聚众智的重要平台[②]。其发展与制度演变历程可分为初创摸索阶段、发展实践阶段、改革深化阶段、成熟拓展阶段四个阶段。

（1）初创摸索阶段（2006~2011年）

2006年6月，广州市第一届规委会成立。区别于国内大部分城市规委会的咨询定位，广州市规委会被明确为市政府进行城市规划决策的议事机构，对于议题有着"预决策"的作用。市政府进行规划决策时，应当将市规委会的审议意见作为重要依据。未经市规委会审议或审议未通过的，市政府不予批准。借鉴当时香港等城市的经验，第一届规委会的委员由与城市建设有关的政府各局、办主要领导，城市规划、建筑、环保、生态和文物保护等专家，以及公众代表共同构成。其内部机构包括城市规划委员会（或称大规委），下设的发展与策略委员会（或称策略委）和建筑与环境艺术委员会（或称环艺委）两个专业委员会，以及负责处理日常事务的办公室。其中由主管副市长主持的发展与策略委员会，是控制性详细规划审批、规划调整的专责常设会议。总体构架清晰明确，对议题的处理进行了初步的分工和协调，有利于规划决策稳步有序推进，形成了初步的议题分层、分类审议模式。

广州市第一届规委会以发展与策略委员会为核心召开会议，特别注重专家与公众参与，完善了规划管理的会议审议及协调机制。但是从每年召开的会议次数和议题数量看，不同年份里会议召开的次数差别较大。部分时间段内的会议召集频繁，出现"排队上会"的现象，不仅对会议组织造成了压力，还导致等候上会的议题无法预估上会的时间，决策预期的不确定性可能对建设项目产生不利影响。在各分委员会的议题通过率方

---

① 袁奇峰，唐昕，李如如. 城市规划委员会，为何、何为、何去？［J］. 上海城市规划，2019（1）: 64-70，89.

② 第四届广州市规划委员会第一次会议举行［N/OL］. 广州日报. 2022-06-07. https://gzdaily.dayoo.com/pc/html/2022-06/07/content_866_794337.htm.

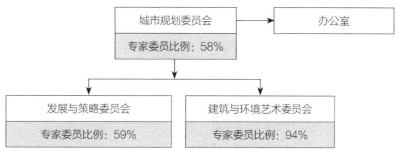

图4-3-1　广州市第一届规委会组织架构及委员构成

面，发展与策略委员会的平均通过率只有82.5%，这意味着规委会发挥了对重大议题决策的制衡作用，在一定程度上体现了规划决策的科学性和民主性。

在审议权力的监管方面，第一届规委会结合当时已通过的《城乡规划法》，采取广泛的公众参与措施，规定在上报规委会审议前的公示阶段，市民可以通过电子邮件等方式进行反馈，公众对规划草案提出重大异议的，规划部门应当通过召开座谈会、论证会和听证会等方式进行充分论证（图4-3-1）。2008年，广州市规委会开设了网站，动态更新会议通知和会后公告。在监督机制方面，广州市规委会及其下设各分委员会实行回避制度，即凡是审议项目与委员本人或其所在组织有利害关系的，委员应该在会议召开三天前向会议召集人申请回避，或是会议召集人提请其回避。[①]

（2）发展实践阶段（2012～2016年）

2012年8月，广州市第二届规委会成立。广州市规委会办公室结合市政府换届及人事变动情况，在第一届的基础上，对规委会架构进行了调整。主要变化一是新设主任委员会，负责规委会授权事项和特殊议题的审议工作；二是新设城市交通及市政设施委员会，承担大规委分解的职能。第二届规委会也对原有委员进行了调整，政府委员从实名制调整为席位制，即相应部门出席一名代表参会即可，提高了部门委员参会的灵活性，专家及公众代表委员则增加了人大代表、政协委员，以及新闻媒体、历史文化保护、市政规划、交通工程和城市建设相关企业等领域的人员，进一步扩展了民主开放的决策模式（图4-3-2）。

第二届广州市规委会的一大特点是"二次审议"，大规委对专业委员会审议通过并提交的重要议题或存在重大分歧的议题进行审议，并审定专业委员会通过议题的报告。与第一届规委会相比，第二届规委会职责更全面、规范、细致，但审议的程序更为复

[①] 庞晓媚，蔡小波，戚冬瑾，等. 广州市城市规划委员会的发展回顾与运作评价［J］. 规划师，2020，36（24）：35-40.

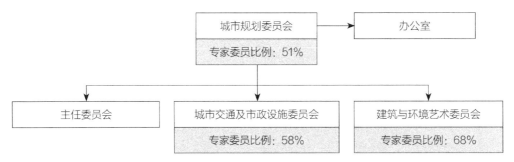

图4-3-2　广州市第二届规委会组织架构及委员构成

杂，工作量也更大。另外，第二届规委会在"回避制度"的基础上增设了城乡规划义务监督员旁听的环节，进一步强化了公众对其决策的监督。

但是，第二届规委会在审议工作的客观性上存在一定争议。借筹办2010年广州亚运会之机，广州市以建设"亚运城市"的口号大力推进2000年规划确定的城市战略。面对大量市政工程和体育设施工程的规划审批工作，广州市第二届规委会为提高审批效率，废除了"发展与策略委员会"常设会议，按需要临时挑选专家开会决策以保障规划调整的通过率，在一定程度上重新恢复政府部门在城市规划决策上的自由裁量权。许多在审批中有争议的案件，原本可以通过规委会常设会议投票的方式来决定，但是由于城市规划行政管理部门要挑选"合适的专家"，所以以规委会名义的决策一旦在社会上出现争议，就必然同时受到市长、市民和市场的质疑。这项制度的调整虽有利于提高规划局审批效率，但降低了规委会的公信力。[1]

（3）改革深化阶段（2017~2021年）

2017年5月，广州市第三届规委会成立。在第二届规委会基础上，进一步对内部机构进行优化，核心思想是继续分解大规委职能，继续新设专业委员会承担大规委分解的职能。[2]第三届规委会将建筑与环境艺术委员会和大规委进行合并，形成地区规划及城市设计专业委员会，同时新设城市更新专业委员会，并强化原有城市交通及市政设施委员会和主任委员会，主任委员会被调整为与大规委平行的机构。新构架将原有大规委的部分职能下放至各分委员会，并进一步扩展了分委员会的数量和职能，这意味着规委会进一步明晰了对议题的处理分工（图4-3-3）。

第三届规委会对原有委员构成也进行了调整，按照教育部门推进教育现代化先进市

---

① 袁奇峰，扈媛. 控制性详细规划：为何？何为？何去？[J]. 规划师，2010（10）：5-10.

② 刘涛. 治理能力现代化导向下的控规审批制度改革研究——基于广州市城市规划委员会的探索与实践[J]. 上海城市规划，2021（3）：98-102.

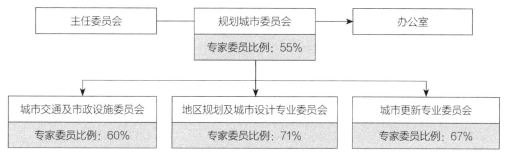

图4-3-3 广州市第三届规委会组织架构及委员构成

指标，以及民防部门关于民防建设与城乡规划统筹衔接等要求，增设了广州市教育局、广州市民防办公室的政府委员席位，对专家及公众代表委员的构成进行了调整，补充了文化、历史、经济、交通、法律、土地和环保等领域的代表，构建了多层次、多专业、多领域的专家委员库，进一步优化了规委会的民主决策模式。

第三届规委会的信息公开方式较之前更为透明，在一些老城区优化规划中还采用公共咨询委员会制度（图4-3-4），

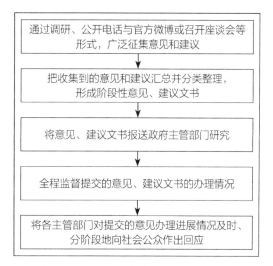

图4-3-4 公共咨询委员会工作流程

为利益相关者了解规划、参与决策提供了制度保障。同期广州地区报纸发表的与规委会有关的新闻报道也逐年提升，规委会决策信息在本地媒体持续可见。①

（4）成熟拓展阶段（2022年至今）

2022年3月，广州市第四届规委会成立。为落实生态文明、历史保护、品质管控等城乡发展新理念、新要求，广州市在第三届规委会的基础上对专业委员会构成进行了调整，新设建筑环境与公共艺术专业委员会，第三届规委会中的城市更新专业委员会则被撤销。另外，在委员构成上也进行了调整，主要表现为增补了历史文化、园林绿化、自然资源、生态环境、城市色彩方面的专家委员，进一步强化市规委会的综合性和代表性，提升市规委会的议事水平（图4-3-5）。

---

① 庞晓媚，蔡小波，戚冬瑾，等. 广州市城市规划委员会的发展回顾与运作评价 [J]. 规划师，2020，36（24）：35-40.

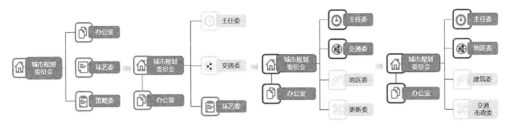

图4-3-5　广州市城市规划委员会组织机构演变历程

4.3.1.3　规委会制度组织架构

（1）委员代表来源

根据《广州市规划委员会组成和议事规则》，广州市规委会内设机构和组成人员每个任期为5年，规委会委员由政府领导、政府委员、专家委员和公众委员组成，其中专家委员和公众委员超过总数的1/2。以第四届规委会为例，规委会设主任1名，由市长担任；设副主任1名，由分管规划的副市长担任。设政府委员17名，由市政府秘书长、分管规划的副秘书长与市规划和自然资源、发展改革、工业和信息化、公安、财政、司法行政、生态环境、住房城乡建设、交通、水务、商务、文化广电旅游、城市管理、林业园林、国家安全等部门的主要负责同志担任；设专家和公众委员代表25名，由城乡规划、建筑设计、历史文化、经济、交通、市政、园林绿化等方面的专家和人大代表、政协委员、公众代表担任。市规委会下设的各个专业委员会又分别设置主任、副主任，政府委员、专家和公众代表委员若干，根据议题需要由市相关部门主要负责同志和相关领域的专家和公众代表担任。

（2）内部职能划分

2022年成立的第四届规委会建立了大规委会下设主任委、三个专委会（地区规划专业委员会、建筑环境与公共艺术专业委员会、城市交通与市政设施专业委员会）以及办公室的架构。其中，大规委会的主要职责为对城市发展战略规划、市域城镇体系规划等重大规划、重大政策和议题进行审议；主任委员会的主要职责为对重大规划事项进行行政协调、对涉密且不宜提交下设专委会的议题进行审议等；地区规划专业委员会的主要职责为对控制性详细规划、规划条件论证、城市更新单元详细规划、城市更新专项规划、重大房建类项目规划选址等进行审议；建筑环境与公共艺术专业委员会的主要职责为对重要城市设计、景观设计、公共空间设计、大型城市雕塑方案、大型地标建筑和大型公共建筑等项目建筑设计、地方性技术规范、设计指引等进行审议；城市交通与市政设施专业委员会的主要职责为对战略规划、总体规划、详细规划层次的线性城市交通与市政设施规划研究、交通市政专项规划、重大交通市政项目选址选线和设计等进行审议；规委会办公室的主要职责为处理规委会日常事务、各委员会会议组织工作、规委会委员资格及参会统计等。

（3）开会门槛和审议要求

根据2014年正式实施的《广州市城乡规划条例》第四条规定，规委会开会条件和审议通过，应满足一个"1/2"和两个"2/3"的要求，即专家、人大代表、政协委员和公众代表委员人数应当超过委员总数的1/2；每次参加会议人数应当不少于各分委员会委员总数的2/3；参加会议的委员均享有表决权，表决议题采取无记名的方式进行，须有2/3以上参加会议的委员赞成方可通过。

4.3.2 控规编制

按照《广州市城乡规划程序规定》（2019年修订版）和《广州市城乡规划"一张图"编制工作规程》[①]有关要求，广州市控规编制审批遵循"编制计划—组织编制—审查—公示—审议—报批—公告—备案"的流程（图4-3-6）。具体程序如下。

（1）编制计划。市规划和自然资源主管部门根据城市总体规划和城市建设发展的需要，制定控制性详细规划的编制计划，报同级人民政府审定。

（2）组织编制。市辖各区的控制性详细规划由市规划和自然资源主管部门根据总体规划组织编制。

（3）公示。控制性详细规划报送审查、审批前，组织编制机关应当按照《广州市城乡规划程序规定》第十一条，将规划草案予以公示，采取论证会、听证会或者其他方式，征求专业单位、专家和公众意见，并根据意见对控制性详细规划草案予以修改完善。

（4）审议。组织编制机关应当将通过审查的控制性详细规划草案、审查意见及公众参与报告提交市规委会审议。市规委会对控制性详细规划草案有重大异议、审议未通过的，由组织编制机关组织规划草案的修改和重新审查，再次进行公示后，提交相应的规委会审议。

（5）审查。市辖各区的控制性详细规划由市规划和自然资源主管部门审查。控制性详细规划中的市政工程规划内容，应当由具有市政工程规划设计和管理经验的专家委员会与相关专业主管部门进行联合审查。

---

① 广州市城市规划编制研究中心. 广州市城乡规划"一张图"编制工作规程［Z］. 2021.

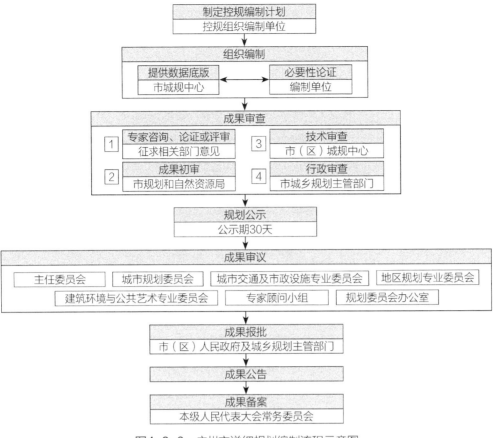

图4-3-6 广州市详细规划编制流程示意图

（6）报批。市辖各区的控制性详细规划经市规委会审议通过后，报市人民政府批准。

（7）控制性详细规划报市人民政府或区人民政府（受市人民政府委托）批准后，由市规划和自然资源局在官方网站上发布关于实施规划成果的公告。

（8）备案。控制性详细规划经批准后，报本级人民代表大会常务委员会和上一级人民政府备案。

4.3.3 控规修改

经过多年的探索和完善，广州市近年已初步建立控规分类调整制度，作为提高规划审批效率的重要抓手。目前依据调整的范围和深度可分为控规修改、控规局部修正、控规局部调整和技术修正三种情形，分别对应不同的调整程序。

4.3.3.1 控规修改：适用于重大调整情形

控规修改流程适用于除局部修正、局部调整和技术修正以外的情形，即需要对原控规内容进行重大调整的情形。按照《广州市城乡规划程序规定》（2019年修订版），原控规修改流程包括"修改必要性论证—征求利害关系人意见—编制—审议—审批"。一是涉及对控制性详细规划管理单元的总体指标、要求作出修改的，组织编制机关应当对修改的必要性进行论证，征求规划管理单元内利害关系人的意见，并向原审批机关提出专题报告，经原审批机关同意后可编制修改方案，经规委会审议后报市政府批准。若控规修改涉及总体规划强制性内容的，应先修改总体规划。二是涉及对控制性详细规划管理单元内部的控制指标、要求作出调整的，除局部修正情形外，可由相关政府部门或者土地使用权人提出书面申请，同时附送规划修改论证报告和草案；由规划和自然资源主管部门结合书面申请要求和周边规划情况，组织编制调整方案；经规委会审议后，报原审批机关审批。应当依据独立地块指标调整情况，做好控规管理单元的总体指标平衡。

2021年后，广州对原控规修改程序实行了简化、优化，以缩减审批管理时长。2021年，《广东省自然资源厅印发关于加强和改进控制性详细规划管理若干指导意见（暂行）的通知》（简称"控规十条"）提出，为提高控规修改工作效率，"各地可将控规修改必要性论证和控规修改方案编制环节合并开展，进一步缩短各阶段专家论证、部门征集意见的时间"。同年，《广州市规划和自然资源局关于进一步做好控规管理工作的通知》将控规调整必要性与控规调整方案论证合并办理，简化必要性论证办理环节，节约了控规调整必要性编制、审查、公示、审议等环节的工作时间40～60日，提升规划管理效能。

4.3.3.2 控规局部修正：适用于中小调整情形

依据《广州市城乡规划程序规定》（2019年修订版），涉及以下三类情形的，原审批机关可委托规划和自然资源主管部门对控规进行局部修正：一是因工程实施需要，在不增加原规划确定的总建筑面积的前提下，修正道路及市政设施的线位、部分技术参数及沿线用地规划控制指标；二是非重要地区用地调整建筑密度、绿地率，且与周边景观协调但不增加原规划确定的总建筑面积；三是因控制性详细规划的信息错漏需要更正控制性详细规划相关信息。

控规局部修正应遵循"申请—编制—审查公示—审批"等程序。建设单位（政府部门）、土地使用权人提出书面申请。规划和自然资源主管部门对申请事由进行审核，符合局部修正情形的，可根据原审批机关委托，统一组织编制控规局部修正。规划和自然资源主管部门对控规修正方案进行审查，若涉及相关利害人利益的应予以公示，并在审查过程中充分考虑公示反馈意见。由原审批机关对控规局部修正方案进行审批。

4.3.3.3　控规局部调整和技术修正：适用于民生设施正向调整情形

控规局部调整和技术修正是近年来新增的控规调整中的特殊情形，其审批程序分别在控规修改和局部修正审批流程的基础上进行优化，有助于简化公益性、基础性设施等民生设施正向调整程序，提高规划审批效率。为衔接广东省自然资源厅印发的"控规十条"，广州市规划和自然资源局探索制定《广州市控制性详细规划局部调整和技术修正实施细则（试行）》（2022年），对控规局部调整和技术修正的具体情形、程序进一步界定和细化。

（1）控规局部调整

在满足技术标准规范、设施承载力和服务半径要求、不增加总建筑面积（住宅建筑面积）、涉及调整范围不超过所属控制性详细规划单元面积50%的前提下，属于以下情形之一的，可以对控制性详细规划进行局部调整：将经营性用地调整为公益性用地（对社会民生影响较大的邻避型、厌恶型设施除外，下同）；公益性用地之间用地性质调整；同一控制性详细规划单元内公益性用地位置调整或置换；适当调整公益性用地使用强度；经市规委会审议通过并报市人民政府批准同意可以进行内部统筹平衡的控制性详细规划单元，在不增加规划单元总建筑面积和居住面积，不减少绿地、公益性用地和路网密度，不改变规划单元主导功能、已公开出让建设用地的用地性质和规划指标、次干路及以上路网格局，保持规划单元划定的永久基本农田保护线、生态红线、历史文化保护紫线以及其他各类保护区边界等强制性要求的前提下，对规划单元内的地块指标和布局进行深化、优化。

控制性详细规划的局部调整应当按以下程序办理。首先，建设单位、土地使用权人或相关政府部门向规划和自然资源部门提出书面申请，附送控制性详细规划局部调整方案。其次，规划和自然资源部门对规划方案进行审查，开展公示征求利害关系人意见，并征询控制性详细规划局部调整方案涉及的相关部门意见后，组织召开市规委会专家和公众代表委员会议对规划方案进行审议，参加会议的委员人数应当不少于5人。会议对规划方案提出重大异议、审议未通过的，应当在修改完善后再次提交审议。同一控制性详细规划单元开展两次以上（含本数）控制性详细规划局部调整的，应在控制性详细规划局部调整方案中对此前开展历次局部调整情况进行汇总整理，一并提交市规委会专家和公众代表委员会议审议。再次，控制性详细规划局部调整方案经审议通过后，由规划和自然资源部门组织专题会议审定，报市人民政府或其委托机关作出是否批准的书面决定。最后，经批准同意的控制性详细规划局部调整方案，应当自批准之日起20个工作日内在规划和自然资源部门网站公布。

控制性详细规划局部调整程序在本市控制性详细规划调整必须履行的主要程序（包括编制、审查、公示、审议、批准、公告等）的基础上，将原来提交市规委会审议调整为提交市规委会专家和公众代表委员会议审议，使得审议形式更为灵活、高效。同时，控制性详细规划局部调整可由原审批机关（即市政府）或其委托机关审批。因此，市人民政府可以按照相关规定委托市规划和自然资源部门审批控制性详细规划局部调整方案。

（2）控规技术修正

因道路交通、市政、水利等工程实施需要，在保持蓝线、绿线等规划控制线等级、走向基本不变和总量不减少，保持规划单元划定的历史文化保护紫线、永久基本农田保护线、生态红线以及其他各类保护区边界等强制性要求的前提下，对蓝线、绿线等规划控制线或地块边界进行微调的，可以对控制性详细规划进行技术修正。

控制性详细规划的技术修正按以下程序办理。首先，建设单位、土地使用权人或相关政府部门向规划和自然资源部门提出书面申请，附送编制控制性详细规划技术修正方案。其次，规划和自然资源部门对控制性详细规划技术修正方案进行审查，开展公示征求利害关系人意见，并征询控制性详细规划技术修正方案涉及的相关部门意见后，组织召开专题会议对方案进行审议，审议过程中应当充分考虑公示反馈意见。纳入政府投资工程建设项目建设方案联审决策程序办理的项目，规划和自然资源部门可以组织行业主管部门联合开展控制性详细规划技术修正方案公示，由行业主管部门和建设单位对公示反馈意见进行研究并提出处理意见，提请联审决策委员会一并审议控制性详细规划修正方案。再次，控制性详细规划技术修正方案经审议通过后，由规划和自然资源部门报市人民政府或其委托机关作出是否批准的书面决定。最后，经批准同意的控制性详细规划技术修正方案，应当自批准之日起20个工作日内在规划和自然资源部门网站公布。

控制性详细规划技术修正的办理程序主要按照《广州市城乡规划程序规定》（2019年修订版）中第八条局部修正相关规定执行，并增加专题会议审议环节，保障集体科学决策。另外，控制性详细规划技术修正主要适用于基础设施，对照《广州市人民政府关于将一批市级行政职权事项继续委托区实施的决定》（穗府〔2019〕8号）将有关审批权委托给各区政府行使的做法，市政府可按照相关规定委托区政府审批控制性详细规划技术修正方案，跨区项目则委托市规划和自然资源部门审批。

4.4 广州市详细规划管理制度规定

4.4.1 控规实施

根据《城乡规划法》的规定，控规在整个法定规划体系中起着承上启下的作用，是规划管理工作直接的法定依据。广州市早在2005年就通过《广东省城市控制性详细规划管理条例》明确了控规的法律地位，而后广州市"一张图"管理平台的建立及相应的动态更新与机制调整，更是稳固了控规在规划管理中的地位，使控规成为规划管理行政审批环节的核心依据。[①]广州市通过采取严格规范规划许可制度、健全规划实施管控体系、强化规划实施政策保障等措施优化规划管理制度，保障控规有效实施。

4.4.1.1 严格规范规划许可制度

广州市控制性详细规划的实施主要根据《广东省城市控制性详细规划管理条例》以及《广州市城乡规划程序规定》中的相关要求开展。具体情况如下。

城市规划区范围内的土地使用权出让、划拨以及建设用地的规划许可应当以控制性详细规划为依据。没有编制控制性详细规划的地块，除因国家、省或者地级以上市重点建设需要使用土地的特殊情形外，城市规划行政主管部门不得办理建设用地的规划许可手续，土地行政主管部门不得办理土地使用权出让、划拨手续。土地使用性质、使用强度以及其他规划条件，应当以控制性详细规划为依据，并作为土地使用权出让合同的组成部分。任何单位和个人不得擅自改变土地使用权出让合同中的规划设计条件。

城市规划行政主管部门受理建设用地规划许可申请和建设工程规划许可申请后，应当将有关申请事项予以公示。公示发现许可事项直接关系他人重大利益的，应当告知该利害关系人。申请人、利害关系人有权进行陈述和申辩，城市规划行政主管部门应当听取申请人、利害关系人的意见。在依法核发建设用地规划许可证或者建设工程规划许可证后，应当自核发之日起15日内通过信息网络、设置公示栏公示等方式向社会公布核

---

① 姚燕华，鲁洁，刘名瑞，等. 精细化管理背景下的广州市重点地区城市设计实践 [J]. 规划师，2010，26（9）：35-40.

发结果。公民、法人和其他组织可以向城市规划行政主管部门查询许可证及其依据的控制性详细规划的具体内容。

4.4.1.2　健全规划实施管控体系

依据《广州市城乡规划程序规定》中的相关规定，规划和自然资源主管部门及城市管理综合执法机关共同对规划实施履行监督检查职责。规划和自然资源主管部门对在城乡规划管理过程中发现的违法建设，应当及时移交城市管理综合执法机关处理；对于事实清楚的违法建设应当同时提出规划处理意见。城市管理综合执法机关对违法建设进行立案调查后，认为属于"尚可采取改正措施消除对规划实施的影响"或者重大、复杂、难以处理的，应当征求规划和自然资源主管部门的意见。规划和自然资源主管部门应当在20个工作日内提出规划处理意见，城市管理综合执法机关应当依据规划和自然资源主管部门的意见作出处理。

2021年，广州市政府发布《广州市人民政府关于镇街综合行政执法的公告》（穗府〔2021〕9号），宣布"对未经批准或者采取欺骗手段骗取批准，非法占用土地的行为的行政处罚""对在土地利用总体规划制定前已建的不符合土地利用总体规划确定的用途的建筑物、构筑物重建、扩建的行为的行政处罚"等规划领域行政处罚事权由原实施部门市规划和自然资源局各区分局统一调整由各镇街实施（南沙区除外）。目前广州已在"市—区—镇街"三级建立相对完整的自然资源执法工作机制，基本能落实"关口前移、重心下移"的要求，把违法用地等行为"发现在初始，解决在萌芽"。

4.4.1.3　强化规划实施政策保障

与增量规划相比，存量规划因涉及的利益主体和权益关系更为复杂，推进规划实施中往往会遇到更多阻碍。认识到这一问题，自2009年以来，广州针对城市更新地区逐步建立了涵盖法规规章、政策、标准指引等方面的较为系统完整的规划编制和实施政策体系，保障了城市更新工作有序开展，并为全省乃至全国城市更新政策制定提供了经验借鉴。2021年，随着广州城市更新进入快车道，广州出台了城市更新"1+1+N"政策文件。除《广州市城市更新单元详细规划编制指引》及《广州市城市更新单元详细规划报批指引》两个详细规划编制和报批指导文件外，还同时出台了《广州市城市更新实现产城融合职住平衡的操作指引》《广州市城市更新单元设施配建指引》《广州市关于深入推进城市更新促进历史文化名城保护利用的工作指引》三个文件，作为《中共广州市委 广州市人民政府关于深化城市更新工作推进高质量发展的实施意见》和《广州市深化城市更新工作推进高质量发展的工作方案》的配套指引。

其中，《广州市城市更新实现产城融合职住平衡的操作指引》划定了三个城市规划建设管理圈层，明确了不同圈层城市更新单元产业建设量（含商业商务服务业、新兴产业、产业的公建配套）占总建设量的最低比例要求。《广州市城市更新单元设施配建指引》提出城市更新地区应建立完备、便捷、高效、舒适的公共服务设施体系，完善区域配套、补强设施短板、优化设施标准，按照教育、医疗、文化、体育、养老等专项规划并结合用地情况高标准配置公共服务设施，不断完善交通、电力、通信、环卫、给水排水等市政基础设施。进而，与两个城市更新单元详细规划编制和报批指引相互衔接，为提供高质量的产业发展空间、高水平配置公共服务设施、推进更新项目提质增效等方面提出切实有效的措施，为推进城市更新单元详细规划的落实提供了坚实的资源和政策保障。[①]

4.4.2 信息管理

规划成果智能化管理和规划信息平台的建设是保障规划长效实施的重要工具。实现控规全覆盖后，整合控规成果以形成全域范围成果的有机统一、共享与更新，成为各地城乡规划管控工作的重点。[②]2005年后，广州市开始形成控规"一张图"平台并开展动态维护，率先实现规划管理办公自动化。而后又在"一张图"平台基础上，逐步搭建一体化信息平台、"多规合一"管理平台、智慧广州时空信息云平台，集成控规与其他各类规划、建设管理及行政服务等信息，并开发从设计端、审查端、管理端到许可端的技术辅助工具，强化信息化管理支撑。

4.4.2.1 形成控规"一张图"

作为试点城市，广州市国土规划委员会早在20世纪90年代就开始探索城乡规划"一张图"平台建设工作。2005年后，广州形成控规"一张图"并开展动态维护，实现法定规划成果的智能化管理。截至目前，广州已完成控规数据上网3817km^2，规划信息的准确性、时效性不断提高，为规划管理提供了明确的依据，并有效促进了管理效能的提升。

① 广州城市更新配套新政出炉 [N/OL]. 广州日报，2020-09-28 [2023-05-30]. http://m.xinhuanet.com/gd/2020-09/28/c_1126550337.htm.
② 杨勇，赵蕾，苏玲. 南京"一张图"控制性详细规划更新体系构建 [J]. 规划师，2013，29（9）：67-70，76.

4.4.2.2　强化规划信息平台建设

　　广州市规划和自然资源局在推进控规、村庄规划、历史文化保护规划、土地利用总体规划、各专项规划等规划，以及土地利用现状、耕地保护、用地报批等空间数据整合的基础上，形成广州市规划和自然资源局一体化信息平台、广州市"多规合一"管理平台、智慧广州时空信息云平台三个综合信息平台（图4-4-1）。

　　其中，广州市"多规合一"管理平台于2018年9月正式上线，主要提供"一张图"信息共享、建设项目策划生成、专项规划编制协同会审服务，共享全市21个部门的777个数据图层，对超过500个市、区和街镇级政府部门、企事业单位用户开放。[①]另外自2019年以来，广州市规划和自然资源局与市住建部门合作，开展了城市信息模型平台建设试点工作，迄今在推进人机审查协同方面已成效渐显。目前"多规合一"管理平台不仅可实施二维智能化报建，而且开始试行建筑信息模型（BIM）规划电子报批辅助审查，增加了三维审查和分析功能，支持对视廊、天际线、光照、退线等内容的分析比对，有效提高了用地规划许可、建设工程规划许可阶段智能化决策水平。[②]

　　智慧广州时空信息云平台以"广州2000坐标系"为基础，借助智能传感网、云计算、物联网、大数据等先进技术手段，形成"1个大数据中心、1个时空信息云平台、1套支撑环境以及N个示范应用"。目前平台应用范围覆盖自然资源、规划、不动产、林

图4-4-1　广州市规划信息平台

---

① 市规划和自然资源局举办2021年度广州市"多规合一"国土空间管理平台业务培训会［N/OL］. 潇湘晨报，2021-09-01［2023-05-30］. https://baijiahao.baidu.com/s?id=1709648022265083814.

② 廖远涛，胡嘉佩，周岱霖，等. 社区生活圈的规划实施途径研究［J］. 规划师，2018，34（7）：94-99.

业园林、公共安全等多个领域，在规划编制、区域管理、名城保护、地灾监测预警和疫情防控指挥等方面，都提供了辅助决策的重要支撑。[①]

案例：智慧广州时空信息云平台助力新冠感染疫情防控指挥[①]

2020年，市规划和自然资源局联合市疾控中心，利用智慧广州时空信息云平台共享的卫星影像、电子地图，结合广州市"四标四实"人口数据等专题数据，快速搭建了广州市新冠感染疫情防控系统，打造了疫情概况、防疫布控、病例详情、流调分析和对比分析等功能模块，实现"疫情一张图"，初步形成了可覆盖市、区、街道的分层分级防控地理信息系统。2021年5月底，为有效辅助全市应急防控指挥工作，按照市委、市政府统一部署和要求，市规划和自然资源局积极配合，快速响应，利用智慧广州时空信息云平台完成了病例分布、重点场所、管控区域等专题数据落图工作，迅速针对疫情防控工作制作了各类应急指挥专项地图，辅助开展布控研判、流调分析等工作，为全市分级分类、科学精准防控提供了基础地理信息保障。

4.4.2.3　开发控规编制管理辅助工具

广州市基于规划信息平台建设，面向控规编制管理的需求，从设计端到许可端，开发了"控规通"、控规技术审查工具、控规全流程管理系统、规划条件自动生成四个辅助工具。

（1）设计端——"控规通"

通过开发"控规通"编制软件，实现全市控规编制过程中图形、符号、颜色、线型等内容的全面一致性和标准化；实现控规各类图纸的标准绘制、属性编辑和修改，自动生成控规法定图则；实现CAD图纸文件与GIS上网文件一键互转，加速控规成果上网（图4-4-2）。

（2）审查端——控规技术审查工具

控规技术审查工具实现了人工审查向机器辅助审查的转变，提高了控规精细化管理水平，为广州市构建统一平台、推进"规建管"一体化、实现三维电子报批提供了基础性技术支撑（图4-4-3）。

控规技术审查工具的主要功能包含六大审查模块（5个审查工具+1个控规年度体检评估），每一模块具体功能如表4-4-1所示。

---

① 广州有个智慧时空信息云平台，能管城中村、还能服务疫情防控［N/OL］. 广州日报，2021-08-31［2023-05-30］. https://www.sohu.com/a/486815228_120152148.

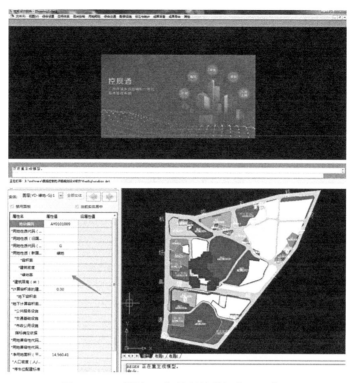

图4-4-2 "控规通"编制软件操作界面截图

图4-4-3 控规技术审查工具操作界面截图

表4-4-1　控规技术审查工具功能

审查模块	具体功能
规划符合性审查	底线管控类（国土空间总体规划、土地利用总体规划、城市总体规划3个底线类规划审查） 专项管控类（环保、生态廊道、历史保护、城市设计、轨道交通、城市安全、市政工程、工业产业区块、单元体系、高度、海洋管控线、城市地质灾害共12个专项审查）
控规调整前后差异比对	控规项目规划范围调整前后差异比对 控规项目地块指标调整前后差异比对 公共服务设施、交通基础设施、市政公共设施差异比对
控规调整后与现状数据比对	城乡建设用地现状差异比对 交通设施现状差异比对 公共服务设施现状差异比对 市政公用设施现状差异比对
行政许可涉及情况	建设项目用地预审及选址意见书 建设用地复文 土地供应 建设用地规划许可证 建筑工程规划许可证 市政工程规划许可证 村庄建设规划许可证
管控标准规则审查	用地指标审查 道路指标审查 市政配套指标审查 公共服务配套指标审查 公园绿地指标审查
控规年度体检评估	控规项目年度编制计划实施和全流程管理情况检查 全市及各区控规年度城乡规划用地结构检查 全市及各区年度控规各类设施服务覆盖情况检查 全市及各区控规合规性检查 全市及各区各类用地空间分布检查统计

（3）管理端——控规全流程管理系统

为全面统筹广州市控规编制管理工作，形成对控规编制项目全流程的跟踪管理，广州市对控规编制计划、必要性论证、审查、审批、上网入库等各环节进行智能化跟踪和信息化集成，建设了广州市控规全流程管理系统。系统内容主要包括：控规编制、调整类项目办理；工业产业区块深化、优化类项目办理；控规局部修正类项目办理；项目进度管理；数据预上网及正式上网；意见征集；统计分析等（图4-4-4）。

（4）许可端——规划条件自动生成辅助工具

规划条件自动生成辅助工具可制定标准化、结构化的规划条件模板，包括用地概况（用地性质、总用地面积、城市道路用地面积、绿地用地面积、河涌用地面积、可

图4-4-4　控规全流程管理系统操作界面截图

建设用地面积、地形图号等），经济技术指标（容积率、建筑密度、绿地率、建筑限高、计算容积率建筑面积等），公共服务及市政设施配套要求（42项社区公共服务设施），城市设计要求（场地设计，无障碍设计，建筑高度、面宽、界面、立面，户外广告设置，屋顶设计，绿色建筑，道路交通设计等），规划专项要求（停车配建、充电桩、海绵城市、名城保护、地质灾害、装配式建筑、夜间景观照明等）以及兜底条款等（图4-4-5）。

其中，12项指标可实现平台自动提取，42项指标可实现平台半自动生成。规划条件自动生成辅助功能可减少人为计核误差，保留行政审批痕迹，防范廉政风险，并实现与后续审批环节的信息比对。

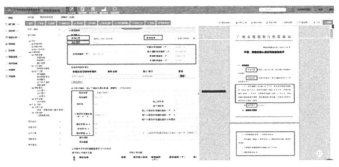

（a）自动提取12项规划指标（机器审查）

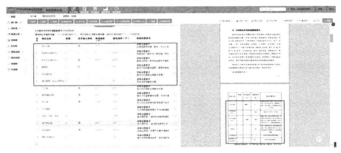

（b）半自动生成42项公共服务设施设置要求（机器审查）

图4-4-5　规划条件自动生成辅助工具操作界面截图

4.5 广州市详细规划"编审管"制度特点与问题

4.5.1 基本特点

一直以来，广州市详细规划工作聚焦精细化与全流程管理，为城市严守发展底线、维护公共利益、保障高质量发展发挥了重要支撑作用，并形成了五个主要特点。

4.5.1.1 始终重视"总控联动"，保障总体规划在控规层面深化落实

规划传导是空间规划实施和规划管控的重要途径与保障。2019年的《中共中央 国

务院关于建立国土空间规划体系并监督实施的若干意见》，确定了"五级三类"的空间规划体系，也强调需重视规划的实施性，健全规划实施传导机制，确保规划能用、管用、好用。2020年《市级国土空间总体规划编制指南（试行）》进一步提出，"市域和中心城区要落实重要管控要素的系统传导和衔接，在市级总规基础上，可通过编制分区规划或划分详规单元等方式，加强对详细规划的指引和传导"。这从"顶层设计"层面明确了构建科学有效的规划传导机制的重要作用。①广州始终重视发挥总体规划对控规的指导作用，在保障总体规划在控规层面的深化落实方面积累了一定的实践经验。

（1）按照"事权对应、分层管控"的要求设置规划传导体系

2018年，广州开展市级国土空间规划先行先试工作。以"多规合一"工作为基础，在空间治理转型背景下，探索建立了"市域—片区—规划管理单元"的空间传导体系，将原先广州市的"市—区县—镇街—规划管理单元"四级体系简化为三级体系。通过界定市、区、街镇和社区各级管理层级的边界，确保各级规划分区管控的内容与深度与其行政事权相匹配。在传导体系的构建过程中，充分体现了底线约束和刚弹结合的原则作用，改变了传统总体规划对用地功能布局"一竿子捅到底"的管控，实现了由"功能分区—用途分区—用地分类"的逐层细化落实。新的传导体系充分体现事权分层的原则，将基础设施、公共服务、公共开敞空间等各类要素布局按照不同层级规划的管控重点和管控深度进行设计，并通过"结构管控＋边界管控＋指标管控"进行分层传导。其中，市域层面边界管控的重点是与中央事权有关的核心保护要素，其他为结构管控和指标管控内容；片区层面和管理单元层面在落实市域边界管控基础上，逐层落实指标要求和结构性要求，将需要落地内容转换为边界管控，其他内容保留为指标管理。

（2）建立总体规划体检与评估机制

广州对规划实施评估的研究与实践起步较早，从2000年开始就探索战略规划的跟踪评估研究，后期延伸到重点地区实施检讨。2011年始，按照住房和城乡建设部《城市总体规划实施评估办法（试行）》的相关要求，滚动开展总体规划年度实施评估工作，并逐步建立包括总体规划强制性内容和土地、交通、产业、环保、人口、财政、投资等内容在内的稳定"评估—报告"制度。2014年在规划系统机构改革的基础上建立了"市区联动"的评估机制。2016年以"多规合一"工作为媒介，评估机制拓展到"市直联动"。

2017年为响应住房和城乡建设部提出的"一年一体检，五年一评估"要求，广州

---

① 李晓晖，詹美旭，李飞，等. 面向实施的市级国土空间规划传导思路与技术方法［J］. 自然资源学报，2022，37（11）：2789-2802.

市着手研究总体规划年度体检和五年评估的工作体系。2018年自然资源部成立，提出重新构建国土空间规划体系，广州市开始思考如何实现向国土空间规划城市体检评估转型，构建有利国土空间规划实施的城市体检评估机制。通过"一年一体检"，对城市发展运行和规划实施总体情况进行全面体检监测，对违反规划管控要求的行为进行及时预警；通过"五年一评估"，重点对规划阶段性实施情况进行综合评估，作为规划调整的重要依据。[①]

（3）构建国土空间规划指标体系及与之匹配的实施管理机制

广州市构建了国土空间规划指标体系，包括空间规划核心指标和城市发展体征监测指标两类指标体系，并建立了与之匹配的实施管理机制。其中，空间规划核心指标重点管控空间和资源等空间要素，对国土空间规划实施情况进行监管；城市发展体征监测指标重点管控各类经济社会要素，对城市发展运行情况进行监控。

（4）将总体规划核心管控要素纳入国土空间基础信息平台进行监管

广州市建立了上下贯通、横向连通的信息平台。通过完善规划全流程的平台功能，汇集各类空间性规划数据，与全市各类系统平台建立广泛、深入的互联互通和业务协同，实现对规划实施的定期监测和动态监管。如将总体规划核心管控要素纳入国土空间基础信息平台，建立了底线性要素自动比对与及时预警平台机制。

从2020年总体规划实施评估结果看，广州市中心城区2020年控规用地性质与2018年总体规划完全一致或主导功能相符的比例接近70%，"总控联动"成效显著。

4.5.1.2 突出精细化管理与品质化引导

在快速城镇化时期，我国的城市建设主要依据控规进行管理，而控规单纯的"指标管理"导致了城市空间的均质化发展，"千城一面"的城市建设忽略了城市品质与地域个性的营造。[②]当前我国城镇化已进入高质量发展阶段，从以往以空间扩张为主的城镇化，转变为以人为核心的城镇化，要求提高城市空间利用效率，改善城市人居环境，提高城市规划科学性，提高城市规划管理水平和建筑质量。[③]尤其在进入存量规划时代后，加强规划对城市精细化管理与品质化建设的引导作用更为重要。广州为了提升控规层次的整体水平和精细化程度，开展了丰富的探索，包括将城市设计成果纳入控规体系、实

---

① 连玮. 国土空间规划的城市体检评估机制探索——基于广州的实践探索［C］//中国城市规划学会. 活力城乡 美好人居：2019中国城市规划年会论文集. 北京：中国建筑工业出版社，2019：709-717.

② 姚燕华，鲁洁，刘名瑞，等. 精细化管理背景下的广州市重点地区城市设计实践［J］. 规划师，2010，26（9）：35-40.

③ 国务院. 国家新型城镇化规划（2014—2020年）［Z］. 2014.

施城市设计专家审查制度等，并取得了良好的实施成效。

（1）将城市设计成果纳入控规体系

城市设计形式灵活、特色鲜明，是落实城市规划、指导建筑设计、塑造城市特色风貌的有效手段。它与控规的土地开发控制要素（街区划分、功能、强度等）可以相互转化、相互结合、共同作用，如增加用地功能的复合性、加密街区道路、鼓励建设过程中贡献更多的公共空间开发量。[①]为弥补城市设计过去对于城市建设引导不足的问题，广州市在重点地区建立了"城市设计+控规"编制管理方法，将精细化的城市设计技术成果转化为法定文件和管理文件，有效促进了城市空间品质的提升。

案例：广州白云新城以精细化城市设计优化控规

白云新城位于白云区南部，白云山西麓，北至黄石路，东至白云大道，西至机场高速路，南至广园中路，范围面积为9.04km²。白云新城是连接空港枢纽和中心城区的城市发展带上的重要节点，是广州商务区中唯一靠山的新城建设地区，拥有优越的交通区位条件和景观资源。2010年，广州市批准了白云新城控制性详细规划编制，规划定位为云山西麓的宜居新城、主城区北部的商业与文化服务中心。

截至2015年，白云新城南部、中部节点已基本建设完成，"生态山水新城"的城市形象已基本实现。但城市建设也出现了一些发展问题，突出体现为城市公共空间品质较差、旧机场的历史印记缺乏延续、尚未形成令人印象深刻的景观风貌。为进一步落实广州城市发展战略、助力白云区发展转型、提高城市建设品质，广州市规划和自然资源局（原广州市国土资源和规划委员会）依照"现状调研—城市设计实施评估—城市设计优化"的工作思路，主导开展了白云新城地区城市设计优化工作，并于2016年通过市主任委员会审议。

城市设计方案将白云新城地区分为核心区和非核心区，对核心区采用"通则+地块图则"导控形式，对非核心区只进行通则导控，核心区的地块图则为"1+5"的构成形式，包括1张控规图则和5张城市设计图则，分别是建筑和场地控制、城市设计指引、景观设计、道路交通规划、地下空间和市政设施（图4-5-1）。导则内容以必要性、有效性、可量化为标准，梳理强制管控和弹性引导两类要素。其中，强制管控要素要求"定量、定位"控制，方便后续规划管理，通过规定程序可以进行协商和调整，但不可与城市设计原则、底线相冲突。为了使引导要素通俗易懂且便于使用，编制了各要素的国内外优秀示例图集，以供相关人员参考。

---

① 方凯伦. 广州城市设计历程与实施途径［J］. 住宅与房地产，2019（24）: 55.

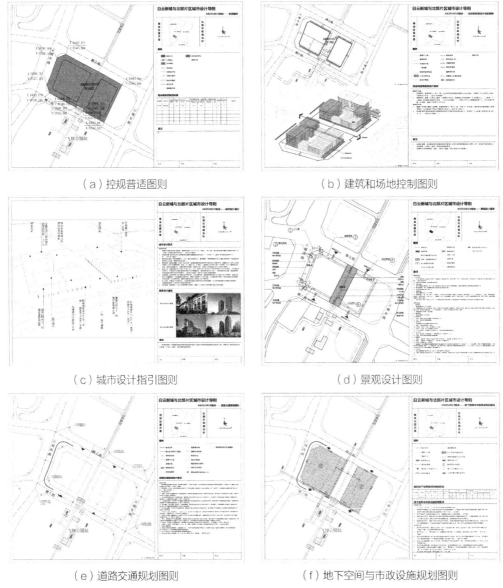

（a）控规普适图则 　　　　　　　　　　（b）建筑和场地控制图则

（c）城市设计指引图则 　　　　　　　　　　（d）景观设计图则

（e）道路交通规划图则 　　　　　　　　（f）地下空间与市政设施规划图则

图4-5-1　白云新城地区城市设计成果示意

资料来源：广州市白云新城地区城市设计优化成果。

　　另外，城市优化方案还提出通过"山城视廊一体设计、开敞空间一体设计、慢行流线一体设计"，整体构筑形成"一轴、六廊、多节点"总体框架，实现山城交融的目标。秉持山城一体的理念，在白云山西麓规划增加6条山城视觉通廊、1条山景游线，增加过街设施，打通东西向通山廊道，连接白云山登山步道，形成山城一体的旅游线路。优化后还增加了3处公园（2个中心公园、1个滨水公园），扩大了萧岗公园规模，增加了多处社区公园，提升了绿地使用效率和街区品质。在对具体设计内容进行优化、细化的基础上，形成独特的山城城市设计特色导控内容（表4-5-1，图4-5-2）。

表4-5-1 白云新城山城特色导控内容

策略	导控要素	具体内容
山城相映	天际轮廓线	形成富有节奏的天际轮廓线，在南部、中部、北部三个节点处形成相对高点，与白云山山脊线交相呼应
	建筑高度	南部节点建筑最高为35m，中部节点建筑高度最高为200m，北部节点建筑最高为100m。其余建筑高度遵循天际线控制原则，不允许破坏天际线和谐
	塔楼建筑密度	原则上核心区内每个地块只允许建设一栋塔楼，如需建设两栋塔楼，须严格论证并通过城市设计审查
	建筑体量	塔楼建筑体量不宜过大，且不宜将建筑长轴平行于白云山山脊线走向设置
山城对话	建筑群组形态	若干建筑形成建筑组团的，建筑群体宜朝向白云山"打开"，设置望白云山视线通廊
	屋顶花园	商业、办公、公共功能的建筑宜在屋顶设置屋顶花园
	观景平台	公共建筑宜设置面向白云山的观景平台
山城互望	视廊视域	视廊视域选取若干控制面和控制点，划分三级视觉质量控制
山城相通	通山绿廊	设置六条通山廊道，对道路景观设计进行特殊要求
	步行游线	南北向历史文化轴线和东西向通山绿廊组成白云新城步行游线，设置立体过街设施保证步行连续性，并要求周边建筑底层设置促进活力的建筑功能
	立体过街设施	依据步行游线设计，设置多座立体过街设施，包括过街天桥、过街隧道、二层连廊多种形式，设施设计宜优美、简洁、轻盈，不得设置过于明亮的色彩

资料来源：郭文博，荣颖. 广州白云新城地区城市设计历程回顾——重点地区城市设计工作思考［C］//中国城市规划学会. 面向高质量发展的空间治理——2020中国城市规划年会论文集. 北京：中国建筑工业出版社，2021：15.

（2）实施地区总设计师制度

广州市在重点地区实施城市设计专家审查制度，实现规划到实施全流程管理。以行业领衔专家作为地区总设计师或规划设计总顾问，为规划管理部门提供行政审批的辅助决策及设计审查的技术服务，提前介入各阶段规划管理的建筑方案把控及监管，对城市公共空间、建筑风格、建筑高度、骑楼、连廊等提出审查意见，提前介入各阶段规划管理的建筑方案把控及监管，为精细化、品质化的城市设计、城市建设与管理提供平台。如2013年广州市提出建设国际金融城的重大战略计划后，广州市政府聘请岭南建筑泰斗何镜堂院士担任金融城的规划设计总顾问。何镜堂院士团队作为金融城地区开发

（a）功能结构分析图　　　　（b）高度分区分析图　　　　（c）公共空间系统分析图

（d）效果图

图4-5-2　白云新城整体空间形态城市设计成果示意

资料来源：广州市白云新城地区城市设计优化成果。

建设工作中的城市设计及建筑设计顾问，领衔专家组，对建筑设计方案采取个案审查的方式，提出建筑设计的审查意见，使建筑设计符合地区城市设计的意图。2015年，广州市国土资源和规划委员会聘请华南理工大学孙一民教授为琶洲片区的地区城市总设计师[①]。地区总设计师制度的弹性与城市设计导控综合体系推动了极富创意方案的落地，在地区城市总设计师团队审查地块方案的过程中，往往能推动地块为社会贡献更多的公共空间，提高地区绿化容量，实现精细化、品质化的城市空间价值。

---

① 程哲. 重点地区城市总设计师制度初探［D］. 广州：华南理工大学，2018.

（3）结合事权下放探索控规分层编制审批制度

另外，依托于"放管服"改革精神指导下的事权下放实践，广州已开始探索建立控规分层编制审批制度，通过将控规编制、审批权下沉至区级，提升规划成果的针对性及有效性。如作为试点地区，南沙区适当简化了地块详细规划图则审批程序，分区控规及地块图则均交由区级进行审议和审批。其中，分区控规确定分区整体控制内容，并划定管理单元，明确单元控制内容，由南沙新区城市规划委员会审议，南沙新区管理机构审批；地块图则草案确定地区具体建设指标、配套设施等，由规划局进行方案符合性审查。

4.5.1.3　城市开发建设中重视历史文化保护传承

城市是文明传承、文化延续的重要载体。广州的历史街区和历史建筑，展现着从古代到近代岭南文化的历史进程，聚焦了广州地理和人文的精华，荟萃岭南文化的精神与价值。[①]在广州城市规划和建设实践中，历史文化保护传承的重要性愈发凸显。广州在总体规划、专项规划及详细规划层面均采取了一系列措施，承担起连接历史和现实、弘扬岭南文化的重任。其中在控规层面，主要通过对城市更新地区和历史保护地区的控规提出差异化编制要求等方式，保护历史城区的传统格局和历史风貌，推动广州焕发经典名城魅力。

（1）城市更新地区：更新改造方案优先落实历史保护要求

随着广州城市更新进入快车道，在城市更新中如何做好历史文化保护日益成为广州城市更新单元规划的重要课题。2020年，《广州市关于深化推进城市更新促进历史文化名城保护利用的工作指引》（简称《指引》）正式印发实施，其中明确提出，在城市更新工作中应始终把历史文化保护放在第一位，延续历史文化名城的传统格局和风貌，深入推进城市更新与历史文化保护传承、保护利用创新、人居环境提升协同互进。城市更新全流程严把保护关，严格落实保护规划，保护规划未经批准，不得审批城市更新策划方案、详细规划、实施方案。在城市更新基础数据调查工作中开展历史文化遗产保护对象现场调查评估，在详细规划中编制历史文化遗产保护专章，对历史文化遗产项目周边地区开展城市设计，协调形体、色彩、体量、高度和空间环境等新旧关系，涉及文物古迹、古树名木、历史建筑及线索、传统风貌建筑及线索等历史文化遗产的，应严格保护并依法办理报建等审批手续，对农村旧住宅、废弃宅基地、空心村的拆除也不可盲目推进，未征得住房城乡建设、文化广电旅游部门同意，不得实施拆除，对连片拆旧的，还

---

① 周云. 注重文明传承、文化延续：广州实现老城市新活力的根本［N］. 南方日报2018-12-10.

应充分论证和评估。

在程序方面，形成"普查评估—保护规划—实施简单管理闭环"；在保护对象方面，要求空间全覆盖、要素全囊括；在保护要求方面，严格落实保护优先、严格保护各类保护对象、严格落实规划审批程序，重点保护有价值的建筑、名木古树、大树老树等；在政策红利上多措施并举，促进历史文化保护利用。

案例：番禺区罗边村城市更新单元规划

番禺区罗边村有着800多年的历史，与全国重点文物保护单位余荫山房一路之隔。近年来，随着广州中心城区的南拓，罗边村从城市边缘地区向城市重点功能区转变，村民更新改造的意愿也比较强烈。《番禺区南村镇罗边村旧村改造项目（番禺区BB0203、BB0204规划管理单元）控制性详细规划调整》于2020年通过广州市政府批准并正式公布实施。根据调整规划，改造后该村城市高度将采取中间低、两侧升高的设计手法，重点满足余荫山房的保护及视线要求。2处文物保护单位原址原貌保护，并严格落实保护控制要求。16处具有历史文化价值的建筑中，15处集中易地保护，1处原址保护。另外，为避免地块开发强度过高，规划方案将复建集体物业安排在东区征地返还留用地内，充分保护余荫山房周边的景观风貌。

（2）历史保护地区：优化指标设定，编制单独审查

针对历史保护地区，在控规编制中采取了多样化的方式对具体保护要素和管控要求进行细化。一是严格规定道路红线避让紫线，落实历史文化保护范围。坚持紫线大于红线的原则，优化道路红线规划宽度与线型走向，严格保护城市紫线的完整性。二是优化规划管理单元划定和规划控制指标设定，进一步明确保护对象的类型、控制级别，细化管控要求和保护措施。三是编制历史文化保护专项规划或在控规中编制专章单独审查。在专章中重点核查上位及相关规划要求，开展历史文化遗产资源普查并提出保护利用措施，最后基于核查与普查结果得出评估结论，作为控规审查重要依据。

案例：长洲岛历史文化保护街区规划

以2021年发布的《长洲岛历史文化保护街区保护利用规划》为例。该规划划分了文化保护、生态维育、民俗传承、优化提升和协调发展五个政策分区，并以此优化规划管理单元边界，明确针对性管控要求。控规指标上，将绿地率、建筑后退红线、停车位由规定性指标调整为指导性指标，将建筑形式风格、建筑色彩、其他环境类要求由指导性指标调整为规定性指标，并增加建筑更新改造措施、地块更新改造措施规定性指标（图4-5-3）。

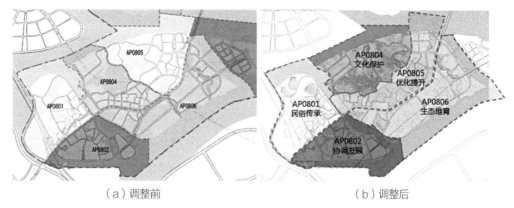

（a）调整前 （b）调整后

图4-5-3 长洲岛历史文化保护街区规划

资料来源：《长洲岛历史文化保护街区保护利用规划》。

4.5.1.4 坚持"阳光规划"和问计于民

2008年我国《城乡规划法》建立了正式的公众参与制度，该制度的创建是深入贯彻和谐社会理念，实现规划决策的公平和正义的重要举措。存量规划时代，产权的整合需要利益相关人配合，控制性详细规划是干预产权的公共政策手段，因此，在控规编制（调整）过程中建立公开透明的公众参与制度愈发重要。[①]除了不断完善规委会议事制度，鼓励公众委员共同参与规委会决议，广州还通过公众参与前期咨询、建立控规公示制度等方式不断健全公众参与制度，扩大公众控规编制和实施的参与力度。

（1）提升规委会公众参与度和透明度

广州市城市规划委员会运作十多年来，在依法依规、科学决策规划管理方面取得了显著效果，从成立前的政府独立决策向成立后的"政府—专家—公众集体"决策转变，通过规划编制的共编、共管、共用，以及规划实施的共建、共治、共享，强化了城市规划管理的民主性和公共性。[②]广州规委会中专家和公众代表人数超过二分之一，参会委员均享有表决权，表决议题采取无记名的方式进行，须有三分之二以上（含本数）与会委员赞成方可通过。广州市城市规划委员会会议过程向媒体和公众代表同步直播，做到规划审议过程完全公开透明。

---

① 莫文竞，夏南凯. 控规编制（调整）过程中公众参与制度的演进、绩效与发展——以上海为例 [J]. 现代城市研究，2020（3）：60-67.

② 刘涛. 我国特大城市的规划委员会运作机制研究及优化建议——以广州为例 [C] //中国城市规划学会. 活力城乡 美好人居：2019中国城市规划年会论文集. 北京：中国建筑工业出版社，2019：413-418.

除公众委员外，规委会也通过建立审议前公示制度，为其他公众间接参与规委会决策提供了制度保障，《广州市规划委员会组成和议事规则》第二十八条规定，提交市规委会及其下设委员会审议的议题，应当做好公众参与工作："法定规划一般应在提交审议前开展不少于30天的公示，公示期间收到的反馈意见及采纳情况应在汇报议题内容时进行说明。确需在公示期间同步提交市规委会及其下设委员会审议的，应当在会议上报告公示开展情况，审议通过后收到公示反馈有重大反对意见的，须再次提交市规委会或其下设委员会审议。市规委会办公室可以根据需要，邀请市规委会委员、人大代表政协委员、行业协会、相关领域的专家以及公众代表等，通过咨询会座谈会、论证会和听证会等形式，广泛听取各界对拟上会议题的意见。"

（2）建立公众参与规划前期咨询机制和公示机制

除规委会中公众参与相关制度外，广州还采取了一系列措施鼓励公众参与控规编制全流程。一方面，建立公众参与重大规划项目前期咨询机制。对位置较为重要、社会影响较广、与群众利益关联较大的重大规划项目，引入专家学者、基层群众代表参与规划项目的前期咨询。《广州市城乡规划程序规定》第十一条规定："城市总体规划、镇总体规划、控制性详细规划、村庄规划在报送审批前，除国家规定需要保密的情形外，组织编制机关应当公开展示城乡规划草案，征询公众意见。规划草案的公开展示时间不少于30日，在展示期间，任何单位或者个人都可以向组织编制机关提出意见和建议。组织编制机关应当将采纳情况向审议机构或者审批机关作出说明，对不予采纳的意见和建议应当说明理由。"

另一方面，建立完善的控规公示制度。《广州市城乡规划程序规定》第十二条规定："城乡规划组织编制机关应当自城乡规划批准之日起30日内在政报、政府信息网站或者当地主要新闻媒体公布经批准的城乡规划，并以方便公众查阅的形式长期公开，但是法律、法规规定不得公开的除外。"广州市城市规划局于2000年建设"规划在线"，成为公众了解规划信息的官方渠道。2007年7月，规划在线网站推出"规划公示"频道，根据《广州市城市规划管理公示办法》，将各类规划业务按受理、批前、批后进行公示。[①]2010年以来，充分利用公众号推送、视频号等多种渠道加强控规草案公示的针对性和有效性，精准地向利害关系人告知规划内容。

---

① 林冬阳，周可斌，王世福. 由"恩宁路事件"看广州旧城更新与公众参与［C］//多元与包容——2012中国城市规划年会论文集（12. 城市文化）. 2012：61-73.

4.5.1.5 持续创新丰富"一张图"平台，以智慧规划引领高水平治理

新时代的国土空间规划，是可感知、能学习、善治理、自适应的智慧规划。习近平总书记在中央全面深化改革委员会第九次会议审议《关于在国土空间规划中统筹划定落实三条控制线的指导意见》时强调，"按照'统一底图、统一标准、统一规划、统一平台'的要求，建立健全分类管控机制"。《中共中央 国务院关于建立国土空间规划体系并监督实施的若干意见》作出相应部署。广州长期重视规划信息平台的建设，并在国家统一要求的基础上，结合新趋势、新技术开展了前沿探索。

（1）"四标四实"，夯实"以人为本"的城市空间智慧治理基础

为探索创新特大城市精细化管理模式，广州发动全市35个部门和11个区、168个街镇、2608个村，共13万人，完成以"四标四实"（标准作业图、标准地址库、标准建筑物编码、标准基础网格，实有房屋、实有人口、实有单位、实有设施）为主要内容的专项行动，举全市合力摸清城市治理底数，为推进广州国土空间治理能力现代化奠定基础（图4-5-4）。

（2）多元功能，构建国土空间规划"一张图"实施监督信息系统

广州在自然资源部部署指导下，结合市级国土空间规划试点工作，深入落实《自然资源部办公厅关于开展国土空间规划"一张图"建设和现状评估工作的通知》和《国土空间规划"一张图"实施监督信息系统技术规范》（GB/T 39972—2021）等文件要求，在原有控规"一张图"和一体化信息平台的基础上，进一步探索建成了广州市国土空间规划"一张图"实施监督信息系统，为建立健全国土空间规划编制、审批管理动态

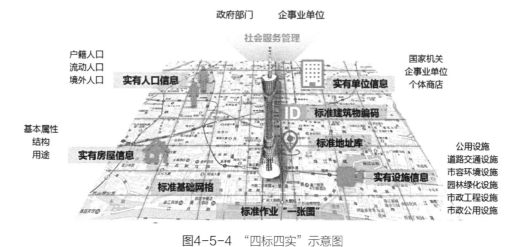

图4-5-4 "四标四实"示意图

资料来源：国土空间规划"一张图"建设｜广州：以智慧规划引领国土空间高水平治理［N/OL］.
中国自然资源报，2022-08-31［2023-05-30］. https://new.qq.com/rain/a/20220831A090E400.

监测及评估预警的全过程管理提供信息化支撑。

广州市国土空间规划"一张图"实施监督信息系统在"三调""七普"[1]等调查数据基础上，加载"四标四实"实时数据，并进行数据梳理、质量评估、清洗、空间关联等预处理，选取数据质量较高的区域试点，再依据规划管理需求，构建人口结构统计模型、人口规模预测模型、人口空间分布模型、人口密度与建设强度耦合评价模型、人口结构与社会发展模型、建筑属性统计及空间可视化模型等规划分析与决策模型，实现人口结构统计、人口规模预测、人口空间分布分析，以可视化图表、专题图等呈现。

（3）共治共管，强化国土空间规划编制实施的部门协同

为强化国土空间规划引领和刚性管控作用，广州市坚持"开门编规划""开门用规划"，在规划"一张图"系统上构建部门协同新模式。截至2022年9月，系统的用户共计569家，其中市级部门40家，区级部门302家，街镇131家，企事业单位96家，涵盖市、区、镇（街）三级政府部门以及从事公共服务基础设施建设的企事业单位。

在规划协同方面，广州市规划"一张图"系统搭建规委会功能模块，由详细规划申请单位或组织单位在规划编制或审查阶段，通过规划"一张图"系统，线上征询规委会成员部门、所在区政府和相关单位意见，落实各类管控要求和设施布局需要。同时在规划"一张图"系统中加载控制性详细规划全流程子系统，将各单位、各区反馈意见纳入控制性详细规划全生命周期管理，目前已开展详细规划编制协同会审292宗，有效支撑规划编制。

在用地协同方面，广州市规划"一张图"系统以重点项目为抓手，通过项目代码实现对项目的审批监管全生命周期管理。在项目立项前期，协同各部门开展线上审查，将国土空间规划和专业部门管控要求传导至项目选址，指导建设单位在选址阶段落实规划要求，提前准备规划用地手续材料，加快项目用地审批效率。截至2022年9月，已开展建设项目用地协同会审1457宗，有效支撑规划实施（图4-5-5）。[2]

---

[1] "七普"，即第七次全国人口普查。

[2] 国土空间规划"一张图"建设｜广州：以智慧规划引领国土空间高水平治理 [N/OL]. 中国自然资源报，2022-08-31 [2023-05-30]. https://new.qq.com/rain/a/20220831A090E400.

图4-5-5　项目协同会审界面

资料来源：国土空间规划"一张图"建设 | 广州：以智慧规划引领国土空间高水平治理［N/OL］.
中国自然资源报，2022-08-31［2023-05-30］. https://new.qq.com/rain/a/20220831A090E400.

4.5.2　成效反思

4.5.2.1　规划成效

（1）为广州探索建立国有土地有偿使用制度提供了规划保障（1980～1990年）

广州街区规划与上海虹桥开发区规划、兰州城关区规划、厦门中心南部特别区划等都是国内城市对控制性规划的较早探索，提出了"控制性规划""容积率"的概念，初步构建了控制性规划的编制内容、方法、法规和核心控制要素并沿用至今。广州街区规划取得了较好的、方便管理控制的规划成果，其明确的六项指标，在一定程度上解决了过去城市规划管理与建筑管理、城市规划设计与建筑设计之间长期存在的脱节问题，并为广州探索建立国有土地有偿使用制度提供了规划保障。[1]20世纪80年代中后期，广州成为探索国有土地有偿使用的试点地区，经批准的街区规划在当时作为建设用地和建设工程规划管理依据。在街区规划全部审核完毕后3个月，广州市芳村区政府将花地大道两侧1.07km^{2}商品住宅用地，以标底价6000万元（花地大道预算建设资金）及无偿投资建设该住宅区内市政、公共服务设施为条件招标出让。

---

① 姚燕华，王朝晖，孙翔. 广州市控制性详细规划的实践与思考［C］//载舒扬，陈如桂，涂成林，等. 广州蓝皮书：2007年：中国广州城市建设发展报告. 北京：社会科学文献出版社，2007：158-166.

（2）控规尚未编制完成的过渡期内指导了日常规划管理工作（1990～2000年）

20世纪90年代的分区规划适应于当时的规划管理需要，有效保障了1994年版城市总体规划传导实施。当时广州市正处于城市快速发展阶段，总体规划初定，分区规划刚开始组织编制，全覆盖的控制性详细规划尚未正式开展。因此，分区规划编制深度适当深化，能够在控制性详细规划尚未编制完成的过渡期内，有效指导日常规划管理工作，并为控规全覆盖奠定基础。此外，广州分区规划中首次实现了总体规划发展区全覆盖，并提出了从规划编制到成果建库一体化思想，为实现办公自动化奠定了基础。

（3）控规成果可实施性进一步强化（2000～2010年）

广州控规全覆盖阶段在有效传导战略规划及城市总体规划的要求，进一步强化控规成果可实施性上取得了重要成效。一是区分强制性与非强制性内容，适应了刚弹结合的管理要求。以单个地块的控制指标为指导性内容，以较大范围的规划管理单元的控制性内容为强制性控制内容，以兼顾规划控制的权威性和灵活性。二是探索建立了"规划管理单元—地块"的分层编制模式。规划管理单元编制法定图则提出地块指标建议；地块编制管理图则确定具体管控指标，作为规划管理依据。三是初步探索了不同类型地区差异化规划管控。包括加深村庄规划内容深度，增加建设用地规模、建设用地控制线、配套设施等内容作为乡村规划许可依据；编制生态廊道控规探索分级控制体系，通过控制图则进行分级控制与保护，针对每个层级、生态廊道内的严格保护区和控制性保护地带分别制定相应的控制性指标与具体的建设导引；编制地下空间规划，通过地下空间控制通则管控地下各层开发范围、建设规模、功能布局、高度控制、公共通道及端口位、地下景观节点等，加强城市立体开发引导。四是构建了面向规划管理的"一张图"管理平台，统一了规划管理依据，在全国率先实现规划管理办公自动化。2004年初，广州市城乡规划局提出了建设"三个一"工程的目标，即控制性规划导则"一张图"、统一信息交换平台"一张网"，以及技术标准与准则"一本书"。其中，"一张图"就是通过编制分区规划及控制性规划导则，将广州市历年来的城市管理信息及已批准的各层次规划整合到"一张图"上，建立起基于规划管理单元的规划管理图则新模式，从而实现面向日常规划管理工作需要的"一张图"管理目标。每个规划管理者都能通过这张图了解到他所受理的规划申请所涉及的全部规划要求。2005年6月8日，以"一张图"为核心的广州市城市规划统一信息平台正式启用，为广州市城乡规划局依法行政和城市法定规划的编制提供了清晰统一的基础性管理平台。[①]五是创新了公众参与模式，实现了网络等

① 彭冲，吕传廷，廖文翰，等. 广州市控制性详细规划全覆盖的探索与实践［C］//转型与重构——2011中国城市规划年会论文集，2011：4251-4261.

公共媒体的分区规划与控制性规划导则"一张图"成果公示，为公众查询、了解、参与城市规划提供了有效的途径。

（4）精细设计打造高品质城市空间（2010年至今）

针对控规的城市设计优化，通过精细化的系统设计为后续实施提供技术性依据，能够促进城市公共空间的不断优化和落地，保障快速建设与城市空间品质之间的平衡。

经济效益上，城市设计可通过紧凑高效的用地划分，增加可出让地块数量，提高土地开发潜力，并通过弹性管控和多方协调机制，促进相邻地块间的建设协调和资源共享，降低建设成本。以琶洲西区和黄龙四个地块为例，在小街区、密路网的开发模式下，突破单个地块、单个小基坑的局限，相邻不同地块共同开挖形成一个大基坑，共用地下防护墙，减少基坑建设成本约4500万元。

生态效益上，城市设计优化过程中能够更充分地考虑生态环境保育，通过河涌的保留、规划绿地的整合及建筑屋顶绿化、立体绿化的增加，使生态环境更具可持续性。

社会效益上，城市设计优化过程中，通过对公共交通、轨道交通、开敞空间、慢行空间系统的设计和优化，可提升片区的可达性和步行连续度，并通过促进多元功能混合和城市立体空间营建，提升片区生活便捷性。[①]

4.5.2.2 规划反思

（1）以土地开发为导向，更关注城市发展效率（1980~1990年）

街区规划时期，以土地开发为导向也导致对城市发展效率的过度关注，对历史建筑保护产生消极影响。街区规划主要服务于国有土地有偿使用，关注空间建设的合理性与可行性，但对历史保护地区建筑风貌、高度、街巷格局等管控要求未能充分考虑。以一德路为例，它是广州特色骑楼建筑集中的历史街区，在20世纪80年代，街区规划由于缺乏精细的建筑高度及风貌管控，地产开发公司见缝插针地拿地建设高层建筑与现代建筑，使得街区原有城市空间肌理、建筑风貌遭到破坏（图4-5-6）。

（2）在管控弹性、规划衔接等方面仍存在不足（1990~2000年）

分区规划时期强化了对历史建筑的保护，但在管控弹性、规划衔接等方面仍存在不足。一是内容缺乏刚弹结合。20世纪90年代的分区规划没有明确相关的强制性内容和指导性内容，所有规划控制指标均为刚性指标，导致在实际管理中，对分区规划进行局部调整的情况频繁发生，分区规划"权威性"屡屡受到挑战。二是分区规划缺乏统筹

---

① 夏晟，吕颖仪，蔡宁，等. 精细化城市设计实施——以广州为例 [J]. 建筑技艺，2021, 27（3）: 40-49.

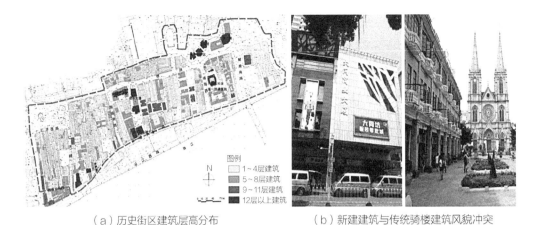

（a）历史街区建筑层高分布 （b）新建筑与传统骑楼建筑风貌冲突

图4-5-6 一德路城市肌理与建筑风貌遭受破坏

资料来源：王河，吴楚霖，张威. 历史性城镇景观方法框架下的广州一德路历史街区保护与更新［J］.
科技导报，2019（8）：68-76.

衔接。79个分区各自独立编制，每个分区都确定了诸如"一轴三带"的规划结构，缺乏对相邻分区的统筹考虑；另外由于编制单位不同，一路之隔的两个地块在开发强度控制上常常存在系统的差异，或是由于各分区间未相互协调，导致区级公共服务设施重复配置等。三是未能形成统一规划管理平台。随着城市建设的发展，越来越多的详细规划和专项规划编制工作陆续完成，它们不可避免地会与分区规划确定的相应内容产生矛盾。而分区规划、详细规划和专项规划各自单独建库，虽然在一个共同的平台上进行了一些动态更新的尝试，但部分矛盾并没有被消除，尚未形成成熟的动态更新机制。

（3）规划管理单元难以真正发挥作用（2000~2010年）

控规全覆盖时期的控规编制管理同样存在一定问题。一是总、控联动虽有所强化，但中间层级（分区规划）在总体规划中的传导作用弱化。2014年《广州市城乡规划条例》提出，可根据需要按功能分区、组团编制分区规划。但实际中，功能分区、组团等中间层级一直难以施行，分区规划的角色作用也不断弱化。二是规划管理单元作用式微，控规编制调整聚焦地块层面。在日常规划管理工作中，真正发挥作用的是直接面向地块开展的管理图则（地块深度），法定图则（单元深度）作用甚微。

（4）城市设计管控的可实施性有待加强（2010年至今）

当前广州的城市设计实践面临覆盖率和科学性两方面问题。一方面，城市设计与控规的结合主要仍局限在重点地区，这可能导致不同地区之间建成项目设计、施工水平不一，公共空间品质差异过大。相比之下，上海等地区已经提出要推动"城市设计全覆盖"，全面提升本地控、详规划编制的精细化水平，实现高品质规划、高质量管理、高水平实施。另一方面，仍需进一步规范城市设计编制内容，增强城市设计的科学性和可实施性。城市设计的实施并非一蹴而就，而是不断趋向最优解的动态过程。城市设计不仅应为品质化建设提供技术性指引，还应建立完善科学的弹性和协调机制，明确实施路径。在部分项目中，由于无法有效解决建设过程中出现的规划设计问题，例如城市设计方案中的二层连廊，在多个建设主体之间实施困难，至今未完成建设。究其原因，虽然编制了控规图则，但是主要控制内容是三维框架式形态控制，并未对品质化建设提供详细的指引。[①]因此，应推动城市设计在控规中由"形态指标管控"向"目标原则+形态指标+程序管控"转变，加强城市设计目标从理念向实施的有效传导。

4.5.3 主要问题

城市规划是一项长期的工作，随着城市发展到不同阶段，其面临的问题与具体任务又不尽相同，因此需要不断探索新的规划编制管理方法。在国土空间高质量治理背景下，详细规划编制管理工作被赋予更高的要求。在新的条件下，广州市控制性详细规划的编制和管理又面临新的挑战。

2019年年底，《中共中央 国务院关于建立国土空间规划体系并监督实施的若干意见》，对新时代国土空间规划体系下的详细规划工作作出了重要指示，明确指出"详细规划是对具体地块用途和开发建设强度等作出的实施性安排，是开展国土空间开发保护活动、实施国土空间用途管制、核发城乡建设项目规划许可、进行各项建设等的法定依据"。在国土空间规划体系重构背景下，详细规划须适应"多规合一"、存量更新、民生保障和"多审合一"等新要求。而广州市自2005年沿用至今的控制性详细规划制度，在内容和传导机制上与国土空间规划体系仍存在一定的不适应性，因此在深化落实上位规划，落实城市发展的新要求、新理念等方面正面临一系列问题，急需在现有体系的基础上进行改革优化。

4.5.3.1 总详之间存在矛盾冲突，规划传导路径机制有待明晰

一方面，旧控规与新总规的部分内容存在矛盾冲突，需要探索明确旧控规落实新总

---

① 郭文博，荣颖. 广州白云新城地区城市设计历程回顾——重点地区城市设计工作思考［C］//中国城市规划学会. 面向高质量发展的空间治理：2020中国城市规划年会论文集. 北京：中国建筑工业出版社，2021：45-59.

规内容要求的路径方法。根据新一轮划定规则，广州将有600km²已批控规的建设用地位于开发边界外，约23.8km²现行控规建设用地与永久基本农田冲突。边界外部分重点项目、重大工程正按照已批控规实施建设，总规批复后，可能会为规划实施管理和土地开发利用带来一系列新的矛盾冲突。另一方面，总规与详规之间规模尺度差距过大，存在总详传导路径不畅，机制不全的问题。由于缺乏中间尺度适宜的传导层级，总体规划管控的发展规模、主导用途分区、开发强度指引、公服配置标准等"目标性内容"与控制性详细规划管控的用地面积、建筑面积、用地性质、容积率、设施配置要求等"指标性内容"之间缺乏衔接桥梁，发展规模统筹机制、空间布局引导机制、底线增补平衡机制等有待健全。

4.5.3.2 单元层次与地块脱节，未充分发挥统筹平衡作用

《广州市城乡规划条例》提出了以规划管理单元为单位的控规编制、控规批准后人大备案等要求。但在日常规划管理工作中，控规调整往往存在"就地块论地块"的碎片化问题，缺乏在总体层面的总量统筹与次序安排。例如，广州近四分之三的控规调整案件涉及民生设施的优化调整，其中较多案件提出由地区人口规模增长，需要相应增加公共服务设施的开发量。由于住宅地块规模趋小，开发商主要是按照"千人指标"进行设施配建移交，容易出现各地块均未达到设施配置的人口规模要求，但地区却存在设施不足的问题。由于缺乏关于供给总量与次序的综合考虑，个案式、被动式的控规调整往往容易让人质疑其科学性与合理性，从而影响控规的权威性与法定性。

4.5.3.3 专项规划纳入详细规划的路径方法尚未明晰

在当前国土空间规划体系下，专项规划应服从国土空间总体规划的统筹，并对国土空间总体规划中的特定功能空间进行细化安排后传导至详细规划，实现对详细规划中各类设施配套及用途管制的整体统筹。但由于专项规划类型多、领域广，管理实施主体多元，并且各专项规划编制目标年限、底图底数、层次深度、指标标准均有差异，导致各专项规划之间、专项规划与详细规划层面相互打架。控规编制过程中会涉及大量专项规划协调，前期难以全面掌握专项空间需求，后期协调成本高，将专项规划主要内容纳入详细规划协调统筹的工作路径尚未明晰。当前广州全市已编专项规划共计几十余项，用地需求达500～600km²，如何甄别、筛选需要纳入详细规划的专项空间需求，是详细规划编制管理的难点和痛点。

4.5.3.4 单一的编制内容和深度难以适应总规全要素管控的新要求

　　相较于上海、深圳等城市，当前广州控规地块12项控制指标过多，导致控规缺乏弹性，易引发频繁调整，损害规划的权威性。目前广州控规、法定文件主要控制指标包括：土地使用性质、建筑密度、建筑限高、容积率、绿地率、公共服务设施、交通基础设施、市政公用设施、地块面积、建筑面积、人口数、停车位数，较深圳控规主要控制指标用地性质、用地面积、容积率、配套设施设置、土地利用相容性规定多，缺乏弹性。另外，广州市现行的控规全覆盖对于不同城市建设区、不同开发时期的建设基本采取相同深度的控规编制原则。这将导致控规难以适应不同城市建设类型、不同城市发展时期的建设要求，使得控规经常面临被随意变更或者修改的局面，这也是造成对因规划发生变化产生近期建设与远期控制矛盾的情形的重要原因之一。因此，除增量地区以外，广州对于存量地区、历史保护、生态敏感等需要特殊管控的区域的详细规划编制管理模式仍有待健全。

4.5.3.5 急需落实城市发展的新要求与新理念

　　现行广州控规编审管工作主要依据的《广东省城市控制性详细规划管理条例》和《广东省城市控制性详细规划编制指引（试行）》均于2005年起实施，其中《广东省城市控制性详细规划管理条例》虽经2014年广东省第十二届人民代表大会常务委员会第十一次会议修正，但距今也已有9年之久。随着社会经济的发展和深化改革的不断推进，控规管理对城市各发展要素在空间配置上的响应效率受到进一步关注，公益性设施建设落地难、经营性用地供求不相协调、规划修改难度大等问题亦逐渐浮现，现有控规管理制度在一定程度上不能适应当前市场快速变化及完善公共服务设施的迫切需求，亟待加强与改善。因此，广州应积极响应城市社会经济发展以及人民日益增长的美好生活需求，贯彻习近平总书记提出的"老城市新活力"发展理念，并结合人民城市、健康安全城市、双碳发展战略、未来智慧城市等城市发展的新要求，对详细规划编制内容及方法进行优化提升。

4.6 小结

本章节对广州市详细规划"编审管"制度的现状进行了梳理和反思。总结了广州市详细规划"编审管"制度在初创、发展、成熟、优化的四个不同历史时期的发展历程；归纳了广州市详细规划编制的内容与成果要求；梳理了广州市详细规划委员会审议制度的背景、发展历程和组织架构；总结了广州市详细规划审批的程序要求和详细规划的管理制度；并对广州市详细规划"编审管"制度的特点、成效及反思、面临的问题进行了评价。

第 5 章

创新探索

——新时期广州市详细
规划"编审管"制度
优化与探索

以广州市详细规划"编审管"制度优化与探索作为实证案例，通过梳理近年来广州市详细规划理念、编制、审批、管理四大方面的实践探索，总结其"编审管"制度创新经验，验证前文创新路径的普适性，为新时期详细规划"编审管"制度改革的具体工作提供有力支撑。

5.1 新时期详细规划"编审管"新理念

5.1.1 老城市新活力激发

2018年10月24日，习近平总书记在广州市荔湾区西关历史文化街区永庆坊考察时指出，城市规划和建设要高度重视历史文化保护，不急功近利，不大拆大建。要突出地方特色，注重人居环境改善，更多采用微改造这种"绣花"功夫，注重文明传承、文化延续，让城市留下记忆，让人们记住乡愁。

"老城市新活力"是习近平总书记2018年10月视察广东期间对广州提出的新时期重大时代课题，要求广州实现老城市新活力，在综合城市功能、城市文化综合实力、现代服务业、现代化国际化营商环境方面出新出彩，高度概括了广州的城市特点和发展使命，深化了对以人为核心的城镇化高质量发展规律的认识，为城市发展特别是具有悠久历史文化传统的超大、特大城市适应时代发展要求、重塑竞争优势、迈向全球竞争前沿指明了方向。

作为习近平新时代中国特色社会主义思想在广州的集中表述和高度概括，"老城市新活力"是广州全面贯彻落实习近平新时代中国特色社会主义思想的鲜明主线和根本遵循。其蕴含着坚定的理想信念、鲜明的人民立场、宏大的全球视野，体现了科学的发展观、现代化观，为广州指明了把握新发展阶段、贯彻新发展理念、积极融入和服务新发展格局的原则、路径、动力、方式，既是思想指引和理论要求，也是行动指南和实践要求，更是政治定向和政治要求。"老城市新活力"旨在探索新发展阶段老城市现代化建设和高质量发展的新模式、新道路，体现了中国式现代化的特征和要求。"老城市"是城市发展经历若干阶段积累的历史结果和阶段性特征，也是迈入新发展阶段的历史起点和阶段性条件；"新活力"则是新发展阶段的必然要求，也是老城市实现现代化的路径选择。实现"老城市新活力",应当理解为广州遵循中国式现代化新道路的具体要求和实现路径,是打造中国式现代化城市范例的根本方向和鲜明体现。

5.1.1.1　规划目标要求逐步强化理念体现

《广州市国民经济和社会发展第十四个五年(2021—2025年)规划和2035年远景目标纲要》(简称《"十四五"规划》)为高质量实现"老城市新活力"提出具体目标和明确指示。《"十四五"规划》明确,"十四五"期间广州市经济社会发展主要目标是:实现"老城市新活力",推动"四个出新出彩"取得决定性重大成就,国家中心城市和综合性门户城市建设上新水平,国际商贸中心、综合交通枢纽、科技教育文化医疗中心功能大幅增强,省会城市、产业发展、科技创新和宜居环境功能全面强化,城市发展能级和核心竞争力显著提升,粤港澳大湾区区域发展核心引擎作用充分彰显,枢纽之城、实力之城、创新之城、智慧之城、机遇之城、品质之城更加令人向往。在"老城市新活力"的理念下,《"十四五"规划》为未来广州市经济社会发展方向提供指引,明确城市发展的主要发力点,有序推进城市高质量发展进程。

《广州市国土空间总体规划(2021—2035年)》(简称《2035年规划》)深入贯彻落实新时代发展理念,面向2035年提供广州空间发展部署,为"老城市新活力"的实现提出精细化要求和空间引领,切实推动"老城市新活力"理念的落实。规划遵循"一美三高"(美丽国土空间、高质量发展、高品质生活、高水平治理)的规划导向,围绕国家中心城市和综合性门户城市,国家历史文化名城,广东省省会、粤港澳大湾区核心引擎,国际商贸中心、综合交通枢纽、科技教育文化中心,具有经典魅力和时代活力的社会主义现代化国际大都市的广州城市定位,制定了更加开放协调的和谐国土空间、更加安全韧性的绿色国土空间、更加活力包容的繁荣国土空间、更加集约高效的品质国土空间、更具岭南魅力的宜居国土空间的国土空间开发保护目标。提出了区域协同发展、美丽国土空间格局、城镇功能优化、公共空间与游憩体系、乡村振兴发展、自然资源保护利用与生态修复、建设全球重要综合交通枢纽、城市文化与风貌特色、城市安全与基础设施等规划要求。《2035年规划》强化规划引领作用,积极探索国土空间格局优化与空间治理新模式,坚持"编管督"全流程管理,扎实推进"阳光规划",为加快推进"四个出新出彩",实现"老城市新活力"提供规划引领和空间保障。

5.1.1.2　规划部署要求逐步凸显理念指引

(1)指引探索建设具有经典魅力和时代活力全球城市的新道路

"老城市新活力"揭示了活力再生需要持续动力转化的普遍规律。中国是历史文化悠久的国家，许多城市面临历史文化保护和城市开发建设的矛盾。习近平总书记关于"老城市新活力"的指示精神，不仅为推进广州开展新时代高质量发展全新实践指明了方向，更为全国的老城市如何建设具有时代活力的全球城市提供了基本遵循。

对广州而言，需要深刻领悟"老城市"与"新活力"的内在逻辑和辩证关系，需要清晰认识老城市的新活力之源，正确认识和处理好老和新的关系，明确优势和短板，通过焕发"老城市"历史文化的积淀、优秀品质的传承、历久弥新的魅力，注入新时代的创新力创造力、新担当新作为、新气象新活力。通过守护好"老城市"，为"新活力"提供历史积淀和坚实基础；澎湃出"新活力"，为"老城市"注入蓬勃朝气和源头活水，让老城市积厚流光的底蕴、历久弥新的魅力，在新时代新征程绽放新活力、实现新作为，建设活力全球城市。坚持以人民为中心，统筹发展和安全，着力健全现代治理体系、增强活力城市治理效能，实现高质量发展、高品质生活、高效能治理相结合，打造人口活力、经济活力、开放活力、空间活力、文化活力、治理活力共荣发展的活力全球城市，将探索出一条建设具有经典魅力和时代活力全球城市的新道路。

（2）指引探索存量时代中国老城市高质量、可持续发展的新模式

老城市"老"问题解决难度大，需要探索可持续、高质量发展新模式、新路径。广州"老城市新活力"需要立足城市周期性客观发展规律，率先探索中国老城市焕发新活力的模式，发挥动能转化的示范引领作用，为老城市转型发展、活力再生提供依据。目前，广州城市发展已经进入存量优化为主的发展阶段，不再以扩张城市新增用地为基础，而是以用地效率和环境品质为主要参考指标，将旧城更新、产业升级等作为重要的规划内容，追求更高质量、更科学、更均衡的城乡发展，兼顾秩序与活力，进行精准治理，努力让老城市也能散发出新活力。[①]

广州高度重视存量发展，重点关注城市更新九项工作，以"三旧"（旧城、旧厂、旧村）、"三园"（村级工业园、低效物流园、传统批发市场）、"三乱"（乱搭建、乱排放、散乱污）改造更新重点工作为战略抓手，探索空间价值再认识与价值空间再创造，作为转变发展模式，深化土地供给侧结构性改革，提供"老城市新活力"的重要支撑。目前，城市更新九项工作正在稳步推进，"三旧"改造加快推进，超额完成目标任务；"三园"转型稳步实施，提质增效成果显著；"三乱"整治强力攻坚，环境品质大幅提升。广州市住房和城乡建设局指出，2020年广州全市九项工作共盘活存量用地空间34km²，新增配套公共服务设施170万m²，新增绿化面积277万m²，实现了城市更新的实质性推进。

---

① 陈宏胜，王兴平，国子健. 规划的流变——对增量规划、存量规划、减量规划的思考［J］. 现代城市研究，2015（9）：44-48.

（3）指引广州发挥老城市动能转化路径与策略的示范引领作用

当前，全球城市竞争已经不再是单个城市的竞争，而是城市与周边地区聚合在一起的竞争。粤港澳大湾区是我国开放程度最高、经济活力最强的区域之一，是"一带一路"建设的重要国际交通物流枢纽和文化交往中心，在国家发展大局中具有重要战略地位。广州是粤港澳大湾区的中心城市，在提升自身实力的同时，要着力发挥龙头带动作用，促进整个都市圈和城市群的发展。广州发展正处于新旧动能转换关键期、全面深化改革突破期、城市能级提升加速期、幸福广州建设提质期，推动高质量发展具备多重优势，也面临自身发展加快转型、新一轮城市竞争加剧的挑战。"老城市新活力"有利于进一步强化广州的发展优势，结合区域发展需求，精准配置资源要素，强化对腹地产业发展的现代服务支撑，打造联合开放、充满活力的文化市场，推动规则衔接、机制对接和政策协同，成为带动粤港澳大湾区高质量一体化发展的核心引擎，加快建设具有全球影响力的世界级城市群和国际一流湾区，为区域协同促进中心城市迸发活力提供示范作用。

5.1.2 增量与存量协同

随着广州市城镇化水平的提升，用地需求量在持续增加，但是广州市土地开发强度已处在较高水平。2020年国土空间开发强度将近30%，逼近国际警戒线。同时，城市增量用地供给十分紧张，从城市整体开发空间来看，《广州市国土空间总体规划（2018—2035年）》要求，严控国土空间开发强度，到2035年生态和农业空间不低于市域面积的2/3，城镇建设空间不高于市域面积的1/3，可开发空间较小；从建设用地供给空间布局来看，根据广州市2022年度建设用地供应计划显示，2022年广州近9成供应用地位于黄埔（20%）、花都（16.3%）、南沙（16.3%）、白云（15.9%）、增城（14.8%）、从化（6.6%）六个外围区，而位于城市中心的天河（2.6%）、荔湾（1.5%）、海珠（0.5%）、越秀（0.06%）四区供应量总占比不到5%，城市中心用地供给问题严峻。增量与存量协同成为广州城市发展的必然选择。

广州针对存量用地开发和更新已有一定的尝试和探索，具体可划分为四个探索阶段。阶段一为初步探索阶段。2009年之前，城市更新主要以危破房改造、旧城改造等个案方式缓慢推进，尚未形成具有影响力的政策引导。阶段二为"三旧"改造1.0阶段。从2009年开始，国家赋予广东省存量土地政策创新试点地区的角色，拉开了广州有组织的"三旧"改造城市更新的序幕。2009～2015年间，广州市以广东省全面实施"三旧"改造为契机，根据《关于加快推进"三旧"改造工作的意见》（穗府〔2009〕56

号），成立"三旧"改造办，启动和推进"三旧"改造工作。该时期既是"三旧"改造的初步探索，也是现行"三旧"改造全流程各个阶段相关政策的起源，政府主导的特点非常突出，相关规定多为原则，不具有系统性及稳定性，因此市场主体参与"三旧"改造的积极性相对有限。阶段三为"三旧"改造2.0阶段。2015～2019年间，广州市成立首个市级城市更新机构——城市更新局，建立了较为完备的"1+3"城市更新政策体系。2015年12月1日《广州市城市更新办法》出台后，2016年底至2017年进入了政策出台的密集期，城市更新各关键问题的相应政策逐渐完善，而市场主体参与广州市城市更新则在2017年迎来了真正意义上的"破冰"时刻，2018年随着《关于进一步规范旧村合作改造类项目选择合作企业有关事项的意见》出台后开始"启航"，2019年开始进入"全面爆发"时期。阶段四为"三旧"改造3.0阶段。2020年之后，广州市住房和城乡建设局及广州市规划和自然资源局共同起草了城市更新"1+1+N"政策文件，迎来了高质量城市更新时代。其中的"1+1"分别为《关于深化城市更新工作推进高质量发展的实施意见》（穗字〔2020〕10号）及《广州市深化城市更新推进高质量发展工作方案》，"N"为N个工作指引。该阶段强调人居环境、历史文脉、城市治理等，并起草《广州市城市更新条例》，推动立法工作。

经过十余年的探索和实践，广州迈入高质量城市更新的新阶段，虽然面临部分更新项目偏地产导向、改造碎片化、公服设施亟待提量增质的问题与挑战，但也逐步形成了四大特色优势。第一，广州逐渐形成了"政府统筹+市场运作+社会治理"的有机更新模式。在城市更新治理制度方面，加强了公众参与，形成了专家论证制度、公共咨询委员机制和村民理事会等制度。第二，广州稳步推进"微改造+有机更新"的城市更新方式，其中微改造主要包括建筑保留修缮、功能的置换等，而有机更新主要是以系统性的方式推进城市更新，以推进城市的功能完善为手段，促进城市各方面的发展。第三，广州秉持"公共利益"优先、兼顾"经济可行"的存量更新原则，不一味追求经济价值，进行经营性用地更新，也关注公益性用地的更新改造。近两年来，广州通过城市更新，已经累计新增4万多个公共服务设施及配套，新增绿地面积700多万平方米。第四，广州注重"空间品质提升"与"产城融合发展"，在关注空间环境品质的同时，也注重产业环境的打造。2015年以来，广州推动了设计之都、华新科创岛等一批项目，致力城市产业的提升。

5.1.2.1　主导规划类型：从增量为主转向增存协同

（1）明确增量与存量规划要点

增量规划是以新增建设用地供应为主要手段、主要通过用地规模扩大和空间拓展来推动城市发展的规划。存量规划则是在保持建设用地总规模不变、城市空间不扩张的条件下，主要通过存量用地的盘活、优化、挖潜、提升而实现城市发展的规划。[①]

当前，增量规划仍是大部分地区城乡规划的主要类型，以实现经济的高速增长为主要目的，是政府调控地方经济增长的重要空间手段。作为制度性的安排，城乡规划更多的是为城市扩张提供法理依据，增量规划适应了城市政府的经营需求，并创造了改革开放以来的规划繁荣。[②]

增量规划的主要特点是对处于快速发展阶段的城市作正方向的预测和扩张性的发展安排。人口的规模效应是增量规划的重要基础，在人口数量规模持续扩大的基础上，人口城镇化水平也不断提升。同时，增长的人口规模决定了城市建设用地的蔓延趋势，通过空间扩张、兼并等方式，大量新增建设用地以新城、新区的形式被征收转用到城市运营中，实现了快速土地城镇化。而土地的城镇化还需依托大规模的基础设施建设，因此公共基础设施为应对快速扩张需求，按全域性覆盖进行规划。

但城市的发展建设是逐步渐进展开的过程，新增用地只是转为存量用地之前的短暂过渡状态，存量用地才是城市建设用地的常态。为促进城市经济的持续稳定发展和渐进式转型，提升土地集约利用效率，包括广州在内的各大城市的发展逐步从增量扩张向存量发展转变。[③]

随着城市转型升级阶段的到来，存量规划更具适用性，是对城市增长要素变化的有效应对。对于人口规模已接近饱和或增长缓慢的大城市，人口结构取代人口规模成为规划重点。在城市用地上，土地扩张边际效应递减，迫使城市转变原有扩张模式，转向城市空间的内部挖潜，如广东省的"三旧"改造，加强城市内部功能调控，以提升城市品质和社会效益。在公共基础设施方面，则呈现维护型特点，注重区域均衡和社会公平，实施局部基础设施的更新改造。[④]

（2）明确增量与存量规划协同关系

一是增量空间与存量空间共存。城市在增长，就必然有增量；城市有历史，就会形成存量。增量与存量是城市空间两个不可分割的组成部分。城市规划是对规划区范围内

---

① 邹兵. 增量规划向存量规划转型：理论解析与实践应对 [J]. 城市规划学刊，2015（5）：12-19.

② 陈宏胜，王兴平，国子健. 规划的流变——对增量规划、存量规划、减量规划的思考 [J]. 现代城市研究，2015（9）：44-48.

③ 张波，于姗姗，成亮，等. 存量型控制性详细规划编制——以西安浐灞生态区A片区控制性详细规划为例 [J]. 规划师，2015，31（5）：43-48.

④ 陈宏胜，王兴平，国子健. 规划的流变——对增量规划、存量规划、减量规划的思考 [J]. 现代城市研究，2015（9）：44-48.

第5章 创新探索——新时期广州市详细规划"编审管"制度优化与探索 135

的全部土地以及空间支持系统的整体安排，包括新区开发建设和旧区改造更新的内容，难以在城市整体规划中将增量和存量完全分离。

二是增量规划与存量规划协同。存量规划的实施往往还要依赖增量规划的支持。政府获得了足够的增量空间收益，才能利用这部分收益"反哺"旧城，推动旧城区的用地置换和功能升级。这实际是通过增量规划来解决存量问题的异地空间置换模式。[①]

三是增量规划与存量规划目标一致。增量规划和存量规划均建立在乐观积极的发展趋势上，主要通过设计一系列城镇发展策略与建设方案来维持科学、高效、和谐的增长，属于发展导向的规划编制方向。通过提供优质高效的城市空间，来支持经济的持续增长、民生福利改善和生态环境质量提升，是存量规划与增量规划共同追求的目标。

但是，增量规划与存量规划实现目标的路径不同。增量规划以空间增长逻辑为依据，通过空间扩展实现城市快速发展和经济快速增长；存量规划则以空间转型发展为背景，尝试优化城市空间结构与功能，以适应转变城市发展模式的要求。

5.1.2.2 规划编制层面：强调存量空间资源再利用

在规划编制模式方面，应充分考虑存量空间再利用与市场化配置资源的需求，做好分层、动态编审，以统筹土地整备和权益平衡为重点。广州市详细规划增加单元详细规划编制层级，单元详细规划是承接国土空间总体规划要求、开展地块详细规划编制管理的依据。单元结合"15分钟生活圈"规模，以区级国土空间总体规划确定的组团为编制范围，以组团指引作为编制依据。规划作为总体规划"目标性要求"与详细规划"指标性管控"的转译桥梁，为地块详细规划编制管理提供了可实操、可检验、可校核的指引要求。当前，广州正在以番禺区为试点，开展单元详细规划"编审管"探索。

在规划编制内容方面，基于存量发展背景，城市更新更注重节约利用空间和能源，以及复兴衰败城市地域，主要包含老旧小区改造、创新城区、工业遗产及历史文化街区等多个方向。老旧小区改造强调的是小规模的更新，避免大拆大建带来的人力、物力、资源消耗的同时，通过适老化等微改造方式，提升居民的居住质量。存量时代意味着经济发展需要寻找新的动力，"创新"是存量经济发展的根本出路，创新城区致力于对城市衰败产业区域进行转型升级，为城市注入创新创业要素，有助于提高城市经济活力，增加城市技术内涵。此外，城市的发展应注重文化内涵，应注重对城市中历史文化遗产及工业遗产等的综合评估，避免盲目开发利用，对历史文化的保护有利于构建良好的人

---

① 邹兵. 增量规划向存量规划转型：理论解析与实践应对 [J]. 城市规划学刊，2015（5）：12-19.

文环境并展现一座城市文化自信的深厚历史底蕴。①

5.1.2.3　规划实施层面：强调时空权益机制再建构

在时空统筹机制建构方面，存量规划的实施应做好时间、空间上的统筹，通过建立按规划期实施的总量管控模式来统筹用地规模和指标的实施机制，探索高强度开发地区空间布局腾挪置换的实施机制，强化存量地区"以时间换空间"的调整能力，通过空间资源"时序+布局"双统筹，提升资源配置的整体性和战略性。同时，改变过去仅以重大项目落地为条件的规划调整机制，建立以优化国土空间布局为目标的规划动态维护管理的制度，如将提升生态系统连通性、优化城镇空间形态和功能为目标的空间腾挪，列为鼓励的规划调整情形。②

在整片更新机制建构方面，由于当前土地资产权属问题复杂，应在摸清权属的情况下，从区域统筹、利益共享等方面借鉴单元规划的思想，通过各种资产流转方式，将土地的相关权益归一到单一主体后，以达到连片盘活利用的目标。鼓励实施"国有+集体"混合开发，可将用地范围内国有和集体性质的地块合并成一个改造单元，以应对存量空间破碎的问题。此外，对于因连片调整重构需要对国有土地和集体土地进行空间互换的，探索在符合规划、权属清晰、双方自愿的前提下的互换机制。③

在权益平衡机制建构方面，存量规划应在明确现状问题及城市功能定位的基础上，通过对土地权属、土地产权使用评价和各方利益诉求的整合，来制定相应的政策，以提高规划的可实施性。存量规划会涉及控规阶段的土地问题、产权问题及公共利益问题。因此，使各方利益达成一致，共同指导规划实施，是存量规划中非常重要的协调职能。存量规划应注重权属利益的分配，而非物质空间规划。④健全"土地权益价值"再平衡机制，在建立空间发展权受损地区与主体补偿机制的同时，建立空间增值收益平衡机制。完善解决空间布局调整带来的空间权属重构、用地性质改变带来的资源价值调整两大关键问题的政策机制。

---

① 葛佳欣，钟信敏. 存量规划视角下的城市更新研究进展 [J]. 建设科技，2022 (14)：16-18，26.
② 王朝宇，朱国鸣，相阵迎，等. 从增量扩张到存量调整的国土空间规划模式转变研究——基于珠三角高强度开发地区的实践探索 [J]. 中国土地科学，2021，35 (2)：1-11.
③ 王朝宇，朱国鸣，相阵迎，等. 从增量扩张到存量调整的国土空间规划模式转变研究——基于珠三角高强度开发地区的实践探索 [J]. 中国土地科学，2021，35 (2)：1-11.
④ 张波，于姗姗，成亮，等. 存量型控制性详细规划编制——以西安浐灞生态区A片区控制性详细规划为例 [J]. 规划师，2015，31 (5)：43-48.

5.1.2.4 规划管理层面：强调规划管理体系再健全

在规划管理重心转移方面，由于在存量规划时代，建成区已经基本实现了规划的全覆盖，规划部门的工作重点将由新编规划转向规划的动态维护，规划的频繁修改将成为日常工作。面对城市再开发的旺盛需求和复杂多变的情况，无论是法定规划修编的漫长周期，还是规划委员会等组织机构复杂冗长的决策程序，都无法满足实际的管理操作要求。因此规划管理的重心必须向基层下移，必须赋予基层规划管理人员必要的自由裁量权。[①]在国土空间详细规划改革要求下，广州市国土空间规划在详细规划层面探索构建"单元—地块"分层管理体系，对不同层次提出不同的控制要求，实现差异化和精细化管控。

在政策支撑体系架构方面，鉴于传统以建设项目管理为核心、以土地开发控制为主要工作的规划管理，较为适应增量规划时代新建项目的过程管理，无法延伸到项目建成后的使用、运营、维护、修缮、更新过程以及物业的保值增值，难以应对存量规划时代的空间资源优化配置需求。应面向存量地区"人、房、地、设施、企业、资金"等多领域、多要素复杂环境，从"全链条多部门"出发，完善存量管理政策支撑体系，多向推动存量空间调整优化。如在土地方面，出台指标流转、土地增值收益分配等政策机制；在财税支持方面，制定土地出让金提留、更新改造相关税收及行政事业性收费减免等政策；在司法保障方面，建立搬迁、补偿、安置争议调解、政府裁决和司法裁判等协调机制等。[②]

5.1.3 刚性与弹性结合

2008年1月1日实施的《城乡规划法》赋予了控制性详细规划前所未有的法律地位，构建了以控规为核心的城市规划建设管理机制，并在全国引发了如火如荼的控规"全覆盖运动"。为保障城市规划的"依法行政"，引导城市有序建设，广州市辖十区3737km^{2}的控规全覆盖工作于2009年4月启动，并于2011年7月22日获得广州市人民政府的批准实施。此次控规全覆盖的现实意义重大，解决了城市规划法定性依据的燃眉之急。但是，在控规全覆盖的实施过程中，出现了"调整的频繁化与常态化、近期实施

---

① 邹兵. 增量规划向存量规划转型：理论解析与实践应对［J］. 城市规划学刊，2015（5）：12-19.

② 王朝宇，朱国鸣，相阵迎，等. 从增量扩张到存量调整的国土空间规划模式转变研究——基于珠三角高强度开发地区的实践探索［J］. 中国土地科学，2021，35（2）：1-11.

与远期控制的矛盾突出、单一的编制内容和深度难以适应多元城市建设需求"等一系列问题，显现了僵化的规划"编审管"过程的弊端。为突破这些困境，广州借鉴了国内外先进城市实践经验，开始强调规划的弹性转型，以提高规划的市场适应性。[①]

5.1.3.1 规划"编审管"制度转向刚性、弹性的融合模式

刚性和弹性的问题一直是控规研究领域讨论的问题，无原则的弹性和僵化的刚性皆不可取。应当从根本上寻求两者的平衡关系，以刚性把控作为规划引领发展的立足点、以弹性引导作为规划动态发展的重要抓手，二者相辅相成，达到一种刚性和弹性的融合。[②]

（1）以刚性把控作为规划引领发展的立足点

刚性是指事物在外力作用下不易发生形变、难以通融和改变的性质。刚性规划是指规划在战略思想、指标结构、编制程序、管制规则等方面所具有的权威性、固定性和指令性。[③]

我国空间规划服务于行政意志的实现并孕育于政治性之中，所以规划成果具有极高的法律地位。在"发展是第一要务"的政治经济背景下，规划作为"促进增长的工具"具有必然的刚性特征和强势姿态。[④]城市规划中的刚性体现在逐级落实城市建设指令性、约束性指标，强化控规编制实施的执行力和规范化等方面。刚性规划的目的在于保障公共利益，以空间和土地资源为对象，协调和处理社会中不同利益群体在空间和土地资源上的利益诉求，由国家强制力保证实施，反映了政府对土地和空间资源的权威性的价值分配。这就要求提倡政府理性，发挥政府在公共产品配置中的主导地位，调控社会群体间不断扩大的经济差异，在市场失效时主动出手，维系社会的和谐。[⑤]在任何时代都应当对规划刚性有所坚守，因为它是保障规划实际效用的底线。

然而，规划刚性的内涵桎梏于增长主义思想，导致这种规划方式相对僵化，无法有效推动高质量发展，不利于国家发展转型。因此，应当将"弹性"融入规划的刚性当

① 闫永涛，朱红，吕峰. 技术难题还是制度困境——广州控规全覆盖后的若干反思 [C] //新常态：传承与变革——2015中国城市规划年会论文集（06 城市设计与详细规划）. 2015：1555-1562.
② 黄明华，赵阳，高靖葆，等. 规划与规则——对控制性详细规划发展方向的探讨 [J]. 城市规划，2020，44（11）：52-57，87.
③ 张惠璇，刘青，李贵才. "刚性·弹性·韧性"——深圳市创新型产业的空间规划演进与思考 [J]. 国际城市规划，2017，32（3）：130-136.
④ 刘健枭. 论空间规划修改制度的刚性与弹性均衡 [J]. 城市规划，2022，46（8）：36-43，74.
⑤ 段进，赵民，赵燕菁，等. "国土空间规划体系战略引领与刚性管控的关系"学术笔谈 [J]. 城市规划学刊，2021（2）：6-14.

中，应按照层级和重要性对刚性进行划分。将高层级"必要的"刚性进行制度化的严格保护，以维持规划的持续性和严肃性。对于一般层级或者非刚性的内容，则应给予一定的弹性，以提升规划应对外界变化的灵活性及促进社会发展的能力。[①]

（2）以弹性引导作为规划动态发展的重要抓手

弹性的概念源于物理学，本义是指当物体所受的外力在弹性限度内，外力撤销后能恢复原来大小和形状的性质。近年来，弹性被逐渐应用于城市规划领域，表征城市面对具有不确定性和复杂性的社会经济发展所展现出来的自组织、自适应、自我恢复的能力。弹性规划是为了提升城市规划与城市空间应对不确定社会经济发展变化的能力所采取的一种规划技术手段。[②]

长期以来，我国规划一直以引领发展的姿态出现，但在社会转型的浪潮下，规划扮演的角色正从"促进增长"向"推动高质量发展"转向，规划也急需增加适度的弹性以跟随和回应时代的动态发展。规划对发展的引领和公平秩序的建构，将在动态变化的社会场景和不断被调整优化的目标中得到实现。这就要求善用市场理性，发挥其在资源配置中的主导作用，避免政府失效。面对不确定的未来，没有必要过分强调底线之外的规划管理刚性，地区长远发展面临社会、经济、生态的不确定性，必须保持一个有弹性的国土空间规划体系。城市规划中的弹性主要体现在构建有伸缩余地的城市空间结构，扩大有限规划指标的可浮动范围，实行频繁、滚动式规划修编方式，引入市场机制激励开发建设行为，促进自上而下与自下而上规划体系的双向互动等方面。[②]

应在强化底线刚性控制的前提下，增加规划管理制度的弹性，在规划"编审管"过程中获得刚性与弹性的平衡，以适应社会经济系统的持续演化。[③]刚弹结合的详细规划不会营造一种僵化死板的城市开发方式，不会加剧城市空间相似、雷同的情况。相反，刚弹结合的详细规划可以在保护原则底线的情况下提升控规的灵活性，是一种符合市场经济高效化的方式。[④]

---

① 刘健枭. 论空间规划修改制度的刚性与弹性均衡［J］. 城市规划，2022，46（8）：36-43，74.
② 张惠璇，刘青，李贵才. "刚性·弹性·韧性"——深圳市创新型产业的空间规划演进与思考［J］. 国际城市规划，2017，32（3）：130-136.
③ 段进，赵民，赵燕菁，等. "国土空间规划体系战略引领与刚性管控的关系"学术笔谈［J］. 城市规划学刊，2021（2）：6-14.
④ 黄明华，赵阳，高靖葆，等. 规划与规则——对控制性详细规划发展方向的探讨［J］. 城市规划，2020，44（11）：52-57，87.

5.1.3.2 规划基本思路突出底线、弱化细则

（1）突出底线管控

控规的弹性转型方向之一是通过强化刚性释放弹性，事先厘清什么需要进行规划控制，什么应该留给市场，通过刚性的控制去调控市场这只"看不见的手"。控规要更具刚性，需明确其核心本质，有针对性地进行控制。当今社会背景下控规的本质应是市场效率下保障公共利益底线，在把握住底线管控强制性的同时，发挥开放性、强化引导性，给予市场充分的决策空间，最终实现公平与效率的融合。因此，控规的首要任务不应集中在预测地块具体的开发内容上，更重要的是保住城市发展的底线，确定未来不应做什么。那么就应从公共利益出发，因开发导致其受损的情况就要进行干预，反之则应交给市场调节。将保障公共利益作为开发强度控制的刚性底线，同时释放出控规的弹性，最终实现刚性与弹性的有机共存。[①]

在具体的规划编制管理中，需要通过科学地构建控制性指标体系突出控规的刚性底线。正确的指标构建逻辑应以在市场效率下保障公共利益底线为目标，把握住城市发展建设的刚性，以公共利益作为核心，选择相关规范中的强制性要求作为开发强度控制的标准。[②]此外，制定科学合理的指标，也要研究不同地块对控规内容的不同深度的需求，明确其管控底线。一方面，按照城市整体定位及总体关系，确定其管控的核心控制要素；另一方面，还应着眼于服务专项设计的职能，加强规划方案，为专项设计和下一步的详细设计提供依据。[③]

（2）弱化细则要求

城市建设是缓慢复杂的过程，任何人都无法预料城市建设中所有的方方面面，因而任何规划都不应该是一个"一成不变"的永久规划，也不应该是一个"一杆到底"的深度规划。因此，确定可预期范围之内的核心管控内容，在强化控规底线管控的基础上，放弃面面俱到的编制思维，弱化冗余的细则要求，为后续规划和建设留有余地的同时也预留深化、细化及优化的机会，将属于市场的内容交给市场，将专项规划可以做的内容交给专项规划，是控规弹性转型的另一个层面。[③]

在市场经济条件下，城市的开发建设具有极大的不可预测性，这种不可预测性既有

---

① 黄明华，杜倩，易鑫，等. 强制性、开放性、引导性——以公共利益为核心的居住地块（街坊）开发强度指标体系构建 [J]. 城市规划，2020，44（1）：24-34.

② 黄明华，杜倩，易鑫，等. 强制性、开放性、引导性——以公共利益为核心的居住地块（街坊）开发强度指标体系构建 [J]. 城市规划，2020，44（1）：24-34.

③ 刘慧军，罗嘉强，牛梦云. 由专项个案探讨新时期控制性详细规划的变革与转型 [J]. 城市发展研究，2022，29（1）：29-32.

政府意愿的改变，也有市场的选择，同时还有项目实施中的现实困难和实际需求。实际项目落实之前，在控规阶段为每个地块编制巨细靡遗的指标既不科学，也不现实。控规阶段规划编制应当在强化市场作用的基础上具有一定的普适性，以指导各类项目的初期开发建设，在项目整体定位确定、开发边界确定后，再通过相应的专项规划强化其精细化开发管控，同样体现出其合理性和科学性。例如，市场开发地块的用地性质、地块大小、开发强度可交给市场决定，规划部门需要在开发前制定控制条件，保障公共利益。而地块容积率、建筑退让、出入口、人防配建要求、地下空间建设要求、风貌控制要求等内容，可交由专项设计或专项规划完成。

（3）保持动态更新

世界不是静态的，规划整体上也是一个永续循环的过程，稳定的静态式"理想蓝图"在现实中是难以实现的。[①]面对快速变化的市场与社会经济环境，城市不得不对控规进行及时的调整，以适应城市建设的需求。因为具体政策和控制内容的变化，也需要不时地补充控规的管控内容，控规的弹性转型必须具备接纳后续专项规划的定位和能力。[②]

长期以来，详细规划编制需要在总体规划的基础上，融合、吸收各个专项规划的成果，随着城市控制性详细规划的全覆盖，控规与后编的专项规划对接成为亟待解决的问题。因为专项规划管控内容会增加或者调整，重新修编控规既不科学也无必要。这就需要将控规视为一个基准平台，将深化、细化后的专项规划管控要求及时更新补充，共同构成一个控制性体系。因此，后续的专项规划和专项设计不仅是控规的补充完善，也可以对控规作进一步的动态优化。

此外，控规调整后的人口规模和公共配套设施，都会对片区内其他地块的开发造成一定的影响。这种调整和影响应予以及时的更新说明，建立动态的信息反馈机制，方能为制定科学、合理、弹性的开发指标提供依据，使规划的编制具有连续性。

5.1.3.3 规划"编审管"机制强调差异化、动态化特征

（1）差异化管控机制

城市不确定表象下的控规本质在于维护公共利益和社会公平，争取最大化满足市场需求和经济效益。考虑到追求经济效率的营利性用地与代表社会公平的准公共性质

---

① 刘健枭. 论空间规划修改制度的刚性与弹性均衡［J］. 城市规划，2022，46（8）：36-43，74.

② 刘慧军，罗嘉强，牛梦云. 由专项个案探讨新时期控制性详细规划的变革与转型［J］. 城市发展研究，2022，29（1）：29-32.

用地、保障性用地之间的差异性，在控规编制中需针对各类型用地采取不同的控制思路。

保障性用地应采用较为刚性的控制。保障性用地是为保证弱势群体基本权益而具有非排他性、非竞争性的用地，如中小学用地、保障性住房用地。在市场环境中，当缺乏相应的政策和制度约束时，弱势群体的基本利益通常会受到侵害。因此，在城市规模及社会经济发展相对稳定的某一时间段内，保障性用地应通过规划做到刚性控制，当城市经济发展达到新阶段或相关政策发生变化时，再进行必要调整。在控规中还需对选址区位进行控制，确保保障性用地成为城市的有机组成部分，确保与城市营利性用地同步开发和建设。

营利性用地应采取弹性的规划编制管理方式。营利性用地是只有通过消费才能得到使用权的用地，具有排他性与竞争性，如商品住宅、商业设施。为了充分发挥市场优化资源配置的作用，营利性用地的控规编制应采用弹性、渐进式的规划思路。营利性用地的用地类型可按中类甚至大类进行划分，除部分特殊指标采取刚性控制外，大部分指标可给予开发商一定的弹性以调动其投资开发的积极性。后续根据实际建设情况，将建成地块的各项指标作为后续项目落实以及地块编制、修改控规的依据。弹性、渐进式并与城市建设相对同步的营利性用地控规编制方式，在适应城市发展不确定性的同时，有效地发挥了市场的资源配置作用。

准公共性质用地应根据不同辐射范围采取不同的控制思路。准公共性质用地是指具有排他性、竞争性这两个属性之一的城市用地。当准公共性质用地的建设成果可以被全体社会成员共同享用时，如城市道路、城市级开放空间用地，应当从公众利益出发对其进行刚性控制，以避免投资主体过度追求经济利益而使公众利益受到损害。当准公共性质用地的辐射范围有限时，如居住区级的公共设施、开放空间用地，可以在控规中给予相应用地一定的指标弹性，来调动投资主体的积极性，有效利用市场环境下资本对需求的敏感性来满足地方市民的多样化需求。[①]

（2）区间化平衡机制

单元层面实现总量内部平衡。在控规中划分规划管理单元，把单元作为指标平衡的基本单位。明确每个单元的主导功能，对每个单元的开发容量、设施布局、公共空间等内容提出底线控制，在明确用地开发建设底线要求的基础上，给予地块空间管控一定的弹性，重点对地块的开发强度、建筑高度、开敞空间及空间形态进行弹性引

<hr>

① 陈秋晓，吴霜. 关于控规编制中效率与公平的良性互动——探寻隐藏在不确定表象背后的空间秩序［J］. 城市问题，2013（9）: 14-19.

导，并允许部分规划指标及设施配置在单元范围内平衡，增加规划调整、规划实施的灵活性。

地块层面实现指标区间平衡。在编制控规中地块开发强度时，确定合理指标应是一个区间值，控制开发强度的上限和下限，以此从指标控制上提高控规的弹性。从控制、引导、调节三个维度出发，运用"值域区间（控制性指标）—引导数值（引导性指标）—调整区间"的总体思路，最终实现兼顾刚性和弹性的指标区间化控制。[1]此外，在城市开发总量动态平衡的前提下，围绕开发商在城市建设过程中对公共领域的"有德行为"，实施容积率奖励、转移等指标平衡机制，并将这部分奖励纳入到城市开发空间动态平衡体系中，协调城市建设中私人经济利益和公共环境利益之间的关系。[2]结合市政、交通、公共服务设施、绿地广场等公益性设施的落实，对地块开发强度方面给予适度补偿和奖励，并在土地、税收等方面提出相应的鼓励政策。

（3）动态化维护机制

动态化维护是为了弥补规划编制科学性与市场可预见性的局限，赋予规划的一种能够适应现实需求和不断自我提升的能力，包括建立动态规划评审制度、双向反馈管理平台、社区规划师制度等多种实现方式。

建立动态规划评审制度。随着全国各地大量开展控规调整工作，控规"动态维护制度"产生，它既是对控规调整认识的一种提升，也是对控规调整工作的扩展和完善。规划评估是控规动态维护的核心环节，评估是维护的前提，维护是评估的落实，两者相辅相成方能以循环、渐进的方式推动控规的改革与创新，规划评估工作在控规"被动式"调整向"主动式"维护的转型过程中起到了关键性作用。[3]

建立双向反馈管理平台。由于地块间存在事实上的空间联系，客观上需要建立一个动态监控反馈平台，通过它将局部地块调整带来的影响传递至所在的规划管理单元乃至整个城市。[2]针对控规缺乏统一的管理平台和部门缺乏有效联动机制导致的问题，在空间分析虚拟仿真等技术、城市规划数据库和城市规划管理决策支持系统的支持下，依据统一标准建立双向、"多规合一""规管建"一体化的"一张图"管理平台。上层次规划自上而下传导至单元控规，对单元控规控制指标提出要求；地块控规的建设指标自下而上反馈至单元控规，控制开发总量，实现动态评估。经审批的控规或专项规划

---

① 黄明华，杜倩，易鑫，等. 强制性、开放性、引导性——以公共利益为核心的居住地块（街坊）开发强度指标体系构建［J］. 城市规划，2020，44（1）：24-34.

② 陈秋晓，吴霜. 关于控规编制中效率与公平的良性互动——探寻隐藏在不确定表象背后的空间秩序［J］. 城市问题，2013（9）：14-19.

③ 衣霄翔. 城市规划的动态性与弹性实施机制［J］. 学术交流，2016（11）：138-143.

最终成果，纳入"一张图"进行统一管理，实现数据共享，并对原成果进行更新覆盖，将"一张图"与控规的实施紧密关联[①]，使平台成为控规编制调整、政府管理的有效工具。

建立社区规划师制度。控规的动态维护必须依托稳定的技术服务队伍，建立社区规划师制度，保障社区规划师对控规进行长期的跟踪管理和稳定维护。社区规划师制度改变了规划设计师只管规划编制，不管规划实施的现状，有效保障土地开发沿着城市规划的框架进行。[①]广州实施社区规划师制度，社区规划师一方面与居民紧密联系，另一方面全程参与落地实施，承担着组织者、协调者、沟通者等多元角色，具有提供规划设计服务、提供技术咨询、参与实施协调、开展公众参与等多重作用，是社区营造的重要力量。

5.1.4 见物与见人融合

当前城市发展与规划理念已然发生人本转向。一方面是同新时期城镇化的规划重点相适应。中国城镇化进程存在地区差异，城乡所处的发展阶段不同，适用的规划类型亦不同。就整体而言，中国大部分城市仍处于快速城镇化阶段，城市扩张性发展的趋势还将持续。[②]在城镇化前期，通过乡村土地的非农化利用和人口从乡村向城镇的非农转移，实现了城镇人口增长和城镇规模扩张，但也呈现出人口城镇化滞后于土地城镇化的特征。期间，把经济增长视为城市开发建设的首要目的，习惯采用扩张的方式规划城市，选择忽视资源环境的承载能力及人对城市功能的实际需求，是一种偏重"物"而忽视"人"的城镇化。[③]随着城镇化进程的推进，城市发展与规划理念逐渐从传统的以物质空间为核心向以人的需求为核心转变，由过去侧重土地开发管理的发展模式转向侧重资源合理配置、关注居民生活品质的发展模式。[④]新型城镇化的重点不再单纯是人口的城镇化，而是进城人口和"城里人"的城镇化，是对早先已"城镇化"的地区进行再城镇

① 张建荣，翟翎. 探索"分层、分类、分级"的控规制度改革与创新——以广东省控规改革试点佛山市为例 [J]. 城市规划学刊，2018（3）：71-76.
② 陈宏胜，王兴平，国子健. 规划的流变——对增量规划、存量规划、减量规划的思考 [J]. 现代城市研究，2015（9）：44-48.
③ 王朝宇，朱国鸣，相阵迎，等. 从增量扩张到存量调整的国土空间规划模式转变研究——基于珠三角高强度开发地区的实践探索 [J]. 中国土地科学，2021，35（2）：1-11.
④ 梁伟研. 社区生活圈公共服务设施布局适老化评估体系研究 [D]. 广州：华南理工大学，2020.

化。《中华人民共和国国民经济和社会发展第十四个五年规划和2035年远景目标纲要》明确提出要深入推进以人为核心的新型城镇化。新型城镇化以人的需求为导向，坚持公益优先，注重城镇化质量和现代化内涵提升，旨在着力增强城市宜居性，使人民群众共建高品质城市空间、共享高品质城市生活。

相较于其他城市，广州市城镇化进程较快，已进入以人为核心的新型城镇化阶段。根据第七次人口普查数据，2020年广州市城镇化率达到86.19%，相较于2010年"六普"时的83.78%提升了2.41个百分点，已经超过发达国家城镇化率水平（80%），城镇化进程进入新时期，城市发展与规划理念也从偏重"物"逐渐向重视"人"转变。此外，广州市常住人口中，60岁及以上人口占比为11.41%，其中65岁及以上人口占比已达7.82%，按照联合国通用的"60岁及以上人口占比超过10%或65岁及以上人口占比超过7%，意味着该地区进入老龄化"的标准，广州已跨入老龄化社会。广州常住人口总负担系数（指0～14岁和65岁及以上人口与15～64岁人口之比）为27.69%，相比2010年的22.08%持续提升。为了使公共资源配置和城市发展满足多样化的需求，广州市规划理念逐渐发生人本转向，关注特殊人群，强调生活品质，聚焦打造美丽、宜居、幸福的新广州。

另一方面是为应对新常态下多元化的发展需求。随着以人为本的价值观念逐渐深入人心，"人"的诉求在城市的建设过程中逐渐得到重视，城市规划中对"人"的需求的考量逐步深入。[①] 新型城镇化在本质上要求城市规划着力于回应人民群众对城市宜居生活的新期待、新需求，坚持人民主体地位，实现"城市是人民的城市，人民城市为人民"的价值目标。

现阶段，我国社会的主要矛盾已经转化为人民日益增长的美好生活需要和不平衡不充分的发展之间的矛盾。随着生活水平的不断提升，城市居民的生活得到多维度的扩展，催生居民趋于多样化的生活需求，居民在满足基本的物质需求的基础上，开始追求更高层次的精神需求，而这与城市高质量的服务水平和公平的公共服务资源分配密切相关。面对居民对多样化的新型公共服务设施提出的新需求，城市规划需要积极响应居民对社区公共服务的提升型诉求。而传统的"千人指标"指导下配置的公共服务设施，将居民生活环境视为均质的空间，忽视了社区居民需求的差异性，从而导致了局部地区设施短缺、资源分散、使用率低等问题，越来越难以满足居民日益多样的生活需求，居民生活空间的实际服务水平与其对生活品质的追求出现落差，公共服务设施的供需失配已

---

① 王兵. "城市人"理论视角下的社区生活圈公共服务设施指标体系研究［D］. 武汉：武汉大学，2019.

然成为现阶段城市居住环境建设的主要矛盾。[①]

以广州为例，人口抚养比不断攀升，人口流动性大，社区异质化程度趋高，带来多样化的发展需求，而按照"千人指标"均质地配置资源，难以应对社区人口结构多元的发展诉求，导致公共资源不足与冗余的现象并存。因此，应当改变传统、固化的规划方法，形成以人为核心、以居民需求为导向的规划理念，提升设施配置和居民实际使用需求匹配度。

5.1.4.1　居民需求导向下的生活圈体系构建

公共服务设施是和谐宜居城市建设的重要构成，其配置水平的高低与居民的生活质量密切相关。以人为核心，优化公共服务设施配置，构建社区生活圈，是国家、省、市各层面的发展共识。2016年《中共中央　国务院关于进一步加强城市规划建设管理工作的若干意见》提出"要健全公共服务设施，打造方便快捷生活圈"。《中共广东省委广东省人民政府关于进一步加强城市规划建设管理工作的实施意见》明确"健全公共服务设施。形成以社区级设施为基础，市、区级设施衔接配套的公共服务设施网络体系"。《中共广州市委广州市人民政府关于进一步加强城市规划建设管理工作的实施意见》要求"改善社区人居环境，构建15分钟社区步行生活圈"[②]。

社区生活圈的实质是基于居民的时空行为来重构城市的功能地域。作为落实国家共享发展理念的重要举措，其体现了规划由自上而下向自下而上的人本转向。生活圈理念的引入与落实对于实现公共资源精准配置、优化城市空间结构、提升规划科学性和可实施性具有显著的推动作用。[③]生活圈体系的核心是以控规为平台，将生活圈规划融入规划编制与实施体系，充分考虑区域统筹和客观现实，并在地块规划条件中作为控制指标予以体现，将社区生活圈理念落实到城市建设管理。[④]具体而言，为落实生活圈理念，应基于社区生活圈，制定社区公共服务设施配置标准，一方面针对不同地区的人口结构特征，提出差异化、品质化的设施配置要求，补充、完善现有的社区公共服务设施标准；另一方面也为控规编制与实施管理提供参考依据，真正将社区生活圈的要求转化为规划建设内容。此外，应将社区生活圈作为统筹单元，对控规用地、设施的规模及布局进行整体协调。为解决控规碎片化问题，广州探索在规划管理单元之上建立统筹单元，

---

① 梁伟研. 社区生活圈公共服务设施布局适老化评估体系研究 [D]. 广州：华南理工大学，2020.

② 李雪. 基于生活圈视角下的广州中心城区居住空间体系规划研究 [D]. 广州：华南理工大学，2018.

③ 廖远涛，胡嘉佩，周岱霖，等. 社区生活圈的规划实施途径研究 [J]. 规划师，2018，34（7）：94-99.

④ 贾晨亮，韩玉鹤，丁舒，等. 基于生活圈理论的沈阳市控制性详细规划体系研究 [J]. 规划师，2020，36（S1）：68-74.

结合规划管理单元划定的社区生活圈，与人口空间分布、居民行为特征有更强的关联性，因而在开展控规的统筹协调方面更具有科学性、可操作性。基于生活圈内人口实际分布、空间资源现状布局、居民日常使用需求与设施服务半径等要求，统筹各规划管理单元中的用地、强度及项目选址。[①]

5.1.4.2　公共利益导向下的开发强度控制

控规作为政府调控城市开发最重要的规划管理依据，直接涉及城市建设中各个方面的利益，是城市政府意图、公众利益和个体利益平衡协调的平台，体现了在城市建设中各方角色的责、权、利关系，是实现政府规划意图、保证公共利益、保护个体权利的"游戏规则"。作为公共政策的控规，应以保障和增进土地开发的"公共利益"为其政策目标，在公共利益中包含社会的共同利益及各个独立社会主体的合法利益，实现不同利益集团的"共赢"。[②]

控规中的公共利益主要体现在公共资源上，而开发强度作为城市土地开发效益的综合表现，是控规指标体系的核心。在控规编制中，开发强度与公共利益互相牵制，前者为外在表现，后者则为内在价值取向，将开发强度指标与社区公共资源相匹配是保障居民公共利益的前提。构建开发强度指标体系的时候应以公共利益为核心，进而调节公平与效率之间的关系。[③]在规划编制过程中，可以倡导多方协商以平衡公众利益，使得政府、开发商、居民等多方主体的合理利益都得到保证。其中，政府在保证居民公共利益的前提下适当提高开发强度，既保证了政府财政收入，又体现了保障人民利益的政府职能；开发商在合理保障居民公共利益和生活品质的基础上确定开发强度，不仅保障了居民权益，也能在一定程度上提升项目的潜在价值；居民在公众参与过程中，可以主动提出对生活品质的诉求以保障自身利益。最终，在规划方案中兼顾各方利益，得出折中的开发强度控制方案。[④]

5.1.4.3　环境特色导向下的城市设计引导

随着居民的精神层面需求的增长，空间品质提升和环境特色彰显也成为新时代的民

① 廖远涛，胡嘉佩，周岱霖，等. 社区生活圈的规划实施途径研究［J］. 规划师，2018，34（7）：94-99.
② 汪坚强，郑善文. 基于公共政策的控制性详细规划改革探索［J］. 现代城市研究，2015（5）：29-34，78.
③ 黄明华，杜倩，易鑫，等. 强制性、开放性、引导性——以公共利益为核心的居住地块（街坊）开发强度指标体系构建［J］. 城市规划，2020，44（1）：24-34.
④ 邱鹃，牛强，夏源. 公共利益视角的居住用地容积率确定方法研究［J］. 城市发展研究，2017，24（8）：14-19，56.

生需求。城市设计是实现精细化管理城市的重要手段，将控规与城市设计有效结合，充分发挥各自的特长，将有效提升控规质量。在控规引导中融入以人为本的理念，重点把握重要城市设计元素，推动各类空间的精致营造。重点地区以高品质建设为目标，加强城市设计内容，识别关键性控制要素和导控深度，增加能够使空间品质得到保障的精细化约束内容，并将导控要求落实到具体的空间载体上，区分强制性和引导性内容，将城市设计的理念和要求转译为政策性文字与图则，纳入控规成果当中。[①]而基于环境特色的城市设计引导内容主要包括控制风貌形态、彰显文化特色、织补生态空间、塑造生活空间四个方面。

（1）控制风貌形态

梳理具有代表性的景观要素，加强对建筑风貌、城市色彩、建筑高度、城市界面和形态等空间要素的控制引导，彰显风貌特色。综合分析历史文化保护、城市山水格局等方面内容，进行视廊控制、天际线塑造等，提出科学合理的控制要求，形成疏朗有致、尺度宜人的城市高度分区，以体现街区形态与整体风貌。

（2）彰显文化特色

经过长期历史积淀形成的人文环境是城市最具特色和价值的资源。详细规划编制过程需要充分尊重历史人文等特色资源，探索更加多元的保护、展示和活化利用方式。除了针对单体文物和历史建筑物的保护，也应延续城市历史肌理，并通过空间组织加强文化资源的链接，形成文化空间网络，彰显老城整体文化价值，增强城市文化氛围。

（3）织补生态空间

以生态环境治理和修复为前提，以生态空间增补和设计为核心，守护城市生态底色。例如，对重要的城市公园、郊野公园等重要生态区域，进行形体引导和建设控制；构建绿色生态廊道，将自然山水引入城市空间；采用精细设计手法增加公园绿地，并进行整合串接，形成相连相通、便于活动的开放空间网络，提升自然生态环境品质。

（4）塑造生活空间

关注日常生活空间的品质提升，通过巧用资源，提升空间的人性化、特色化和连通性，营造具有地方特色的邻里社区。进行以人为本的整治和修复，打造舒适宜人的公共空间，形成便民利民、特色鲜明的生活空间网络，增强城市活力，全面提升城市空间品质。[②]

---

① 苏茜茜. 控制性详细规划精细化管理实践与思考［J］. 规划师，2017，33（4）：115-119.
② 宋金萍，王承华. 大城市老城区宜居品质提升的控规路径［J］. 规划师，2017，33（11）：10-16.

5.1.5 管理向治理转变

21世纪的中国进入了城市化快速推进的黄金时期，同时也进入了城市问题日趋尖锐的频发阶段。持续涌入的人口冲击着原本脆弱的城市承载系统，诸如住房、医疗、交通、教育、卫生等城市公共问题越来越多，这也给当今的城市管理带来了巨大的压力和挑战。

一方面，为适应城市系统特征的复杂性，规划需要由管理向治理转变。首先，城市是一个超级复杂的系统，城市规划要应对这种复杂性，必须了解这种复杂性。即城市以其巨大的物质积累形式表现为社会的载体，社会的组织机构、人流物流、历史文化的积累等诸多要素，都在这个巨大的物质载体中汇集、融合、发酵、合成，产生出新的不同于原来的物质、能量、信息和社会要素。其次，作为一个开放的复杂巨系统，城市系统的复杂性主要体现在两个方面：①城市系统生成、发展的演化过程复杂。中国的城市化可称为巨国型城市化，庞大的国土面积和人口规模，以及两者之间的复杂作用机制，导致城市化过程也异常复杂和曲折。每个城市生成、发展的环境、机制和时空过程都不相同，这也是粗放式的城市管理难以为继的原因。②城市子系统数量巨大、层次众多、关联复杂。城市子系统之间，城市各个层次之间，城市内部系统与外部环境之间，城市有限的物质空间与城市无限的精神内涵之间，城市系统与城市社会、经济、生态环境、文化、历史等相关系统之间都存在联系和交织。针对城市系统特征的复杂性，传统的城市管理方式习惯于用"奥卡姆剃刀"来"控制复杂性"，此种还原主义"化约"策略在短期内和简单情形下可能是有效的，但难以真正解决复杂性难题，不能有效应对随之而来的巨量不确定性，反而可能导致治理能力的衰减。因此，城市的规划、发展与管理应当遵循复杂性科学所强调的"适应复杂性"原则，把握主体互动的非线性演化特征，在城市不确定性中梳理出有深刻洞察力的逻辑线索，通过适应性演进的过程，推动城市精细化治理。城市系统的复杂性与城市治理的精细化，充分交互和耦合将形成一种协调行动的动态过程。[①]

另一方面，为推进城市治理能力现代化，规划也需由管理向治理转变。随着中国经济进入新常态，传统的增长主义模式难以为继，我国发展模式正从要素驱动和投资驱动转向创新驱动，相应地，地方政府行为模式与其城市管理模式也在发生变化。2013年，

---

① 余敏江，方熠威."隐秩序"画像：城市精细化治理的机制设计——以复杂适应系统理论为分析视角［J］.求实，2022（6）：58-74，109.

党的十八届三中全会将"完善和发展中国特色社会主义制度，推进国家治理体系和治理能力现代化"作为全面深化改革的总体目标；2015年中央城市工作会议提出，"转变城市发展方式，完善城市治理体系，提高城市治理能力"；2016年《国民经济和社会发展第十三个五年规划纲要》提出，"创新城市治理方式，改革城市管理和执法体制，推进城市精细化、全周期、合作性管理"；2017年中国共产党第十九次全国代表大会明确指出，"从2020年到2035年，国家治理体系和治理能力现代化基本实现"。推动传统的城市管理走向现代意义上的城市治理，是国家治理体系和治理能力现代化的重要内容，也是城市的管理者们急需面对和解决的重大课题。①

　　城市治理是政府治理、市场治理和社会治理的交叉点，在国家治理体系中有着特殊的重要性。推进城市治理的创新，就是推进国家治理的现代化。治理能力现代化的命题既宏观而又具体，落实到当前的空间规划改革层面，意味着空间规划由"管理"向"治理"的转变，"治理"不再是单一政府的单向行政行为，而是面向全社会的公共利益最大化的过程，"政府引导、多元参与、协商共治"的治理型政府正在逐步形成。②此外，精细化无疑是城市治理的发展方向，城市治理不仅需要系统性谋划，也需要精细化转型。通过坚持以人民为中心的理念，以城市治理尺度和内容的精细化为抓手，促进城市建设治理工作的公众参与，实现城市共同建设、共同治理、共同分享。③

　　广州作为综合性的门户城市和外来务工人口的聚集地，城市结构更为复杂，城市利益更为多元，传统粗放的管理模式难以适应新的发展形势。根据第七次全国人口普查数据显示，广州市2020年常住人口为1867.66万人，仅次于重庆、上海、北京、成都，是全国第五大城市，是名副其实的超大城市。且在2010~2020十年间人口增加597.58万人，增长47.05%，年平均增长率为3.93%，远高于全国的0.53%和全省的1.91%，城市规模持续高速增长，大城市复杂性日益凸显。在这种大背景下，推行城市管理模式的变革，实行多元化、精细化的城市治理势在必行。广州也正努力践行这一转型理念，积极充当中国城市管理模式转型的先锋，为破解当前的城市发展困境做出了自己的尝试。④

---

① 余敏江，方熠威. "隐秩序"画像：城市精细化治理的机制设计——以复杂适应系统理论为分析视角 [J]. 求实，2022（6）：58-74，109.

② 何冬华，邱杰华，袁媛，等. 国土空间规划——面向国家治理现代化的地方创新实践 [M]. 北京：中国建筑工业出版社，2022.

③ 余敏江，方熠威. "隐秩序"画像：城市精细化治理的机制设计——以复杂适应系统理论为分析视角 [J]. 求实，2022（6）：58-74，109.

④ 胡刚，苏红叶. 广州城市治理转型的实践与创新——基于"同德围模式"的思考 [J]. 城市问题，2014（3）：85-89.

5.1.5.1 规划编管机制从粗放管理转向分类管控

过去固定化、全盘化的粗放式控规编制与管理，常常因为对于差异化对象"一刀切"，导致了管控途径精细度不高等治理问题。随着城市治理能力的现代化推进，控规的编制管理制度急需进行精细化、差异化的适应性设计。[①]

按照《城乡规划法》及编制办法，控制性详细规划确定的各地块的主要用途、建筑密度、建筑高度、容积率、绿地率、基础设施及公共服务设施配套规定应当作为强制性内容。但实际操作中，控规编制内容各地多有不同。但随着对当前城市规划管理精细化水平要求的提升，单纯以固化的控制指标为依据的普适性规划逐渐无法满足城市精细化管理的需求。[②]这需要控规向精准规划转变，在提供底线管控的基础上，在科学分类的基础上，针对各类地区的重要程度和特点，对不同类型区域提出不同的侧重内容。

根据地区的重要程度区别设置审批程序。对于重点地区，加强审查环节，在工作周期设置上给予充分的编制和审查时间，以确保成果质量；对于一般地区和发展不确定地区，缩减耗时的隐性审查工作环节，在确保成果质量的基础上，将工作周期进行适当缩减。

根据各类地区确定控制要素和内容深度要求。对于重点发展地区，加强城市设计的精细化管控，将城市设计控制要点纳入控规图则管理中，以指导土地开发，同时结合地区条件，灵活提出不同控制要素的管控要求，以提高控规的适应性；对于发展不确定地区，预留弹性，只需制定单元总体指标，无需精细到地块层面，根据未来发展的需要，再适时增补地块图则[③]；对于敏感性地区，在底线管控的基础上，选择不同的管控内容进行深化，如涉及历史保护的历史文化地区需要划定历史文化保护管控范围，涉及生态保护的非集中建设地区需要细化各类自然资源管控边界。

5.1.5.2 规划编制模式从"精英供给"转向供需互动

传统的控规编制通常是在上位规划确定的指导目标下，由城市管理者进行资源配置和设定空间管控要求，反映的是政府的意志和利益诉求，本质上是一种"精英供给"型的规划，其他主体的利益和广大公众的诉求往往得不到充分的重视。然而，伴随城市治理现代化的推进，形成了以人民为中心的发展要求，这就要求政府管理模式向"居民需

① 唐燕，刘畅. 存量更新与减量规划导向下的北京市控规变革［J］. 规划师，2021，37（18）：5-10.
② 刘慧军，罗嘉强，牛梦云. 由专项个案探讨新时期控制性详细规划的变革与转型［J］. 城市发展研究，2022，29（1）：29-32.
③ 苏茜茜. 控制性详细规划精细化管理实践与思考［J］. 规划师，2017，33（4）：115-119.

求"转变，城市规划要以居民需求为驱动要素而非行政意志，因此，新时期的控规编制应建构上下联动的供需互动机制，协调已有和新增的资源、统筹空间需求、维护不同时期空间用途的有序转换、处理产权关系及协调改造意愿等，以保障空间的合理使用和建设发展。①

控规编制作为一种公共政策规划，急需将以往"精英供给"的编制模式，扭转为结合政府、开发者、利害关系人、公众等不同利益主体利益需求的"供需互动"模式，保证利益诉求的充分表达、利益冲突的平等博弈及利益损益的相对补偿和平衡。②为了在控规中建立供需互动的城市治理体系，需要完善政策制定、执行、监督、评估等制度机制，在规划中充分体现人民意志，实现"共编、共管、共治、共享"。在具体制度建设上，在控规编制阶段，应有制度化的渠道来保障不同利益主体，特别是弱势群体的合理利益诉求得到有效表达；在控规审批阶段，需给予不同利益主体民主参与的机会；在控规实施阶段，应有相关的利益补偿机制；在控规调整阶段，则有基于"公开、公正、公平"的评估调整程序设计以及利害关系人申诉、上诉的渠道等。

5.1.5.3　规划程序建设从目标引导转向过程运作

加强程序性制度的合理化建设。控规的程序建设和程序正义是精细化管理的重要内容。现行控规中，重工程技术、轻法律程序的状况亟待改变，特别需要加强有关土地开发的利益博弈程序建设，并秉持程序的公正，具体应包括控规的编制程序、公众参与程序、审查审批程序、实施调整程序、监督反馈程序等的建设。②控规作为直接指导土地开发实施的法定依据，应当在城市总体规划指导下起到"多规融合"的统筹作用，实现政府、规划师、开发商与公众等多方的共同沟通协调和有效对接。因此，应建立清晰、详细的问责制度，实现责任到人，以提高各方积极性和责任意识，使其真正参与到控规审查中。③

加大控规过程运作的开放度。针对规划"编审管"全过程，加大控规过程运作的开放度和透明度，允许、鼓励和保障不同的社会团体、利害关系人及公众参与进来，使得公众真正地参与到控规编制，特别是控规的审批决策中去。如建立控规编制的公众意愿调查制度、控规公示的公众意见吸取与回复制度、控规审批的公众或媒体旁听制度、控规实施管理的申诉与上诉制度等。

---

① 唐燕，刘畅. 存量更新与减量规划导向下的北京市控规变革 [J]. 规划师，2021，37（18）：5-10.
② 汪坚强，郑善文. 基于公共政策的控制性详细规划改革探索 [J]. 现代城市研究，2015，（5）：29-34，78.
③ 苏茜茜. 控制性详细规划精细化管理实践与思考 [J]. 规划师，2017，33（4）：115-119.

加强控规调整程序的精细化设计。传统控规的"蓝图式"终极目标引导与不确定的城市发展之间长期存在矛盾，导致控规方案难以避免地处于不断地调整或修编之中。因此，应当建立过程运作的控规编制实施机制和规则，对空间开发和保护作出更具适应性的时空安排。[①]按照控规调整分类，有针对性地设计编制内容和管理程序。整体修编，强调计划制定、上版控规评估和现状审查的重要性，避免由于前期研究欠缺影响到规划的编制方向和成果质量；局部调整，强调对调整必要性论证环节的审查，并考虑局部调整项目多而散的特点，加强批后管理，及时信息入库，规范更新"一张图"系统；此外，对不涉及控规约束性指标的调整，可以不走控规调整法定程序，以提高行政效率。[②]

5.1.5.4　规划权责界定从事权错位转向边界统一

传统的控规强调地块尺度的管控要求，导致了规划的事权错位，表现为规划实施管理责任主体不明确，权责边界不清晰，难以适应市场经济管理的需要，影响了城市整体发展目标的实现。因此应统一规划与管理的边界，建立规划与管理的衔接关系。

设置与行政单元相匹配的规划单元，实现规划与管理的协同。行政管理单元是规划实施的主体，极大程度上影响着规划的落地建设。无论是规划单元的边界划定，还是规划单元的人口规模、涉及建设的管理权责，都应与街道、居委会等行政管理区划紧密结合。[③]通过建立起控规管理体系与行政单位之间良好的对应关系，明确了控规建设的主体责任，有效地保障了详细规划内容的落地实施。[③]

构建以行政区为基本单元的责任型规划，落实考核与反馈要求。以行政区作为基本单元的核心在于，行政区提供了一种明确的权责界限，以界定政府责任，同时能与地方发展的财税制度相挂钩，便于对规划实施进行评估、考核和反馈，保障控规的监督体系有效运行。

① 唐燕，刘畅. 存量更新与减量规划导向下的北京市控规变革 [J]. 规划师，2021，37（18）：5-10.

② 李雪. 基于生活圈视角下的广州中心城区居住空间体系规划研究 [D]. 广州：华南理工大学，2018.

③ 廖远涛，胡嘉佩，周岱霖，等. 社区生活圈的规划实施途径研究 [J]. 规划师，2018，34（7）：94-99.

5.2 详细规划编制制度优化策略与探索

5.2.1 建立系统化总详传导路径机制

5.2.1.1 广州总详传导总体机制

（1）总详传导体系

落实《广州市国土空间总体规划（2018—2035年）》关于健全规划传导机制的要求，广州探索构建"市域—片区—单元—地块"四级规划传导体系，全面强化总详传导机制（图5-2-1）。

一是尝试引入"单元"层级，解决过去总体规划、分区规划与控制性详细规划之间规模差异过大而不利于规划内容分解传导的问题。健全规划传导实施体系，在规模上形成尺度适宜、承上启下的规划传导层级。兼顾考虑设施门槛要求与住区人口密度，论证社区生活圈的适宜规模，进而结合社区生活圈划定单元。分解落实区级国土空间规划中提出的关于底线约束、发展规模、土地利用、专项要素配置等管控要求，作为地块详细规划、村庄规划编制管理的依据基础，保障总体规划内容层层传导、逐级深化。

二是结合单元划分工作理顺详细规划、村庄规划编制管理机制。根据《中共中央 国务院关于建立国土空间规划体系并监督实施的若干意见》要求，城镇开发边界内

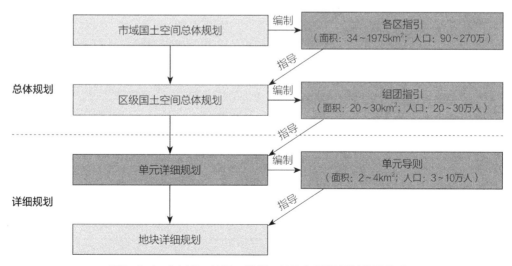

图5-2-1 "市域—片区—单元—地块"四级规划传导体系

编制详细规划，城镇开发边界外编制实用性村庄规划。考虑到城镇开发边界跨界地区的规划管理需求，建议跨界地区按照行政村范围整体划为城镇地区或农业农村地区。

其中，城市开发边界内建立"单元—地块"详细规划传导体系，以控制性详细规划深度编制单元规划（法定图则），城市更新单元、土地整备单元等实施性规划在不突破法定图则刚性管控要求的前提下，对已有法定图则进行补丁式覆盖，城镇地区编制地块详细规划，按照现行控规深度确定规划编制内容及深度，开展用地规划许可及建筑工程管理工作。城市开发边界外建立"单元—村庄"规划传导体系，根据生态、农业、海洋等专项的管理要求，按需编制不同类型地区详细规划，农业农村地区编制村庄规划，按照村庄规划开展用地许可及相关管理工作，确定行政村整体管控指标，按照农业农村地区的详细规划，编制实用性村庄规划。

三是编制广州市国土空间规划传导技术指引。一方面梳理明确市级国土空间总体规划传导内容要点，作为开展总详传导的前提基础；另一方面，结合《广州市片区国土空间总体规划编制技术指南》要求及单元详细规划试点探索，思考市级总体规划、区级总体规划、单元详细规划、地块详细规划（村庄规划）之间的规划传导路径，明确单元详细规划、地块详细规划（村庄规划）的具体编制要求。

四是理顺专项内容纳入详细规划路径机制。一方面是明确专项评估依据要求，以单元为单位推进区域评估。进一步厘清交通影响评估、环境影响评估等各项评估的来源依据、责任主体与工作要求，并形成规范性指引，建议以单元为单位开展区域评估，统筹形成各项评估结果，地块详细规划在不突破单元刚性管控要求的前提下，以区域评估结果支撑规划编制调整（图5-2-2）。

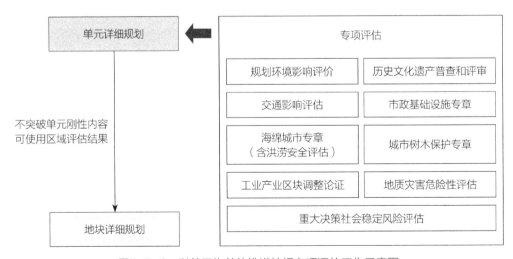

图5-2-2 以单元为单位推进控规专项评估工作示意图

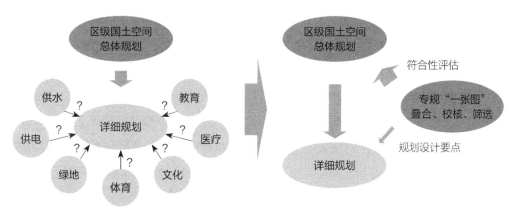

图5-2-3　专项规划"一张图"工作示意图

另一方面是明确专项规划衔接纳入详细规划的方式途径。专项规划是对总体规划的专项内容进行深化、优化和落实，为总体规划专项内容的实施提供支撑。建议结合总体规划编制，同步开展专项规划"一张图"工作，在开展各专项与总规符合性评估的基础上，进一步筛选明确专项空间需求，将各类专项规划关于空间资源的安排叠加到国土空间规划"一张图"平台上，实行统一管理。明确后的专项需求作为详细规划"设计要点"，由单元详细规划进行落实，地块详细规划可在实施过程中进行局部调整优化，为专项设施落地留有一定弹性（图5-2-3）。

（2）总详传导方式与载体

基于对规划传导内容的不同要求，存在刚性管控、弹性引导和兼具刚性与弹性等不同的传导方向，形成落实、深化、优化、增补四种主要传导方式，通过规则、指标、分区、名录、结构、位置、边界七类传导载体，实现总体规划对详细规划编制的指导。

其中，传导方式包括：落实方式，指详细规划应严格遵守的总体规划传导的内容，如生态保护红线等；深化方式，指详细规划对总体规划内容进一步分解和细化，如对功能规划分区进行细化，或者对重大的结构性要素如交通走廊等进行空间上的深化；优化方式，指详细规划原则上遵守总体规划的内容，但可适当作出优化与调整，如对公服设施选址的适当优化调整；增补方式，指详细规划在本级事权范围内进一步增加与补充相应内容，如对本级历史文化保护名录等的增加和补充。

传导载体包括：规则，指总规要求详细规划遵守并落实的定性引导或者管控要求，可适当增补，如战略定位引导、实施政策、原则等；指标，指总规要求详细规划严格落实的定量管控要求，主要包括数量型指标和标准型指标，具有空间投影的属性，如建设用地规模、生态保护红线指标、公共服务设施配套标准等；分区，指为加强国土空间资源管控而确定的各类政策性分区等，需要详细规划进行逐层逐级深化、优化和落实，主要包括规划基本分区、功能规划分区等；名录，指采用列表方式表达并需要详细规划加以深化落实的内容，如各类历史文化遗产保护名录、重大基础设施和公共服务设施列表、准入清单和负面清单等；结构，指国土空间保护与开发的总体战略与布局形态在国土空间上的反映，通过政策设计与重大战略功能区对应等方式，探索空间结构与规则的耦合机制，需要详细规划加以落实、强化和深化，如生态保护格局、城市开发格局、自然保护地体系、中心体系等；位置，指需要在总规明确选址，并在详细规划中进一步确定用地范围和地理坐标，主要体现为名录在空间上的图示化以及对空间结构的支撑，如交通线网选址、重大基础设施和公共服务设施布点等；边界，指明确具体控制范围，界内空间一般具有明确的用途属性和管控要求，是上述六种载体传导的最终状态和空间上的具体投影，如重大公共服务设施在总体规划层面为名录与位置，在详细规划层面为划准落地线（图斑线）。

5.2.1.2　广州总详传导路径设计

广州市总体规划到详细规划可重点从底线、用地、设施、指标四个方面实现规划传导。底线方面，详细规划对总体规划中生态控制、自然资源、用地规模进行落实定线；用地方面，详细规划对总体规划中主导用途分区、主导功能分区进行细化和深化；设施方面，详细规划对总体规划中公共中心体系、设施配置标准进行明确布局；指标方面，详细规划对总体规划中核心指标、体征监测指标进行分解传导。

（1）底线要素

随着生态文明和安全发展观念日益深入人心，城市发展底线成为国土空间规划的重要前置条件。按照国土空间规划全域全要素管理及新时期推进城市安全发展的要求，底线性内容成为国土空间开发保护格局的重要内容，主要包括"大三线""小三线"，[1]以及各类自然资源保护线和灾害风险管控线等。[2]在用地布局规划图的基础上，以一个街区单元为单位，形成底线要素控制图。导则图除了包含编制分区、街区单元、街坊单元边界、街坊编号等传统要素，需要重点关注"大三线"和"小三线"。其中，"大三线"指城镇开发边界（细分集中建设区、弹性发展区、特别用途区）、生态保护红线、永久基本农田，"小三线"指市级及片区级绿线、市级及片区级蓝线、历史文化保护线（图5-2-4）。

---

① "大三线"指永久基本农田、生态保护红线、城镇开发边界；"小三线"指绿线、蓝线、历史文化保护线。
② 黄孚湘，韩文超，朱红. 国土空间详细规划编制的"总详联动"机制研究［J］. 规划师，2021，37（17）：23-29.

图5-2-4 底线要素控制图示意

　　但底线管控并非一劳永逸且完全不能调整，其需要吸取以往城乡规划中直接采取"三区三线"边界核查项目带来的管控过细、难以适应实际发展需求、难以落实强制性内容的教训，结合不同事权建立分层管控机制，促使底线管控能适当调整、趋于吻合管理实际。在确保各类底线规模总量不变的情况下，底线管控传导应着重于区分各类边界的调整机制，按照保护程度的不同可分为"永久型"控制线和"预控型"控制线两类。

　　"永久型"控制线：定量+定界传导。生态安全、粮食安全、城市安全中的地质安全和防洪安全区、重要历史保护区，以及市级层面承担重要休闲游憩功能的水系和公园绿地等不仅是涉及地方可持续发展的关键要素，还是总体国家安全观下的重点管控内容，属于底线，管控刚性程度最高。市级规划编制过程建议应严格传导国家、省层面的管控要求或规模总量，并通过市区联动的协调机制，划定生态保护红线、永久基本农田、重要的地质灾害管控线和重大设施黄线、历史文化保护线及市级层面的蓝线、绿线等管控边界，确保各类管控线的规模和坐标在县（区）、镇（街道）级规划中逐级严格落实。

"预控型"控制线：定量+划示边界传导。在实际管理中，除上述底线性控制线外的其他控制线更容易涉及具体开发建设行为，往往因线性工程、用地调整等需进行弹性管控，不适宜在市级层面将管控边界定位得过于精准。因此，这类底线在总体规模不变的基础上，可按照"划示边界"的方式进行传导，允许边界在下层次规划进行一定调整。例如，城镇开发边界具有较强的"发展主导"属性和地方政府事权，建议在市级规划中仅确定大致边界，在县（区）级规划中再进一步明确集中建设区、弹性发展区、特别用途区、战略留白区的规模和大致边界，并在镇（街道）级规划中确定具体边界。永久边界以外的绿线、蓝线及各类自然资源管控线则可以进一步采取"分层划示边界"的传导方式。例如，可对难以确定边界的市级绿线和蓝线采取划示方式，列为市级"预控型"蓝线/绿线，在县（区）级规划中再确定"预控型"市级蓝线/绿线的坐标边界，同时划示县（区）级蓝线/绿线，镇（街道）级规划则最终明确各层级蓝线和绿线的边界范围，指导地块层面规划的编制。[①]

（2）用地布局规划

用地布局是落实城市发展目标、空间发展战略等的重要抓手，以往城乡规划和土地利用规划中的土地利用多聚焦于规模分解与用地布局，容易出现规模错配、用地布局事无巨细的情况。在促进资源精准配置、高效使用的目标下，用地布局的传导应抓住两个关键：一个是如何促进总体层面空间结构的形成与优化，另一个是如何确保资源投放合理。

结构管控方面，应实现用地传导"布局细化"和"规则引导"两步走。土地利用布局是与市场最紧密相关的内容。在不确定的市场环境下，土地用途管控的目标并非用地分类，而是在保障空间结构整体性及强制性要素底线的基础上，通过政策导向提供不同功能的发展机会。目前《市级国土空间总体规划编制指南（试行）》已经提出了规划分区的概念，体现了市级规划以用地结构为主、县（区）级规划以主导功能分区为主、镇（街道）级规划及地块详细规划以具体用地分类为主的逐级细化布局思路。除此之外，应确立与中心体系相适应的土地利用规则和引导政策，例如，分级确定不同中心等级的边界范围、商业商务用地占比和开发强度要求，以及不同区位下不同主导功能分区的用途准入、用途转换、混合用地和战略留白用地的配套政策等，从而确保详细规划在细化

---

① 黄孚湘，韩文超，朱红. 国土空间详细规划编制的"总详联动"机制研究［J］. 规划师，2021，37（17）：23-29.

土地利用布局时，能一以贯之地将空间结构要求落实下去。

　　容量匹配方面，应实现从平面规模分解到立体容量传导的转变。在城市发展由外延扩张式向内涵提升式转变阶段，精明增长将越来越要求土地利用供给的精准配置。为了使详细规划规模容量的确定有据可依，从总体规划到详细规划开发规模的有效分解和传导至关重要。在开发强度管控实践中，在地块详细规划层面建立单元层面开发容量动态平衡机制，保障各单元在总开发容量不突破的基础上，开展地块详细规划编制与规划调整（图5-2-5）。在县（区）级、镇（街道）级规划中，构建人、地、房的总量分解制度，同时建立常态化评估机制，动态跟踪实现与人、地、房容量相匹配的精准供给。[①]

　　用地布局管控图要素主要包括经营性用地功能区（商业服务业功能区、居住生活功能区、工业仓储功能区）、战略留白区、公益性用地（独立占地的公共服务、交通、市政、绿地）、自然资源用地（耕地、林地、园地、湿地、水域）、控规保留用地、设施布点（非独立占地的公共服务、交通、市政设施及口袋公园）、控制线（次干路及其以上等级道路红线、轨道线网及控制线、黄线）（图5-2-6）。此外在用地表达方式上，经营性用地不明确具体用地性质，以街坊主导用地功能大类表达；公益性用地、控规保留用地则明确用地性质及四至边界；自然资源用地以国土空间规划用地中类表达；交通方面，主次干路路网、支路使用虚线表达。

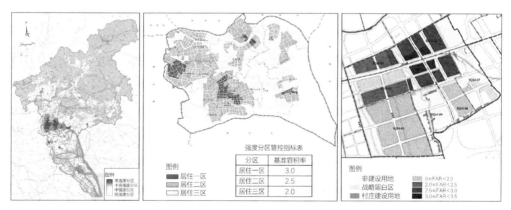

图5-2-5　广州市级规划开发强度指引、区级规划制定基准容积率、镇级规划
确定开发强度分区示意图[①]

---

① 改绘自 黄孚湘，韩文超，朱红. 国土空间详细规划编制的"总详联动"机制研究 [J]. 规划师，2021，37（17）：23-29.

⊟	街坊单元（镇街）界段
⊡	街坊单元（村居）界段
⊟	道路红线
⊟	道路中线
⊟	非定位道路
⊡	地铁
⊞	商业服务功能区
⊞	居住仓储功能区
▦	工业仓储功能区
A3	教育科研用地
A5	医疗卫生用地
RX	综合服务设施用地
U1	供应设施用地
G1	公园绿地
G2	防护绿地
S1	城市道路用地
R	居住用地（保留用地）
B	商业服务业设施用地（保留用地）
M	工业用地（保留用地）
W	物流仓储用地（保留用地）
H14	村庄建设用地（保留用地）
E1	水域
E2	农林用地
	绿地
	园地
	林地
	草地
	农村宅基地
	设施农用地
	公路用地
	农村道路

图5-2-6　用地布局管控图示意

（3）设施配置

城乡规划作为一种公共政策，保障重要公共产品的供给是规划根本，其主要涉及交通、市政和公共服务设施三类，各类设施都有不同的等级、服务范围和配置标准，且涉及不同部门，这也是设施传导的难点。从规划层级来看，总体规划往往更重视各类设施的数量性内容，包括总容量、总数量、人均指标和相关配置标准，而详细规划则更为重视空间性特征，包括落地需求和服务覆盖率等。因此，在规划传导过程中，如何结合各类设施特征，建立好从宏观指标到微观地块的空间性转译过程、建立好纵向传导与横向部门专项规划的衔接显得尤为重要。以公共服务设施为例，一是可以按照定标准、定量、定点、定界四种方式来逐级深化公共服务配置要求。例如，在市级规划中，重点明确城市级和地区级以上文化、教育、体育、医疗等公共服务设施的建设总量、建设标准和布点指引；县（区）级规划则进一步明确地区级及以上设施的边界，同时明确独立占地的社区级公共服务设施的布点，并将各类设施配置的目标任务分解至各镇街；镇（街道）级规划进一步确定独立占地设施的用地边界，对非独立用地的设施提出配置的标准要求，指导详细规划编制（表5-2-1）。[①]

① 黄孚湘，韩文超，朱红. 国土空间详细规划编制的"总详联动"机制研究［J］. 规划师，2021，37（17）：23-29.

表5-2-1　主要公共服务设施传导方式

规划层级	管控方式	设施等级
市级	定量+定界	市级及以上设施
	定量+定点	区级设施
	定量+定标准	区级以下设施
县（区）级	定量+定界	区级及以上设施
	定量+定点	社区级独立占地设施
	定量+定标准	非独立占地设施
镇（街道）级	定量+定界	区级及以上设施、社区级独立占地设施
	定量+定点	非独立占地设施

深化落实总体规划设施配置标准要求。片区国土空间总体规划提出区域统筹级设施名录及空间布点要求，单元详细规划则根据用地条件，落实区域统筹级设施四至边界及建设规模。按照人口规模，规划配置街道级、居委级设施，并且计算公共服务设施人均指标，反馈至片区国土空间总体规划。

传导细化公共服务中心体系。按照国土空间总体规划确定的"城市—片区—组团—社区"四级公共中心布点，结合现行控规用地、轨道交通规划、城市更新等建设条件，具体明确公共服务中心范围边界。单元详细规划则结合实施条件，具体划定公共中心边界（图5-2-7、图5-2-8）。

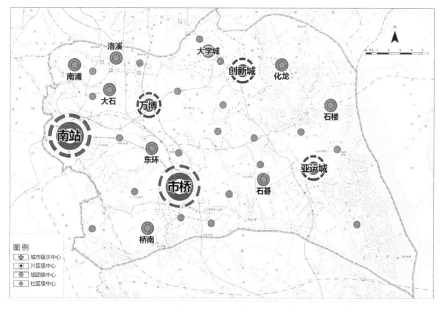

图5-2-7　番禺区国土空间规划公共服务中心体系图

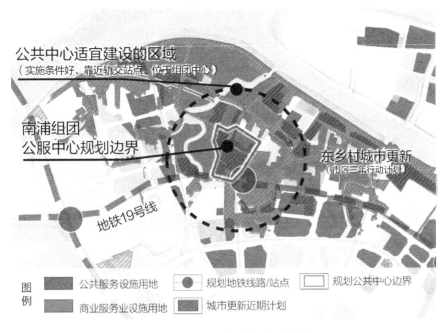

图5-2-8　单元详细规划公共服务中心布局图

分类落实多元化的公共服务设施类型。明确公共中心合并设置的设施类型，根据建设主体与配置方式，将设施分为标准配置型、适度集中型、均衡配置型三类。其中，标准配置型公共设施包括基础教育设施、医疗卫生设施、市政公用设施等，应根据街道、居委等行政管理边界、学区等既有设施配置单元进行布局。适度集中型公共设施包括行政管理设施（居委会、党群服务站、社区议事厅）、养老及托幼设施（长者食堂、星光老人之家、日间照料中心、老年大学教学点、婴幼儿托管中心）、公共文化设施（社区文化活动中心）、体育健身设施（社区健身中心、多功能运动场）、公共空间（社区公园、广场）等，是社区中心建设重点。适度集中型公共设施宜按照15分钟生活圈服务半径集中布局，与人口规模、使用习惯相关的部分设施应促进适度集聚，提升居民对社区的归属感。均衡配置型公共设施包括商业服务设施、物流配送设施等，应按照生活圈服务半径均衡布局各小类设施，独立占地设施要求提前预留用地空间，以保障设施落地。此外，做好公共中心的用地预留与保障，结合各类设施建设标准规范，明确社区中心用地面积宜为0.6~2.2hm^2，建筑面积宜1.5万~2.5万m^2。

（4）指标体系

从总体规划中选择传导落实至单元规划的管控指标应基于以下三大原则：对土地利用与空间规划具有直接影响作用；详细规划编制管理过程中可统计、可管控的；能分解至街区单元，并具有独立统计意义。

其中，对规划无直接影响的包括经济发展类，例如高新技术产品产值占规模以上工业总产值比重；科技创新类，如每万人发明专利拥有量；社会管理类，如行政许可事项0次到场办理率；建设实施类，如公共服务设施无障碍普及率等。规划难以统计或管控的指标包括人均应急避护场所面积、人均人防建筑面积、全市重点场馆展览面积、常住人口规模、常住人口城镇化率、公共租赁住房（含租赁补贴）、人才公寓占新建租赁类住房比例等。无独立统计意义的指标包括用水总量、森林覆盖率、大陆自然海岸线长度、海洋保护区基本功能区面积、职住平衡指数、建设用地、人均城乡建设用地、人均住房面积、城市轨道交通里程、绿道建设长度、工业产业区块面积、消防救援5分钟（3000m）可达覆盖率等。

最终，形成传导落实总体规划的21项指标，包括直接纳入指标管控表指标13项、通过转译落实进行间接管控的指标8项，如表5-2-2所示。

表5-2-2　传导落实总体规划指标表

	直接纳入指标管控表 13项	通过转译落实的指标（间接管控） 8项
发展规模	城乡建设用地面积	
自然资源	耕地保有量	河湖水面面积（河湖水面率）
	林地面积	
	湿地保有面积	
底线约束	城镇开发边界面积	
	生态保护红线控制面积	
	永久基本农田保护面积	
	历史城区、名镇名村、街区保护面积	
	市级、片区级绿线面积	
	市级、片区级蓝线面积	
要素配置	卫生、教育、文化、体育、养老等社区公共服务设施15分钟步行可达覆盖率	公共服务设施配置要求（每千常住人口医疗卫生机构床位数、人均基础教育设施用地面积、人均公共体育用地面积、每千名老年人养老床位数、每万人拥有室内公共文化设施面积）
	2000m²以上公园绿地500m服务半径居住用地覆盖率	开敞空间配置要求（人均公园和开敞空间面积）
	道路网密度	轨道站点800m居住建设量覆盖率（轨道站点800m人口覆盖率）

5.2.2 构建分层规划编制管理体系

5.2.2.1 "单元—地块"详细规划分层编制体系

（1）"单元—地块"层级

传统控规通常将交通路网、地块划分、土地利用、建筑量和建筑高度等细微管控要素一次性确定下来，这种毕其功于一役的方式确实增强了控规的管控力度，但全面刚性却容易导致适应脆性。因此，能否将传统控规面临的诸多控制任务、控制要素进行分层至关重要。

广州于2000年提出"规划管理单元"概念，结合国土空间规划编制管理的新要求、新内容，重新优化设置单元、地块层次规划的编制内容及管控深度，探索建立"单元—地块"分层编制管理模式，健全规划传导体系，逐步实现已编控规面积超过3900km²，结合已批村庄规划共占市域面积88.8%。并且在城镇开发边界内构建"单元—地块"详细规划分层编制与审批体系，优化详细规划事权划分与管理流程。在单元详细规划内部划分"街区单元—街坊单元"两级，结合15分钟生活圈、5分钟生活圈理念，划分街区单元、街坊单元。单元详细规划按照市级、片区级国土空间总体规划，明确街区单元、街坊单元的整体管控要求作为地块详细规划编制调整依据；地块详细规划相当于现行控规，按照单元详细规划要求，确定用地性质、容积率、建筑高度等地块具体控制指标，作为地块规划设计条件的核发依据。此外，已批控规未覆盖地区新编详细规划，或已批控规覆盖地区开展控规修编时，应同步编制单元、地块两个层次详细规划。

（2）单元作用

过去，缺乏尺度适宜的中间层级是制约"总详联动"的重要因素，总体规划与详细规划编制尺度差异大，中间缺乏有效的传导层级。单元规划能发挥单元承上启下作用，优化总详传导路径机制。一方面，转译分解总体规划管控要求，在总体规划"目标性内容"与地块详细规划"指标性内容"之间形成衔接转换桥梁，明晰地块详细规划编制管理要求，为地块详细规划的编制调整提供可操作、可校核的指引要求（图5-2-9）。

另一方面，允许地块层面弹性调整，为总体规划实施落地提供缓冲。为地块详细规划层面优化调整提供弹性空间，增强总体规划管控实施的可行性，设定地块层面的调整范围及前提条件，保障总体规划管控要求落地，为规划传导实施提供缓冲（图5-2-10）。

在国土空间规划背景下，单元规划为控规分层提供了良好的平台，街区、街坊单元主要在规划传导、设施统筹、市区分权、权责对应四方面发挥作用。在规划传导方面，传统分区规划规模约为30km²，尺度较大，难以有效指导地块层面规划，街区单元和

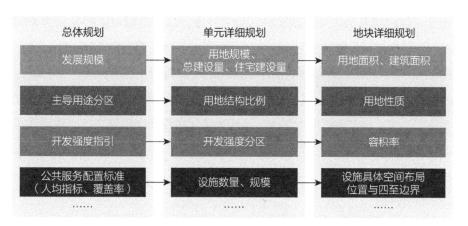

图5-2-9 总体规划—单元详细规划—地块详细规划的主要管控内容

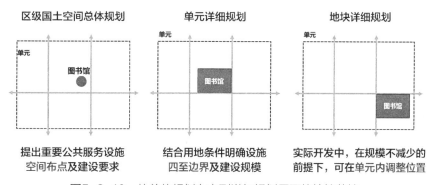

图5-2-10 从总体规划布点到详细规划层面的管控落地

街坊单元成为中间尺度，一个分区规模约为街区单元规划的8～10倍，一个街区单元规划约为街坊单元的5～10倍；在设施统筹方面，单元规划不仅在总量方面满足总体规划要求，还关注设施服务能力，街区单元统筹15分钟生活圈设施配置要求，街坊单元统筹5分钟生活圈设施配置要求；在市区分权方面，街区单元规划生态底线、用地边界、15分钟生活圈级设施布局，街坊单元则规定经营性用地比例结构、容量分配、5分钟生活圈级设施布局；在权责对应方面，街区单元与街坊单元优化规划管理单元边界与行政管理边界不吻合的问题，单元规划涉及的内容与镇政府、街道办等基层政府事权联系紧密，有利于发挥基层政府的日常管理和统计反馈作用。

5.2.2.2　广州详细规划单元优化划定

（1）单元规模

在城镇开发边界内划分单元，作为详细规划编制管理基本单位。为衔接国土空间总体规划逐级传导分解工作要求，单元应在区级国土空间总体规划确定的组团范围内进行划定。结合15分钟生活圈确定单元划分规模，从人本视角优化公共资源配置单元，发挥其作为资源配置基本单元的作用。原则上，单元规模宜控制在2~4km²、人口规模3~10万人，形成尺度适宜、承上启下的规划传导层级。其中，中心城区单元规模可适当减小，一般控制在1~3km²；中心城区以外地区单元规模可适当扩大，一般控制在3~5km²。战略留白地区可根据实际情况合理确定规模大小。单元之间的规模差距不宜过大，保证详细规划管理尺度的均衡性，以发挥单元统筹公共资源配置的作用。

（2）划分原则

市级总体规划应当划定城市开发边界外重要类型的农业（如现代都市田园单元）、生态详细规划单元，提出各类单元的功能定位、管控指引及核心指标。分区规划则应当根据总体规划分区进行划分，在市级总体规划海岸带地区湾区单元的基础上，划定陆海详细规划单元，深化相关管控要求；落实或优化市级总体规划划定的城市开发边界外的农业、生态详细规划单元边界，并可按需增补单元类型并划定其边界，深化市级总体规划对各类单元的功能定位和管控要求，落实核心指标；划定城市开发边界内的详细规划单元，实现开发边界内全覆盖，按市级总体规划用途管制相关内容，对各单元提出管控要求与相关指标。地块划分在单元范围内进一步细分确定地块边界，地块划分应充分考虑用地权属，同时结合道路和山体、河流水系等自然地物边界，避免产生畸零地块；对于拟收回国有建设用地使用权或征收为国有土地的宗地，可根据规划意图统筹划分地块，地块规模应适应城市支路网密度要求，并与区位、土地用途、开发控制要求等相适应。

其中，单元划分应在区级总体规划确定的组团范围内，充分衔接行政管理和社会管理边界、15分钟生活圈落实、道路和山体河流等自然地物进行单元划定（图5-2-11）。具体划定原则包括：应以上版法定图标准分区为基础，对其进行科学评估后划定详细规划单元的边界；原则上不跨越区级行政边界，建立与基层管理主体行政事权相匹配的规划管理基本单元，明确规划实施主体责任，保障规划实施、监督、考核原特区外应结合街道行政边界，涉及城市更新与土地整备的，应尽量包含完整的改造范围；以城市空间结构与功能布局为基础，以干路及以上道路、自然实体（山体、水体等）为界，结合市政、交通、公共服务设施等公共服务范围进行详细规划单元的边界划定；为体现综合统筹的发展导向，以及对城市更新、土地整备、棚户区改造等实施项目的管控弹性，原则上，新划定的详细规划单元应比上一版法定图则标准分区的面积更大、个数更少，局部重要、战略发展地区可以根据实际情况确定详细规划单元的边界。

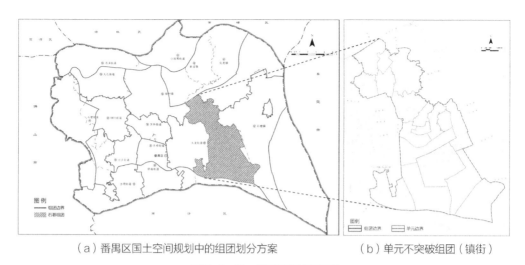

（a）番禺区国土空间规划中的组团划分方案　　　（b）单元不突破组团（镇街）

图5-2-11　单元划分示意图

5.2.2.3 "单元—地块"详细规划分层编制内容

（1）单元详细规划内容

单元层面重点传导落实国土空间总体规划确定的强制性内容，分解落实各类管控指标要求，并且明确街区、街坊整体规划管控要求，从底线约束、规模总量、结构布局、民生保障四个方面，提出街区、街坊整体性管控指标，统筹指导地块详细规划编制调整。底线约束方面，划定包括城镇开发边界，生态保护红线，永久基本农田，市级、片区级绿线，市级、片区级蓝线，历史城区、名镇名村、街区保护范围等空间底线，并且确定耕地保有量、湿地保有面积、河湖水面面积等自然资源底线；规模总量方面，确定城乡建设用地面积、人口容量等发展规模，经营性用地开发容量、居住用地开发容量、商业用地开发容量等开发容量；结构布局方面，确定居住用地比例区间、商业用地比例区间、工业用地比例区间等用地结构，居住用地强度分区、商业用地强度分区、建筑限高等强度分区；民生保障方面，确定各类公共服务设施数量、规模，卫生、教育、文化、体育、养老等社区公共服务设施15分钟步行可达覆盖率等设施内容，各类交通市政设施数量、规模，道路网密度，轨道站点800m居住量覆盖率等交通市政设施，以及各级公园绿地数量、规模，2000m²以上公园绿地500m服务半径居住用地覆盖率等开敞空间规划内容。

结合国土空间总体规划内容要求及详细规划实际管控需求，建议单元层面确定以下强制性内容：总体规划或上层专项规划确定的"大三线""小四线"、其他控制线管控要求；单元建设用地规模、开发容量以及经营性用地比例、开发强度区间等结构性管控内容；公共服务、交通市政、综合防灾设施及绿地的类型、等级、规模、覆盖率要求；城市次干路及以上道路红线（表5-2-3）。

表5-2-3 单元详细规划编制内容及管控深度一览表

范畴		具体内容	控制方式
底线约束	大三线	生态保护红线、永久基本农田、城镇开发边界（含集中建设区、弹性发展区、特别用途区）	实线控制
	小四线	绿线、蓝线、黄线、历史文化保护线	实线控制
	其他控制线	轨道交通保护线、铁路保护线、城际保护线、高压走廊控制区、次干路及以上道路红线、水系控制线及各类市政管廊管控范围	实线控制
用地布局	自然资源	耕地、林地、湿地、草地、园林等	实线控制
	现状保留用地	现状已建成、未纳入存量用地更新范畴且已编控规管控指标与现状相符的用地	实线控制
	公益性用地	独立占地的公共服务设施、交通设施、市政公用设施以及绿地	虚线控制
	经营性用地	城镇居住功能区、商业商务功能区、工业仓储功能区	功能区+指标控制
强度容量	开发强度	城镇居住用地、商业商务用地、工业用地、物流仓储用地等经营性用地开发强度区间	指标控制
	开发容量	单元经营性用地总开发容量以及城镇居住用地、商业商务用地、工业仓储用地等单项开发容量	指标控制
设施配置	邻避型设施	包括传染病医院、精神病院、编组站、自来水厂、取水设施、加压站、热电厂、变电站、燃气供应站、分输站、门站、储气站、加气母站、液化石油气储配站、灌瓶站、发射塔、转播台、差转台、通信基站、雨水泵站、污水泵站、污水处理设施、污泥处理设施、垃圾焚烧厂、垃圾填埋厂、粪便处理厂、危险品废物处理设施、垃圾压缩站、垃圾收集站、环境卫生车辆停车场、消防站、殡仪馆、火葬场、公墓等	实线控制
	独立占地设施（邻避型设施除外）	独立占地的公共服务设施、交通设施、市政公用设施以及绿地	虚线控制
	非独立占地设施（邻避型设施除外）	非独立占地的公共服务设施、交通设施、市政公用设施以及小区游园口袋公园	点位控制
交通路网	次干路及以上道路、立交	次干路及以上道路、立交红线	实线控制
	支路	支路红线	虚线控制

（2）地块详细规划内容

　　地块层面作为组成详细规划单元的基本单位，应严格落实单元详细规划提出的街区、街坊管控指标要求等强制性内容，确定地块具体控制指标，作为核发地块规划设计条件的法定依据。地块详细规划编制内容与现行控规基本一致，强化不同类型用地、地区的差异管控要求，明确用地布局方案、确定地块控制指标、确保民生设施落地、深化交通规划要求、细化竖向规划控制，具体地块管控指标包括土地使用性质、用地面积、容积率、建筑面积、建筑高度、建筑密度、绿地率、兼容性用地、公共配套设施、交通市政设施、公共停车场泊位数等，形成地块开发图则，作为建设项目规划建设的依据。

5.2.3 实行全域全覆盖的差异化规划管控

5.2.3.1 全覆盖的差异化管控总体思路

（1）管控原则

生态优先。控规全覆盖工作的首要任务是以战略规划中划定的生态控制线为基础，落实生态绿地的各项控制要求，重点抓好区域绿廊、绿轴保护，确保城市的可持续发展，并将基本生态控制线落到具体用地，确定准确的用地边线坐标及控制要求。

民生为本。控规全覆盖立足民生，注重与民生息息相关的各项设施的建设，按照相关配套标准的要求将各类设施分级、分区地进行合理规划。公共服务设施、市政公用设施、道路交通设施是城市与产业获得更好发展的基础，通过控规全覆盖的查缺补漏，较好地优化完善各类设施，弥补了以往注重产业发展与住宅建设而忽略相关配套设施建设的不足，引导城市健康有序发展。

城乡一体。控规全覆盖落实城乡统筹的发展战略，协调镇村利益，因地制宜制定村庄发展指引，改善村庄环境，有效推进了城乡一体化建设。控规全覆盖应对城中村、近郊村和远郊村进行分析研究，提出相应的建设措施建议。对于"城中村"严格按照城市建设标准进行统筹配套，保证公共服务与交通市政配套设施、公共绿地等达到城市同等标准；对于需改造搬迁的村庄，提出切实可行的农民安置措施与方案，保证规划的实施与农民的妥善安置。

远近结合。控规全覆盖着眼于广州长远发展目标，但又切实结合现阶段发展与项目建设需求，在严格落实市、镇总体规划2010年建设用地总规模的前提下，进行用地的置换平衡，并将相关结果反馈到正在编制的新一轮城市总体规划中，确保远期发展目标得以落实。[1]

---

① 彭冲，吕传廷. 新形势下广州控制性详细规划全覆盖的探索与实践［J］. 城市规划，2013，37（7）：67-72.

（2）管控机制

落实《关于加强和改进控制性详细规划管理若干指导意见（暂行）的通知》关于分类编制的工作要求，结合目前城市建设逐渐进入存量开发阶段的现实需求，单元规划应能更好地反映不同地区的特点，详细规划应区分增量地区、存量地区、历史文化保护地区等不同类型的区域，制定差异化编制内容及深度要求，形成精细化规划管控局面，体现因地制宜的治理思路。

结合国土空间总体规划空间发展策略以及广州市空间资源类型、实际管理需求，建议将城镇开发边界内地区划分为一般城镇、重点发展、城市更新、历史保护及战略留白等不同类型地区，开发边界外地区划分为农业农村、生态景观等类型地区，实现全域覆盖、无缝衔接、差异管控，并将村庄规划、更新规划纳入详细规划"一张图"统筹管理（图5-2-12）。

原则上，各类型地区具有单一类型属性，但范围内要素构成较为多样的，同一地区可兼具两种或以上类型属性。采用"通则式+特色化"编制管理模式，对于被赋予重点发展、城市更新、历史保护、战略留白等属性地区按照其类型属性，增补、深化、简化相应的特殊要素编制内容，提出差异化的编制内容及管控要求。①

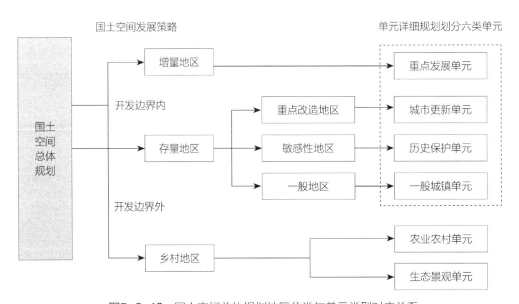

图5-2-12 国土空间总体规划地区分类与单元类型对应关系

---

① 黄孚湘，韩文超，朱红. 国土空间详细规划编制的"总详联动"机制研究 [J]. 规划师，2021, 37（17）:
　　23-29.

5.2.3.2　一般城镇地区通则式编制内容

一般城镇地区指现状建设已较为稳定，且不涉及重点发展、城市更新、历史保护、战略留白等特殊地区。一般城镇地区遵循单元、地块通则式管控要求，兼顾刚性管控与弹性引导，加强底线要素、发展规模、空间结构、民生保障要求落实。一般城镇地区划分应充分衔接行政管理边界，以行政管理（如镇街、行政村界等）、社会管理边界（如"四标四实"网格、产业园区管辖边界等）为基础，结合主要道路、山体河流等地物因素进行局部修正，加强规划管理与行政管理的衔接，保障规划实施落地。

（1）主导功能与发展目标

根据总体规划和地区分类确定的地区主导功能，结合地区发展特点，提出功能定位，明确该地区应承担的主导功能。承接国土空间总体规划指标体系管控要求，明确管控指标体系，确定发展规模、用地结构、容量强度、要素配置等约束性、预期性指标要求。对照规划编制范围内总体规划关于底线约束、发展规模、土地利用、要素配置等传导内容与要求，系统阐述单元详细规划对总详传导的落实情况。

（2）底线约束管控

根据《市级国土空间总体规划编制指南（试行）》《广州市片区国土空间总体规划编制技术指南》要求，分类落实底线要素的边界范围及管控要求。严格按照国土空间总体规划确定的永久基本农田、生态保护红线、城镇开发边界（包括集中建设区、弹性发展区、特别用途区）管控范围划定"大三线"底线边界。严格落实国土空间总体规划中划定的历史文化保护线、市级及片区级绿线、市级蓝线、黄线等管控范围，深化、细化确定市级及片区级预控绿线、片区级蓝线等"小四线"的具体边界。按照相关专项规划要求，明确高压走廊控制线、轨道交通保护线等其他控制线管控范围。

（3）土地利用规划

落实生态底线、自然资源及生态廊道管控要求，统筹单元内部产业发展、民生保障、存量改造等影响因素，鼓励土地适度混合利用，推动土地集约节约开发，促进产城融合、职住平衡，优化土地利用空间布局，合理确定单元主导功能占比要求。优化居住用地布局，合理确定居住用地供给规模，实现人口规模、住宅规模及公共服务设施承载力相匹配。引导在轨道交通等大容量公交站点、就业密集地区周边增加居住用地布局，促进职住平衡。结合专项规划要求，优先落实保障性住房供给规模与空间布局。强化产业用地引导，落实工业区块线管控要求，保障工业用地供给规模，引导工业用地向产业区块线内集中紧凑布局，提升工业用地集约利用水平。推动商业商务用地向总体规划确定的中央活力区、次级活力中心以及各级公共服务设施集中布局，助力打造高品质商圈。完善民生设施配置，落实国土空间总体规划关于公共管理与公共服务设施、交通市政设施、综合防灾设施、绿地及开敞空间配置要求，衔接相关专项规划确定的目标、标准及布局原则，结合实际服务人口结构及需求特征，确定各类设施用地及开敞空间的级别、数量、规模及布局。

（4）强度容量规划

以营造疏密有致空间格局、促进土地集约节约利用为目标，结合国土空间总体规划人口规模引导要求，统筹考虑规划编制范围内的公共服务、交通市政设施承载力，合理确定单元经营性用地总开发容量以及居住用地开发容量等控制指标，实现人口规模、住宅规模、设施承载力相匹配。按照总体规划开发强度分区指引及相关规范要求，落实历史文化保护、生态廊道、景观视廊、重要生态景观地区的开发强度管控要求，合理确定各类经营性用地开发强度区间。原则上，城镇居住用地、商业服务业设施用地应在总体规划开发强度分区指引要求的基础上，按照上限方式确定开发强度控制要求，工业用地结合相关技术规范要求，按照下限方式控制开发强度控制要求，以促进工业用地集约利用。现状保留、已批未建用地应严格落实现行详细规划的地块容积率、建筑高度、建筑密度、建筑面积等指标控制要求。现行详细规划与地块历史出让规划设计条件或行政许可不符的，应按照历史出让规划设计条件或行政许可修改地块控制指标。

（5）公共服务设施规划

区域统筹级公共服务设施，落实国土空间总体规划关于公共服务设施的发展目标要求，衔接相关专项规划，明确市、区级公共服务设施的用地面积、建设规模、服务水平，划示公共服务设施用地四至边界。社区级公共服务设施需落实15分钟生活圈理念，以单元为基本单位统筹配置教育、医疗、文化、体育、养老、行政管理、便民商业等各类公共服务设施，促进公服设施均衡布局。综合考虑单元功能定位、人口结构、服务功能等因素，精细开展公共服务设施规划配置，重点关注"一老一小"服务需求，打造全龄友好社区生活圈。鼓励按照服务人口规模开展公共服务设施配置，提升设施供给弹性。结合公共服务设施专项规划及相关技术规范，明确各类设施等级、规模及服务水平要求，划示独立占地社区级公共服务设施的四至边界，明确非独立占地社区级公共服务设施的空间布点。单元范围内无法满足设施配置要求的，在符合设施服务半径要求的前提下，经充分论证后可与相邻单元统筹配置社区级设施，实现设施供给区域平衡。推动社区综合服务中心建设，设置综合服务设施用地（Ax），推动文化、体育、养老、托幼、行政管理、便民服务等设施集中设置，打造"一站式"社区综合服务中心。原则上，新建地区、城市更新地区公共服务设施应集中布局，优先设置社区综合服务中心。

（6）蓝绿空间规划

落实国土空间总体规划关于绿地及开敞空间的发展目标要求，落实城市绿线管控要求，加强与绿地系统规划等专项规划的统筹衔接，按照相关技术规范标准要求，合理确定城市公园、社区公园的四至边界以及小区游园（口袋公园）的空间布点，明确各级公园绿地的数量及用地面积。鼓励垂直绿化、屋顶绿化等多种绿化创新途径，塑造宜人的城市环境。鼓励提出乡土树种比例、乔灌草结构等绿化配置要求，促进碳汇增加和丰富生物多样性。落实国土空间总体规划关于水域空间的发展目标要求，落实城市蓝线管控要求，加强与河涌水系规划控制线管控要求以及其他水域系统专项规划内容的统筹衔接，保护河流、湖泊、水库等蓝色空间。明确确定河流的走向、宽度及保护范围，明确湖泊、水库的面积及保护范围。明确耕地、园地和林地等非建设用地的用地规模及空间布局。将非建设用地与绿地水域统筹纳入蓝绿空间体系进行规划研究，落实城市生态修复要求。按照国土空间总体规划布局生态廊道与通风廊道，确定生态廊道、通风廊道结构走向，明确廊道管控范围，从廊道系统性、连通性等方面，提出具体管控指引。

（7）综合交通规划

合理预测交通发展需求，统筹协调交通、用地、环境等空间要素，综合考虑区域交通、道路交通、公共交通、静态交通等各类交通的关系，优化明确交通路网及交通设施功能、规模、布局，提升交通出行环境。区域交通方面，落实国土空间总体规划和交通专项规划确定的机场、港口、铁路、城际轨道、高速公路等区域性交通设施布局要求，明确廊道的走向、控制宽度、用地规模，以及站点的点位、用地规模、建设规模等管控内容。道路交通方面，落实国土空间总体规划和交通专项规划确定的城市快速路、城市主干路和次干路的线位走向、红线宽度、控制点坐标。以提高空间连通性和交通可达性为目标，落实"小街区、密路网"发展理念，结合用地布局优化、细化综合交通网络，合理确定支路走向及道路网密度等控制要求。公共交通方面，落实国土空间总体规划和交通专项规划确定的城市轨道交通、城市快速公交的主要线路走向及主要站点的布局要求，确定轨道交通站点、公交场站等设施数量规模及空间布局。鼓励公交场站混合立体开发，应尽可能充分考虑TOD发展模式，提出公共交通设施周边开发运营策略。确定公共停车设施规模、布局，鼓励停车设施与其他功能混合布置，提高土地利用效率。

（8）市政工程规划

落实国土空间总体规划确定的能源、给水、排水、通信、供热、供电、环卫等设施管控要求，衔接市政专项规划，划定邻避型设施四至边界，合理优化各类市政公用设施配置，加强市政设施重要廊道防护。落实海绵城市规划理念，加强市政设施规划设计的整体统筹和前瞻性，推广市政设施用地集约化利用和低影响开发理念，实现绿色低碳可持续要求。在给水工程方面，确定水源、水厂、泵站的布局、规模、用地要求以及主干管道的布局和管径，明确给水设施的数量和规模，细化落实次级干管的位置和管径。在排水工程方面，确定污水系统、雨水系统、排水体制、污水处理厂、泵站等设施的布局、规模和用地要求，明确主干管道的布局和管径等内容。在供电工程方面，确定电厂与重大（输送电网）变配电设施、主干电力通道的布局、规模，明确变电站、高压走廊、压管沟等设施的布局和控制要求。在燃气工程方面，明确城市燃气气源种类与气源结构，以及燃气门站、调压站等设施的规模和用地要求、主干管网的总体布局和管径。细化完善燃气管网，确定管径和压力参数。在通信工程方面，确定重大通信设施的布局、规模以及通信管道格局、主次通信廊道的布局和规模。明确非独立占地通信设施的数量和规模。鼓励开展5G等信息基础设施规划布局，响应城市信息技术发展新需求。在环卫设施方面，明确垃圾转运和处理设施的布局与用地要求。在加油（气）站、充（换）电站方面，综合考虑需求规模、交通组织、安全防护、环境保护等要求，确定加油（气）站、电动汽车充（换）电站的规模和布局。在管线（管廊）综合方面，落实国土空间总体规划和市政专项规划中确定的市政设施综合廊道空间布局要求，明确管控边界、廊道宽度、管控规则及防护要求。

（9）综合防灾规划

结合灾害风险评价分析，按照韧性城市建设要求，高标准规划综合防灾设施，明确地质灾害、防洪排涝、气象、消防及其他城市安全设施的种类、数量、规模、位置、配置要求等。以单元为基础构建社区健康安全基本单元，结合公园、绿地、广场等开敞空间和体育场馆等公共设施，提出网络化、分布式的应急避难场所、疏散通道的布局要求，完善应急空间网络，明确应急防控措施。

（10）文化保护规划

落实国土空间总体规划确定的历史文化保护线以及历史文化保护要求，加强与历史文化保护专项规划的统筹衔接，在单元范围内明确历史文化名城、历史文化街区、历史文化名镇、历史文化名村、历史建筑等各类历史文化要素的保护名录及保护范围，确定不可移动文物、地下文物埋藏区、地下文物保护区管控要求。

（11）竖向规划规划

结合自然地形现状评价和城市道路、交通运输、防洪排涝要求，确定坡度、控制高程和规划地面形式，合理提出有利于保护和改善城市环境景观，满足道路交通、地面排水、建筑布置和城市景观的城市竖向管控要求，明确建设用地的场地高程和道路、桥梁、堤防等控制点标高。

（12）专项评估规划

原则上以单元为基本范围整体推进各类专项评估工作，视评估内容可扩展评估范围，统筹开展规划环境影响评价、历史文化遗产普查和评审、交通影响评估、市政基础设施专章、海绵城市专章（含洪涝安全评估）、城市树木保护专章、工业产业区块调整论证、地质灾害危险性评估、社会稳定风险评估等专项评估工作。经审定的专项评估应纳入详细规划编制成果。

5.2.3.3 特殊城镇地区特色化编制内容

对应地区特点划分地区类型，对于被赋予重点发展、城市更新、历史保护、战略留白属性的特殊城镇地区，应在一般城镇地区详细规划通则式的编制内容基础上，按照以下编制要求及技术要点，相应地增补、深化、简化部分规划内容。

（1）重点发展地区

重点发展地区是指涉及总体规划确定的城市级公共中心、综合交通枢纽区、重点功能片区、重点产业平台、近期重点建设项目或其他重点开发区域的单元，是城市新增建设用地的主要布局区域。应在公共中心、交通枢纽的辐射带动范围的基础上，充分考虑用地功能的集聚度与关联度，结合主干路网与自然地理界线进行划定。涉及重点功能片区或其他重点开发区域的地区应加强与产业园区、重点平台等规划编制、行政管辖边界的衔接，保障区域规划实施管理的完整性。

为实现土地集约节约利用及精细化、品质化开发利用，建议重点发展地区在一般城镇地区编制要求的基础上，强化城市设计、立体开发、交通组织等管控引导，进一步增加编制立体开发、城市设计等附件图则内容，细化明确地下空间、景观风貌管控要求，包括深化细化城市天际线、公共空间界面、地下空间等刚性管控指标与弹性规划引导，提高精细化规划管理水平（表5-2-4）。

表5-2-4 重点发展地区城市设计附加图则管控内容建议

图则名称	管控内容	基本控制要素
城市设计附加图则	图面要素	空间管制：标志性建筑、建筑控制线、贴线率、塔楼控制线、底层商业界面、保留建筑 交通管制：公交专用路、骑行+步行专用路、人行通道、过街设施、机动车出入口禁开路段 其他：道路红线、道路中心线、地块边界、规划范围
	指标要素	地块控制指标一览表：用地性质、容积率、建筑密度、基准建筑高度、标志性建筑高度、街墙高度 控制通则：建筑形态、公共空间、交通空间

城市设计方面，涉及城市级公共服务中心、综合交通枢纽区的地区应编制城市设计附加导则，加强建筑形态引导，强化特色风貌塑造，打造活力宜人的公共空间。在单元

或更大范围内开展景观视廊分析，明确与重要山体、标志性建筑等视线通廊管控范围，制定单元建筑高度分区，提出建筑界面设计指引。重要地区可进一步明确标志性建筑位置和高层建筑塔楼、重要公共建筑控制范围，提升单元景观风貌层次性。明确联系重要公共建筑的人行步道、公共通道、景观连廊等公共空间的控制范围，确定广场、公共通道（包括立体步道）建议形态和管控要求。

立体开发方面，涉及城市级公共服务中心、综合交通枢纽区的地区应编制立体开发附加导则，加强地上空间与地下空间的开发利用统筹。鼓励重点单元地下空间统一集中开发，加强与周边地区地下空间利用的协调衔接。落实细化国土空间总体规划确定的地下空间开发利用要求，衔接《广州市城市地下空间规划》关于地下空间开发适宜性评估结果，明确地下空间开发范围及经营性用地开发规模，提出主导功能及开发深度建议。

交通组织方面，涉及综合交通枢纽区、重点功能片区的地区，应编制交通组织设计附加导则，加强交通组织规划引导，协调交通设施与地块功能。进一步深化道路交通规划控制内容，增加道路面积率、路网连通度、道路切角等引导指标，细化提出居住、商业、工业等不同功能的路网密度管控要求。确定人行通道、自行车专用道等慢行道路的走向、最小通行宽度、通道间距控制要求，提升慢行交通环境。综合交通枢纽区应加强道路设施与交通站场设计的协调，紧凑高效布局各类功能空间，提出"站城一体化"开发引导要求。

（2）城市更新地区

城市更新地区是指纳入近期城市更新计划全面改造的地区，包括旧村、旧厂、旧城镇等，应以低效存量用地再开发利用、加强更新改造工作的全局统筹引导为主。城市更新地区以城市更新项目范围为基础，可包括多个更新项目，以成片连片为基本原则，综合考虑道路、河流等要素以及产权边界，根据利益统筹协调需要，统筹整合周边留用地、可补录的低效存量用地、三边地（边角地、夹心地、插花地）、已储备用地、新增建设用地等多类用地进行划分，促进存量用地改造及周边地区的整体提升。

城市更新地区应按照《广州市城市更新单元详细规划编制指引》要求，在一般城镇地区通则式的管控要求基础上，对城市更新地区的改造方式、规划指标、土地整备、经济分析、区域统筹及分期实施等方面作出细化安排。同时，应结合城市更新单元划定工作，布局区域统筹级公共服务设施，将区域统筹级设施等纳入更新方案的"设计要点"，结合更新提升人居环境的目标，以存量用地更新解决地区公共服务缺口，提升民生保障水平，提升人居环境品质。

用地分析与承载力评估。结合城市发展要求、各类用地权属边界、权属人改造意愿、标图建库情况、规划情况、项目实际需求等，说明城市更新项目改造范围及改造方式。结合交通影响评估、规划环境影响评价、历史文化遗产调查评估、古树名木及古树后续资源影响评估、洪涝安全评估、市政基础设施评估、社会稳定风险评估、地质环境质量评估（位于地质灾害易发区或涉及不良地质作用的）等的结论，综合考虑地区规划定位和发展潜力、人口密度、公共健康、宜居性、空间品质、城市风貌以及规划管控要求等，对城市更新地区承载力条件进行说明，提出城市更新地区的规划总建设量上限，以及城市更新项目改造范围规划建设量。

经济分析。成本核算方面，统一执行市级成本核算标准，主要包括前期费用、建安费用、临迁费用、拆除费用、市政费用、农转用费用、不可预见费用等。复建量核算方面，依据城市更新项目改造范围现状基础数据调查成果，按照广州市的成本核算标准，核算复建建筑面积总量，说明权益情况。融资量核算方面，依据融资地块评估楼面地价，核算融资建筑面积总量等。

土地整备。说明改造项目涉及土地整备的情况，并说明涉及"三地"、整合旧村其他用地、整合收购国有用地、留用地、土地置换、异地平衡等土地整备方式详细情况（包括用地面积、实施路径、政策依据等）。如涉及补充标图入库、修改土地利用总体规划或者使用新增建设用地指标的，说明项目主体地块标图入库情况及需补充标图入库地块情况；涉及修改国土空间总体规划（土地利用总体规划）的，说明建设用地规模调入、调出情况；涉及使用新增建设用地指标的，说明指标来源。说明用地处置情况，包括复建安置用地、融资用地、公益性用地、政府收储用地等，以及无偿交由政府地块的情况。说明"三旧"改造用地报批情况，包括报批类型、用地面积、符合国土空间的总体规划（土地利用总体规划、城市总体规划）、控规调整拟确定用途、标图入库、"三调"和最新土地利用现状、是否抵扣留用地指标等情况。

区域统筹。规划节余方面，城市更新项目改造范围规划建设量超出项目自身改造建设量的，规划节余优先用于政策性住房配置，以及历史文化保护项目、老旧小区微改造项目的组合实施等，应明确政策性住房的配置要求和项目组合实施的策略。区域统筹方面，在城市更新项目改造范围内，项目改造拆迁量超出规划建设量的，应首先在城市更新地区内统筹，无法统筹的，可在本区内采用异地安置、异地容积率补偿、货币补偿、专项资金支持等方式统筹，应说明统筹平衡的措施。

土地利用与公共服务设施规划方案。提出空间结构与用地布局思路，明确土地利用规划方案，说明城市更新地区居住用地平均净容积率、产业用地平均净容积率情况，明确城市更新地区产业建设量占产业和居住总建设量的比例下限。依据《广州市城市更新单元设施配建指引》及相关技术规范标准，结合用地情况明确城市公共服务设施种类、数量、分布和规模。

产业发展指引。提出产业转型升级方向、门类选择与发展指引，对接产业区块线，提出产业空间布局，确定建设规模。如涉及已划定的工业产业区块调整的，应提出具体的调整和占补平衡方案。

城市设计指引。落实上层次规划有关城市设计要求和重点地区城市设计方案要求，针对城市更新地区及其周边地区的建筑高度、天际线、重要景观节点、绿地系统与开敞空间、风廊视廊等重要廊道以及地区特色风貌控制等，提出城市设计指引，明确城市设计要素和控制要求。

分期实施方案。阐明城市更新地区内更新项目的改造方式、建设时序与分期计划。涉及政策性住房配置，历史文化保护利用项目、老旧小区微改造项目组合实施的，应在建设时序与分期计划中优先安排。说明土地开发、公共服务设施、交通市政设施、政策性住房建设移交的计划。

（3）历史保护地区

历史保护地区是指涉及历史文化街区、历史文化风貌保护区、历史文化名镇、历史文化名村、传统村落等历史文化保护管控，并以历史文化保护为导向的地区。历史保护地区应按照历史文化保护专项规划确定的历史文化街区、历史文化风貌保护区、历史文化名镇、历史文化名村、传统村落的管控范围或行政村界进行划分，深化落实历史文化保护专项规划要求，加强历史文化保护与详细规划编制管理的衔接力度。原则上，历史文化保护要素的核心保护范围、建筑控制地带必须纳入历史保护地区范围内；环境协调区结合管控范围、用地情况等因素，全部或局部纳入范围。

历史保护地区在通则式编制内容的基础上，应以落实历史文化保护要求为目标，在详细规划成果中增加历史文化保护专题研究与附加导则，明确相关历史文化保护规划的保护对象类型、控制级别，细化管控要求和保护管理措施落实情况，同时成果中也应落实划定核心保护区、建筑控制地带、环境协调区等管控范围及相应的管控要求（图5-2-13、图5-2-14）。

划定重点保护范围。按照总体规划及历史文化保护专项规划要求，分级分类划定历史城区、历史文化街区、历史文化风貌保护区、历史文化名镇、历史文化名村、传统村落、历史建筑等各类要素重点保护区域（包括核心保护范围、建设控制地带、环境协调区），确定骑楼、古树名木等特色历史要素保护范围，明确保护级别及要求。

历史风貌及空间肌理保护。结合单元范围内成片风貌较为完整、历史空间格局保存较为完好的历史地区，确定重点保护街巷的范围，并提出保护、保持传统格局和街巷肌理的具体要求。从地区功能定位、环境品质提升、服务配套设施完善等方面提出风貌保护建议。

永久基本农田
稳定耕地
城镇集中建设区
特别用途区
片区级绿线
历史文化名镇核心保护范围
历史文化名镇建设控制地带
历史文化名镇环境协调区
邻避性设施

图5-2-13 历史保护地区底线要素控制图

商业服务业功能区
A1 行政办公用地
A2 文化设施用地
A3 教育科研用地
A4 体育用地
A5 医疗卫生用地
A6 社会福利设施用地
G1 公园绿地

S4 交通场站用地
S9 其他交通设施用地
R 城镇居住用地（保留用地）
B 商业服务业设施用地（保留用地）
M 工业用地（保留用地）
W 物流仓储用地（保留用地）
H14 村庄建设用地（保留用地）
E1 水域
E2 农林用地
耕地

图5-2-14 历史保护地区用地布局控制图

历史建筑。按照政府确定公布的历史建筑名录，提出历史建筑的更新方式（规划保留、拆除复建与拆除新建）和保护要求。

（4）战略留白地区

战略留白地区是指近期开发意向不明确，用于满足未来城市重大公共服务设施、重大交通市政设施、重大产业项目和应对重大公共安全问题需求的地区。战略留白地区应按照远期发展空间预控需求进行初步划分，在后续启动详细规划编制时结合实际情况划定边界。

战略留白地区在详细规划阶段一般编制至单元详细规划深度，重点明确底线约束、重大设施及基础工程空间预控要求，其他编制内容可结合实际管控需要适当简化。对发展意图未明确的现状建设用地，原则上以拆除或维持现状为主。

（5）非集中建设地区

有条件的市、县（区）应在城镇开发边界外划分农业农村地区和生态景观地区等。其中，农业农村地区由一个或若干个行政村组成，其划分应当充分考虑乡村群空间邻近性、产业功能统筹发展与公共服务、交通市政等生活设施共建共享、自然地物分割等因素。生态景观地区是指生态保护维育的地区，为加强对非建设用地规划管控与引导，实现生态地区整体保护利用，应当以生态保护红线管控范围为基础，结合自然保护区、风景名胜区、森林公园、湿地公园等各类自然公园管理边界范围统筹划分。

农业农村地区应在当前乡村空间布局规划基础上，加强对乡村生态空间的严格保护和对乡村生产空间的统筹利用，兼顾协调村庄近远期发展需求，强化对用地、产业、设施、交通、自然资源等各类要素的空间布局统筹，以及对建设用地规模分配及设施配置的统筹；处理好建设与非建设用地的关系，加强生态底线与林地、草地、河湖等自然资源的约束管控，协同推进土地综合整治及土地复垦工作。生态景观地区要转变以"建设引导"为主的方式，补充对生态地区用途管制、开发引导、生态保护等的精细化管控；全域谋划山、水、林、田、湖、草各类自然要素建立生态控制地区"用途管制+准入管理"管控方式，明确自然资源管控指标以实行总量控制与质量引导，划分用途管控分区，明确用地准入名录。

5.2.4　响应落实城市管理新理念、新需求

5.2.4.1　以人为本的社区生活圈打造

社区生活圈是指居民以居住地为中心，开展包括购物休闲、医疗教育、就业通勤与

生活服务等各种日常活动所形成的空间范围。其从居民的需求出发，通过对居民活动时间、空间等行为特征的刻画与描述，形成涵盖居住、就业、交通与休闲等各种日常活动功能的地域范围。社区生活圈的实质是从居民活动空间的角度自下而上地组织地域空间结构与体系。由于其依据居民的出行距离、出行时间和出行频率来划定范围，能够形成更符合居民活动尺度的空间组织管理单元，并实现社区公共服务设施与居民时空需求的精准配对，不仅有利于提高公共资源配置的有效性，还有助于激发居民自下而上地加入社会空间组织，增强社区的归属感和凝聚力。同时，社区生活圈能够更为精细地考虑老龄化、国际化等居民的结构特征，从而在空间布局、设施配置上作出有针对性的响应，以满足居民异质化的生活需求。因此，社区生活圈规划也被视为维护空间公正与社会公平的重要工具。

（1）社区生活圈与控规体系衔接

当前，我国特大城市如何将社区生活圈落实到具体的规划编制与实施层面仍在探索当中。借鉴先进地区经验，社区生活圈应充分衔接我国现有的规划管理体系，并以控规为抓手，介入到具体的规划编制与实施当中。

结合规划管理单元划定社区生活圈。社区生活圈不仅仅是对城乡居民现状生活空间的真实描述，还包括对未来居民与社区公共资源联系活动的组织建构，因此，社区生活圈的划定也应适当发挥规划的主动引导作用。在测定适应本地居民实际需求的社区生活圈规模半径的基础上，结合生活圈半径对规划管理单元进行优化组合，形成社区生活圈的划定方案，进而既满足居民的时空特性，同时又建立起社区生活圈与现有规划管理体系之间的良好对应关系。

基于社区生活圈完善社区公共设施配置标准。为便于行政管理，目前公共服务设施的配置标准也多以街道、居委会作为单元。在公平性、均好性和综合性为原则的前提下，当前设施配置标准少有考虑地区人口的异质化需求。应基于社区生活圈研究制定社区公共服务设施配置标准，一方面针对不同地区的人口特征结构，提出差异化、品质化的设施配置要求，补充完善现有的社区公共服务设施标准；另一方面也为控规编制与实施管理提供参考依据，真正将社区生活圈的要求转化为规划建设内容。

作为实施评估单元推进控规的周期评估与主动更新。由于城市人口动态增长、发展战略调整等原因，控规频繁面临被动调整的需求。不少城市提出要在控规滚动评估的基础上开展控规的动态更新，以实现控规的主动调整、批量调整，提升规划实施管理的效率与质量。本书提出，以社区生活圈作为控规实施评估单元，基于与居民日常活动范围更为相符的边界范围，进行人口动态变化与用地设施供应的匹配分析，为控规调整提供科学依据。

作为统筹单元对控规用地、设施的规模及布局进行整体协调。当前，由于规划管理单元规模普遍较小，控规碎片化问题日益凸显，导致用地规划、设施配置容易出现规模过剩、布局分散等问题。为此，许多大城市探索在规划管理单元之上建立统筹单元，如广州先后提出的组团、发展单元、功能板块与功能单元等概念。结合规划管理单元划定的社区生活圈与人口空间分布、居民行为特征具有更强的关联性，因而在开展控规统筹协调方面更具有科学性、可操作性。基于生活圈内人口实际分布、空间资源现状布局、居民日常使用需求与设施服务半径等要求，统筹各规划管理单元中的用地、强度及项目选址。

建立与行政管理单元（规划实施主体）的衔接关系。为保障社区生活圈规划的落地实施，生活圈的划定还应当建立与行政管理单元对应的衔接关系，衔接内容既包括生活圈与街道的边界，又包括在此基础上所划定的居住人口、设施建设的管理权责。通过明确社区生活圈建设的主体责任，推进社区生活圈的建设发展。[①]

（2）"标准清单式"设施配置标准

与传统规划基于"千人指标"的设施配置方式不同，社区生活圈设施配置标准强调设施的可达性，明确不同类型设施的服务半径及空间布局要求，关注居民的实际使用体验。因此，社区生活圈应是对一定空间范围内公共服务设施配置的整体统筹，其配置模式体现为从单个居住地块分别"填空式"配置各自所需的公共服务设施，转变为社区生活圈结合居民整体需求的"清单式"配置公共服务设施。另外，社区生活圈公共服务设施配置还需要突出差异化和异质化服务需求响应。尤其要重视结合社区人口特征分析，加强老人、儿童、创新人才等特征人群的需求调查与行为剖析，提出差异化的公共服务设施配置标准，从设施类型、服务半径、建设规模及空间布局等方面，形成具有针对性的指引要求。为保障社区生活圈规划的实施落地，广州市社区生活圈将行政管理边界作为基本划分依据，同时兼顾规划管理单元，促进行政单元、规划单元、社区生活圈三者衔接统一。按照人口密度、主导功能来区分城镇社区、乡村社区、产业社区，按照行政管理主体分别明确划分思路（表5-2-5）。

城镇社区以街道作为基本单元，用地和人口规模小于划定标准的，可与邻近街道合并划定社区生活圈；规模大于划定标准的，则按照社区居委边界，将其拆分为两个或以上社区生活圈。乡村社区以行政村作为社区生活圈的基本划分依据，发挥村委会在公共服务设施配置中的统筹作用。产业社区主要是以重点平台或产业园区边界为基本划分依

————————

① 廖远涛，胡嘉佩，周岱霖，等. 社区生活圈的规划实施途径研究［J］. 规划师，2018，34（7）：94-99.

表5-2-5　城镇社区、乡村社区、产业社区生活圈划分依据及方法

类型	地区特征	划分情形	划分依据	示意图
城镇社区	人口密度不超过0.5万人/km²，以居住功能为主的地区	街道边界与道路完全吻合	按照街道边界划分	
		街道边界与道路不吻合，但与规划管理单元边界偏差较小	以街道边界为基础，按照规划管理单元边界修正	
		街道边界与道路不吻合，且与规划管理单元偏差较大	以街道边界为基础，按照道路修正	
乡村社区	人口密度小于0.5万人/km²，以农业生态及零散村居为主的地区	行政村边界与道路完全吻合	按照行政村边界划分	
		行政村边界与道路不吻合	以行政村边界为基础，按照道路修正	
产业社区	人口密度小于0.5万人/km²，以产业功能为主的地区	纳入重点平台或产业园区	按照重点平台或产业园区管理边界划分（平台园区边界一般按照道路划定）	
		未纳入重点平台或产业园区，但与规划管理单元边界偏差较小	按照产业用地涉及的规划管理单元划分	
		未纳入重点平台或产业园区，且与规划管理单元边界偏差较大	按照产业用地边界的道路划分	

注：1. ■街道范围，▨行政村范围，□平台园区/产业用地范围，

┈┈道路，▭规划管理单元边界，▭生活圈边界。

2. 资料来源：周岱霖，胡嘉佩. 社区生活圈公共服务设施配置规划路径探索——《广州社区生活圈及公共中心专项规划》编制思考［J］. 城乡规划，2021（4）：117-124.

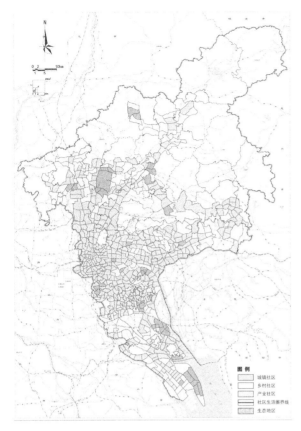

图5-2-15　广州市社区生活圈划分方案
资料来源：改绘自《广州社区生活圈及公共
中心专项规划》。

据，规模大于划定标准的，可按照重点平台功能组团划分或按园区分期建设计划进行拆分。另外，考虑到历史原因，广州市的街道、行政村等行政管理边界较为曲折且存在切割地块、道路现象，而道路又是居民认知社区生活圈的主要依据。因此，在行政管理边界的基础上，根据道路、规划管理单元进行修正调整，形成社区生活圈划分方案（图5-2-15）。[①]

　　为应对广州多元化社区需求，规划提出由基础保障型、特色提升型设施构成的社区生活圈公共服务设施配置"标准清单"，对社区生活圈公共服务进行内涵式优化提升（表5-2-6）。城镇社区按照步行15分钟可达要求，完整配置九大类基础保障型设施，补充设施短板；而乡村社区、产业社区则考虑设施服务人口门槛及对象人群需求，重点配置居委级公共服务设施，与周边生活圈共享街道级公共服务设施，既加强了基本生活服务保障，又兼顾了设施配置效率，避免公共资源的浪费。例如，产业社区针对中青年

---

① 周岱霖，胡嘉佩. 社区生活圈公共服务设施配置规划路径探索——《广州社区生活圈及公共中心专项规划》编制思考［J］. 城乡规划，2021（4）：117-124.

表5-2-6　城镇社区、产业社区、乡村社区基础保障型设施配置"标准清单"

序号	设施类型		设施名称	城镇社区	乡村社区	产业设施
1	党群服务设施	街道级	党群服务中心、社区议事厅、派出所等	●	☆	☆
		居委级	党群服务站、居委会（村委会、管委会）	●	●	●
2	基础教育设施	街道级	义务教育阶段学校	●	☆	☆
		居委级	学前教育机构	●	●	●
3	医疗卫生设施	街道级	社区卫生服务中心（站）	●	☆	☆
		居委级	护理站	●	○	○
4	福利养老设施	街道级	社区日间照料中心	●	☆	☆
		居委级	星光老年之家	●	●	○
5	公共文化设施	街道级	社区文化活动中心（文化站）	●	☆	☆
		居委级	文化室	●	●	●
6	体育健康设施	街道级	多功能运动场	●	☆	☆
		居委级	居民健身场所	●	●	●
7	公共空间	街道级	社区公园、文化	●	☆	☆
		居委级	小区游园（文体广场）	●	●	●
8	市政公用设施	街道级	垃圾压缩站、再生资源回收站	●	☆	☆
		居委级	垃圾投放点、公共厕所	●	●	●
9	便民商业设施	街道级	菜市场（农贸市场）	●	●	●
		居委级	便民商店、智能快递柜等	●	○	○

注：1. ●为必须设置设施，○为酌情配置设施，☆为与周边生活圈共享配置设施。
　　2. 资料来源：《广州社区生活圈及公共中心专项规划》。

创新人才服务需求，优化设施供给类型及配置模式，产业社区生活圈设施标准在城镇社区生活圈配置标准上调整，适度增加婴幼儿托管规模、培育丰富多样的商业文化中心、增设中小型公共空间，以适应年轻家庭的需求；增设社区学校、自助借阅点设施，满足培训提升需求，培育学习型社区；适当核减养老设施供给规模，调整合并部分设施资源。

在特色提升型设施方面，针对不同社区的人口结构及服务需求，提出特质化的设施配置指引，由社区或市场结合实际情况酌情配置。其中，城镇社区进一步细分为乐龄社区、青年社区、儿童友好社区及落脚社区，在设施服务半径、配置类型、建设规模、空间布局等方面，提出差异化的配置标准（表5-2-7）。以乐龄社区为例，鼓励发展长者食堂、老年大学教学点等新兴适老型设施，同时，考虑到乐龄社区老龄人口的比重是一

表5-2-7　城镇社区特色提升型设施配置指引

社区类型	新增类型	设施配置	服务半径	空间布局
乐龄社区	长者饭堂 老年大学教学点	按照系数2～4提升医疗养老设施建设标准	步行5～10分钟可达	以社区公共空间为核心，适度集中布局
青年社区	社区学校 社区自助图书馆 社区足球场	按照系数1.2～1.5提升文化、体育及便民商业设施配置规模	—	注意共享集约
儿童友好社区	婴幼儿托管中心 社区自助图书馆 儿童游乐场地	按照系数1.2～1.5提升基础教育、学前教育设施建设标准	步行10分钟可达	—
落脚社区	就业培训中心流动人口服务中心	按照系数1～1.2扩大公共管理设施配置规模	—	以菜市场为核心，适度集中布局

资料来源：《广州社区生活圈及公共中心专项规划》。

般社区的2～4倍，提出按照系数2～4来提升医疗养老设施的建设标准。另外，鼓励按照步行5～10分钟可达的标准配置社区公共服务设施，并以社区公共空间为核心，适度集中布局老年人使用频率较高的设施，方便老年人日常活动使用。

结合生活圈内现状设施配置情况，对照"标准清单"梳理形成设施"增补清单"，并综合考虑用地条件、城市更新等因素，明确设施空间布局的要求，避免开发商按照"千人指标"各自配建导致高等级设施缺失的问题。以广州市花都区为例，CA1701、CA1702和CA1706三个规划管理单元的居住用地人口均未达到单独配置小学的要求，但三个单元总人口规模超过1.5万人，亟待规划增补小学。规划按照生活圈设施"标准清单"，明确在规划未建居住用地CA1704单元统筹配置30个班级规模的小学1所，列入地块土地出让条件，通过提前统筹设施配置，避免后期大量的行政协调成本（图5-2-16）。[1]

（3）综合服务设施用地保障机制

针对开发商各自分散配建而导致设施布局不合理且高等级设施供给不足的问题，规划提出创设公共服务设施综合用地Ax（表5-2-8，图5-2-17）。新建地区及更新地区在规划初期，应明确Ax用地的位置及规模，并结合评估提出Ax用地上配置的设施类型和规模要求，提前做好设施统筹布局，预控社区中心，保障用地规模，降低后期行政协调的成本。在实际开发过程中，政府可通过在Ax用地上予以一定商业开发量的方式，引入专门的开发商进行建设，或通过适当给予容积率奖励，将其与周边居住区"捆绑"

---

[1] 周岱霖，胡嘉佩. 社区生活圈公共服务设施配置规划路径探索——《广州社区生活圈及公共中心专项规划》编制思考［J］. 城乡规划，2021（4）：117-124.

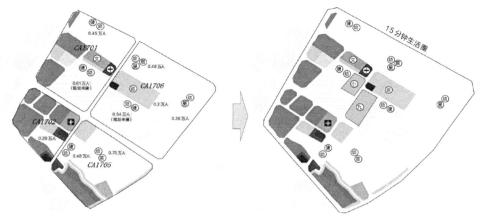

（a）"千人指标"式设施配置示意图（小学缺失）　（b）"标准清单"式设施配置示意图（预控小学用地）

图5-2-16　两种模式下公共服务设施配置情况对比示意图

资料来源：周岱霖，胡嘉佩. 社区生活圈公共服务设施配置规划路径探索——《广州社区生活圈及公共中心专项规划》编制思考［J］. 城乡规划，2021（4）：117-124.

表5-2-8　番禺区洛浦分区综合服务设施用地规模与设施配置

地块	用地属性	用地面积（m²）	设施配置
LP-02	Ax	21071.3	18班小学1处、群众性体育运动场1处
LP-05	Ax	9505.1	6班幼儿园1处、36班小学1处、老年人福利院1处、公交车首末站1处

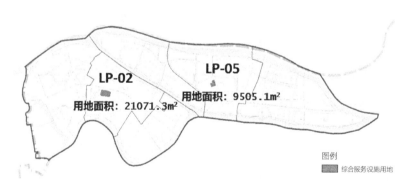

图5-2-17　番禺区洛浦分区综合服务设施用地选址布局图

开发，保障公共服务设施（尤其是高等级设施）的建设实施。通过设置Ax用地，鼓励设施集中布局、综合设置、错时使用，有利于形成社区中心，为居民提供"一站式"生活服务，提升设施的使用效率，实现土地的集约利用。同时，随着社区人口结构的变化，可对Ax用地上的设施配置类型及规模进行动态调整，提升社区公共服务设施的适应性，以满足社区多元化、特质化的服务需求。[1]

5.2.4.2 弹性混合的土地集约利用

为体现土地节约集约利用，服务新的经济、产业发展需求，《城乡用地分类与规划建设用地标准》2018年修订版新加入混合用地、用地兼容等新概念。鼓励公共活动中心区、历史风貌地区、客运交通枢纽地区、重要滨水区、新型产业园区等地区的用地兼容与混合，从而加强功能之间的有机联系，提升城市的活力。同时，在充分保障各类公共设施建设规模和使用功能的基础上，鼓励公共管理与服务设施用地、交通设施用地、公用设施用地与各类用地的兼容与混合使用，推动存量规划背景下公共服务设施的落地与完善。[2]

（1）混合用地

土地资源紧束背景下，混合用地规划使用需求显著增多。混合用地指同一用地中多种使用类型并存的用地，可以表现为垂直空间、水平空间等多种形式。混合用地是城市精细化、灵活化管理的核心，应坚持以点带面展开探索。

一是明确混合用地的供应类型。面向市场需求提出多种方式的混合用地，包括单主导和多主导功能混合等类型。单主导功能混合用地是单一性质用地的混合使用，主导功能的比例需大于70%，弹性兼容功能比例需小于30%，例如R2居住用地，其住宅比例可在70%至100%之间选择，混合功能部分可在九大类用途中选择且可自由变换。多主导功能混合用地是多种形式的混合使用，主导功能需大于50%，主要的混合功能比例需在30%至50%的区间内。对于多主导功能混合用地，在控规编制阶段只给定混合用途的比例范围，土地出让前进行估价论证，给予市场弹性调整用地比例的空间，以适应不同的发展需求，并且给予开发商弹性调整的权利。在此基础上，再进一步针对居住用地兼容公共设施用地、市场用地兼容公共设施和工业仓储用地、工业仓储用地兼容绿地等具体问题，提出量化控制指标。这些比例要求研究借鉴当时已有政策文件、其他城市经验数据等，数值提出较为原则化。

二是确定用地混合的具体类别。应了解居住、商业、公共服务、工业、仓储、市政、绿地七大类常用地彼此之间的混合适应性。根据兼容原则，划分为可混合、有条件可混合、不宜混合三类，作为规划编制与管理的参考指引（表5-2-9）。最典型的是

---

① 周岱霖，胡嘉佩. 社区生活圈公共服务设施配置规划路径探索——《广州社区生活圈及公共中心专项规划》编制思考［J］. 城乡规划，2021（4）：117-124.

② 张凌云，余龄敏. 控制性详细规划用地兼容与混合性研究——以金华市经济技术开发区为例［J］. 浙江国土资源，2022（3）：28-30.

表5-2-9 广州市常用地混合引导表

用地性质	居住用地			公共管理与公共服务用地									商业服务业设施用地					工业用地				物流仓储用地				公用设施用地	绿地		
	一类 R1	二类 R2	三类 R3	行政办公设施 A1	文化设施 A2	科研教育 A3	体育用地 A4	医疗卫生用地 A5	社会福利设施用地 A6	文物古迹用地 A7	外事用地 A8	宗教设施用地 A9	商业设施 B1	商务设施 B2	娱乐康体设施 B3	公用设施营业网点 B4	其他服务设施 B9	一类 M1	二类 M2	三类 M3	新型产业用地 M0	一类 W1	二类 W2	三类 W3	物流用地 W4	公用设施用地 U	公园绿地 G1	防护绿地 G2	广场用地 G3
一类居住用地R1																													
二类居住用地R2	●																												
三类居住用地R3	×	×																											
行政办公设施A1	×	×	×																										
文化设施A2	×	×	×	○																									
科研教育A3	×	×	×	○	●																								
体育用地A4	×	○	○	○	○	○																							
医疗卫生用地A5	×	×	○	×	×	×	×																						
社会福利设施用地A6	×	○	○	×	×	×	×	×																					
文物古迹用地A7	×	×	×	×	×	×	×	×	○																				
外事用地A8	×	×	×	×	×	×	×	×	×	×																			
宗教设施用地A9	×	×	×	×	×	×	×	×	×	×	×																		
商业设施B1	×	○	○	○	●	×	●	×	○	×	×	×																	
商务设施B2	×	○	○	●	●	×	●	×	×	×	×	×	●																
娱乐康体设施B3	×	×	×	●	●	×	●	×	×	×	×	×	●	●															
公用设施营业网点B4	×	×	×	●	○	●	○	×	×	×	×	×	●	●	○														
其他服务设施B9	×	×	×	×	×	×	×	×	×	×	×	×	○	○	○	×													
一类工业用地M1	×	×	×	×	×	×	×	×	×	×	×	×	×	×	×	×	×												
二类工业用地M2	×	×	×	×	×	×	×	×	×	×	×	×	×	×	×	×	×	●											
三类工业用地M3	×	×	×	×	×	×	×	×	×	×	×	×	×	×	×	×	×	×	●										
新型产业用地M0	×	×	×	×	×	×	×	×	×	×	×	×	×	×	×	×	○	●	●	×									
一类物流仓储用地W1	×	×	×	×	×	×	×	×	×	×	×	×	×	×	×	×	×	×	×	×	●								
二类物流仓储用地W2	×	×	×	×	×	×	×	×	×	×	×	×	×	×	×	×	×	×	×	×	×	●							
三类物流仓储用地W3	×	×	×	×	×	×	×	×	×	×	×	×	×	×	×	×	×	×	×	×	×	×	×						
物流设施用地W4	×	×	×	×	×	×	×	×	×	×	×	×	×	×	×	×	×	×	×	×	×	×	×	×					
公用设施用地U	×	×	×	×	×	×	×	×	×	×	×	×	×	×	×	×	×	×	×	×	×	×	×	×	×				
公园绿地G1	×	×	×	×	×	×	○	×	×	×	×	×	×	×	×	×	×	×	×	×	×	×	×	×	×	×			
防护绿地G2	×	×	×	×	×	×	×	×	×	×	×	×	×	×	×	×	×	×	×	×	×	×	×	×	×	×	×		
广场用地G3	×	×	×	×	×	×	×	×	×	×	×	×	×	×	×	×	×	×	×	×	×	×	×	×	×	×	●	×	

注：● 为可混合；○ 为有条件混合；× 为不宜混合。

"住宅+商业（R2+B1）"和"商业+商务（B1+B2）"，这两种模式也是广州市目前在混合用地领域应用最为广泛的方法。每种混合形式都会在规划条件中明确各种用途比例的建筑面积构成。

三是确定混合用地的表达方式。广州在控规编制表达方式上规定，"土地使用性质"的表达采用"+"连接混合的用地类型，排列顺序原则上按照建筑与设施所对应的建筑面积（如混合用地无建构筑物，则以用地面积计）从多到少排列；"土地使用性质代码"的表达应与"土地使用性质"相对应，并按比例大小顺序排列代码；开发意向明确的可在"备注"中注明各类用地计容建筑面积比例上下限或具体比例；图纸上只表达主导用途用地类型（表5-2-10）。

表5-2-10　控规中混合用地表达方式示例

地块编号	用地性质代码	用地性质	用地面积（m²）	容积率	建筑限高	建筑密度	绿地率	公共服务设施	备注
01-01	B1+B2	商业用地+商务用地	10000			—			商业用途不低于计容建筑面积的60%

（2）用地兼容

用地兼容指单一性质用地允许两种或两种以上跨地类的建筑与设施进行兼容性建设和使用。大多数R、B、M、W、S用地可兼容其他用地。其他用地类别如果需要兼容其他用地，需要在控规中特别说明。[①]

建设用地兼容重点关注居住、商业、公共服务、工业、仓储等常用地的兼容规定。通过对常见用地的规定，基本可以覆盖城市发展的大部分兼容使用需求。而在用地兼容性等级划分方面，广州市基本沿用以下三个原则：一是功能环境相斥性、用地条件相似性和功能集聚效用性。另外，在划分兼容等级、制定兼容指引表的基础上，城市还会对建筑适建性、混合用地的使用规则提出明确的规定要求，其中建筑适建范围内不视作控规调整，符合混合用地规定的执行控规调整简易程序，从而达到提高用地管理效能的目的。

例如在编制《海珠生态城启动区控制性详细规划》中，项目应对控规用地性质调整，提出"建设用地兼容范围表"依据（表5-2-11），并且根据实施过程中建筑物用途

---

① 张凌云，余龄敏. 控制性详细规划用地兼容与混合性研究——以金华市经济技术开发区为例［J］. 浙江国土资源，2022（3）：28-30.

表5-2-11　建设用地兼容范围表

用地类别	居住用地		公共管理与公共服务用地									商业服务业设施用地					物流仓储用地	道路与交通设施用地				公用设施用地				绿地与广场用地		
	一类 R1	二类 R2	行政办公 A1	文化设施 A2	科研教育 A3	体育用地 A4	医疗卫生用地 A5	社会福利设施用地 A6	文物古迹用地 A7	外事用地 A8	宗教设施用地 A9	商业设施 B1	商务设施 B2	娱乐康体设施 B3	公用设施营业网点 B4	其他服务设施 B9	一类 W1	城市道路用地 S1	轨道交通用地 S2	交通枢纽用地 S3	交通站场用地 S4	供应设施 U1	环境设施 U2	安全设施 U3	其他公用设施 U9	公园绿地 G1	防护绿地 G2	广场用地 G3
居住用地　一类居住用地R1	●	●	○	○	×	○	○	○	●	×	○	○	○	×	○	○	×	○	○	○	○	○	○	○	○	●	●	●
二类居住用地R2	●	●	○	○	○	○	○	○	●	○	○	○	○	×	○	○	×	○	○	○	○	○	○	○	○	●	●	●
公共管理与公共服务用地　行政办公用地A1	×	○	●	●	●	○	○	○	●	○	○	●	●	○	○	○	×	○	○	○	○	○	○	○	○	●	●	●
文化设施用地A2	×	○	●	●	●	○	○	○	●	×	○	●	●	○	○	○	×	○	○	○	○	○	○	○	○	●	●	●
科研教育用地A3	×	○	●	●	●	●	●	●	●	×	○	○	○	○	○	○	×	○	○	○	○	○	○	○	○	●	●	○
体育用地A4	×	○	○	○	●	●	○	○	●	×	○	○	○	●	○	○	×	○	○	○	○	○	○	○	○	●	●	●
医疗卫生用地A5	×	○	○	○	●	○	●	●	●	×	×	○	○	×	○	○	×	○	○	○	○	○	×	×	×	●	●	○
社会福利设施用地A6	×	○	○	○	●	○	●	●	●	×	×	○	○	×	○	○	×	○	○	○	○	○	×	×	×	●	●	○
文物古迹用地A7	×	×	●	●	●	●	×	×	●	×	×	×	×	×	×	×	×	○	○	○	○	○	×	×	×	●	●	●
外事用地A8	×	×	○	○	○	○	×	×	●	●	×	○	○	×	○	○	×	○	○	○	○	○	×	×	×	●	●	○
商业服务业设施用地　商业设施B1	×	○	●	○	○	○	○	○	●	○	○	●	●	●	●	●	×	○	○	○	○	○	○	○	○	●	●	●
商务设施B2	×	×	●	○	○	○	○	○	●	○	○	●	●	●	●	●	×	○	○	○	○	○	○	○	○	●	●	●
娱乐康体设施B3	×	×	○	×	×	○	×	×	×	×	×	●	●	●	○	●	×	○	○	○	○	○	○	○	○	●	●	●
公用设施营业网点B4	×	×	○	○	×	○	○	○	○	○	○	●	●	○	●	●	×	○	○	○	○	○	○	○	○	●	●	●
物流仓储用地　一类物流仓储用地W1	×	×	×	×	×	×	×	×	×	×	×	×	×	×	×	×	●	○	○	●	○	○	○	○	○	○	●	○
道路与交通设施用地　城市道路用地S1	×	×	○	×	○	×	×	×	×	×	×	○	○	○	○	○	×	●	○	○	○	○	○	○	○	○	●	●
轨道交通用地S2	×	×	○	×	○	×	×	×	×	×	×	○	○	○	○	○	×	○	●	●	○	○	○	○	○	○	●	●
交通枢纽用地S3	×	×	○	×	○	×	×	×	×	×	×	○	○	○	○	○	×	○	●	●	○	○	○	○	○	○	●	●
交通站场用地S4	×	×	○	○	×	×	×	×	×	×	×	○	○	○	○	○	×	○	○	○	●	○	○	○	○	○	●	●
公用设施用地　供应设施U1	×	○	○	○	○	○	○	○	○	○	○	○	○	○	○	○	○	○	○	○	○	●	○	○	○	●	●	●
环境设施U2	×	×	○	○	○	○	○	○	○	○	○	○	○	○	○	○	○	○	○	○	○	○	●	○	○	●	●	●
安全设施U3	×	×	○	○	○	○	○	○	○	○	○	○	○	○	○	○	○	○	○	○	○	○	○	●	○	●	●	●
绿地与广场用地　公园绿地G1	×	×	○	○	○	○	○	○	●	○	○	○	○	○	○	○	○	○	○	○	○	○	○	○	○	●	●	○
防护绿地G2	×	×	○	○	○	○	○	○	●	○	○	○	○	○	○	○	○	○	○	○	○	●	●	●	○	●	●	○
广场用地G3	×	×	○	○	○	○	○	○	●	○	○	○	○	○	○	○	○	○	○	○	○	○	○	○	○	●	●	●

注：× 表示相互冲突，不能兼容；● 表示完全兼容；○ 为当地规划管理部门根据具体条件和规划要求确定允许或不允许许可兼容，具体核定兼容范围。可以无条件地设置。可以无条件地设置，由当地规划管理部门根据周围环境影响和基础设施条件，具体核定设置范围。"建设用地兼容"未列入"建设用地兼容范围表"的，由当地规划管理部门根据具体条件和规划要求确定允许或不允许兼容。

调整，最后进一步明确部分混合使用容量标准（商住用地混合，住宅应占总建筑面积60%以上）。

（3）可选择用地

广州市创新探索可选择用地规划编制管理模式，可选择用地性质可改变，明确备选用地性质。为实现土地的最优配置，在城市中区位优越、土地价值高地区，如商业中心、地铁枢纽、历史文化保护区、山水风景资源区域，选取核心地块作为可选择用地，为未来重大项目的落位进行预留。在备选范围内功能改变无须申请修改控规，简化流程。城市更新区域需要原有企业退出后才可进行变更，且需要重新进行土地出让程序，以保障现有企业权益、杜绝用地频繁变更。在土地出让前开展咨询策划，论证确定用地性质，按照用地性质确定对应控制指标，规划管理部门审批出具规划条件。[①]

广州的可选择用地方法融合了新加坡"白地"和厦门"分层审批"两种模式的特点（图5-2-18，表5-2-12）。其"可选择"的方法主要借鉴了新加坡"白地"规划建设经验：一是控规对某些地块规定可选择的若干种用地性质作为其备选用地性质；二是在一定情况下，用地性质在经规划部门论证后即可进行变更，以适应市场新变化。同时厦门"分层审批"的方法也被借鉴用于广州的规划管理。在可选择用地实践中，其具备以下特征：明确用地性质及可选择替代的用地性质；在总体层面合理确定可选择用地类型比例；土地出让前开展咨询策划，确定用地性质，按照用地性质确定对应控制指标；企业退出后，依据控规提出的可选择用地的用地性质和控制指标，选择适应市场新变化或新使用单位需求的用地性质，替代地块原用地性质和控制指标。

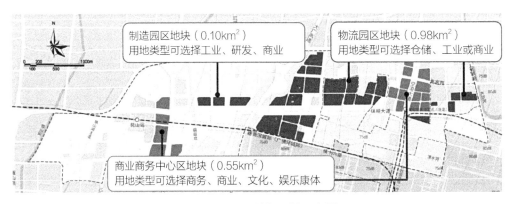

图5-2-18　可选择用地示意图

---

① 张凌云，余龄敏. 控制性详细规划用地兼容与混合性研究——以金华市经济技术开发区为例［J］. 浙江国土资源，2022（3）：28-30.

表5-2-12　控规中可选择用地表达方式示例

用地编码	土地使用性质代码	土地使用性质	建筑密度	建筑限高（m）	容积率	绿地率
—	B1/B2/A2	商业/商务/文化设施可选择用地	60%/60%/—	42/42/—	4.5/4.5/—	15%/15%/—

注：可结合实际产业招商情况确定可选择用地功能（一类工业用地或其他商务用地），若需要采用其他商务用地的，地块规划控制指标为容积率2.5～4.0、建筑密度≤40%、绿地率≥30%、建筑高度须经充分论证后确定。

5.2.4.3　低碳导向的绿色发展战略

（1）绿色交通

公共交通是一种能源集约化的交通方式，构筑以轨道交通为骨干、常规公交为主体的公共交通体系，是减少碳排放的重要途径。

就城市轨道交通而言，作为大运量、低能耗的交通工具，是公共交通中最重要的低碳交通方式，合理进行站点布局，是决定轨道交通能否充分发挥其效能的关键因素之一。轨道交通站点应结合居住用地、公共管理与公共服务用地、商业服务业设施用地布置，根据《广州市轨道交通2020年线网规划》要求，确定中心城区轨道交通站点600m覆盖率为60%。

就常规公交而言，合理设计公交线网，布局公交站点，可提高公共交通的便利性与吸引力。根据城市结构层次（功能片区—组团—街区）对公交的不同需求，将公共交通线网分为公交走廊、公交干线和公交支线三个层次，有针对性地服务功能片区、组团和街区。这种多层次的中枢网络结构能有效地吸引服务范围内人口，满足人们不同的出行交通需求，完成客流集散和"门到门"的服务，从而有效拓展公共交通的服务人口和范围。公共交通线网分级应综合考虑各层级公共交通线路的衔接，各线的客运能力应与客流量相协调，线路走向应与客流的主流向一致。《城市道路交通规划设计规范》（GB 50220—95）规定，中心城区公交线网密度应达到3～4km/km²，其他城区公交线网密度应达到2～2.5km/km²。

慢行交通系统包括步行系统和非机动车系统，是绿色交通体系中优先级最高的交通方式，具有安全、舒适、低能耗、低污染的特征。优化慢行交通系统，提高慢行交通出行份额，可有效降低碳排放。

就步行出行而言，慢行交通网络应当是连续不间断的。应为步行和自行车出行提供多样的路径选择，同时应注重以人为本，保证步行出行的安全，实现人车分离，这样也保障了机动车道的通畅。当需跨越城市交通性干路时，根据区域用地布局和交通组织，确定慢行过街设施的位置、形式。公共活动中心区、客运交通枢纽等人流、车流集中地区，需根据地区交通流线分析，根据人行的主要流向，确定连接各人流集中的活动中心或交通枢纽平台的位置，与车行线路分层规划。

就自行车出行而言，自行车道密度是反映自行车系统建设水平的重要标准，按照《城市道路交通规划设计规范》（GB 50220—95），广州市分三类自行车道设置相应的密度值（表5-2-13）。此外，规划完整、通畅的慢行交通网络，并在局部区域为慢行交通提供优先路权，能有效提高慢行交通出行比例，降低交通能耗。在交通流量大、功能单一、管理封闭的区域，如公共交通枢纽地区、公共活动中心区、居住社区、大学园区、大型公园、滨水地区，通过分析通勤、休闲等不同功能慢行线路的走向及其对路权分配、设施配置的要求，在慢行需求量大的路段采取小型环岛、凸起交叉口、中央分隔岛、减速弯等交通宁静化设计措施，限制机动车车速、给予慢行者优先路权、改善慢行环境，引导以绿色出行为主的出行方式。注重慢行系统与服务设施、开放空间的衔接。规划确定慢行道路网络有机地将居住区与商业服务设施、公共服务设施、公交站点、开敞空间相串联。

表5-2-13　自行车道路网密度与道路间距

自行车道路与 机动车道的分隔方式	自行车道路网密度 （km/km²）	道路间距 （m）
自行车专用路	1.5~2.0	1000~1200
与机动车道间用不小于 1m的绿化进行隔离	3.0~5.0	400~600
路面划线	10.0~15.0	150~200

资料来源：《广州市低碳控制性详细规划指引》。

轨道交通、快速公交、常规公交等不同公交方式之间的便捷换乘，以及与慢行系统的高效接驳，可以提高交通效率，减少出行时间和交通碳排放，是绿色交通系统发挥最大组合效益的关键因素，控规中应落实接驳或换乘设施的设置要求。

公交快捷换乘设计是指在公交站点短距离步行范围（300m）内规划接驳站点或自行车停车场，实现不同公交系统之间的快捷换乘（图5-2-19）。规划公交快捷换乘与建立多层次公交网，是构建高效、吸引力强的公交系统的前提条件。此外，公共中心区交通量大，应实现人流、物流的快速疏散，才能保持道路系统运输的通畅、高效，因此，为实现公交的无缝换乘，在公共中心区的轨道交通站点或快速交通站点100m内应设置换乘设施，如常规公交站、非机动车停车场等。控规应明确轨道交通站点或快速公

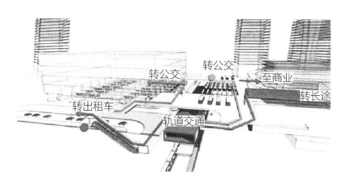

图5-2-19 公交站点地区无缝接驳换乘设计示意

资料来源:《广州市低碳控制性详细规划指引》。

交站点100m范围内的换乘或接驳设施类型与位置,满足慢行交通换乘公共交通及公交相互换乘的出行需求。

(2) 绿色建设

绿色建筑相比普通建筑能更充分地利用自然环境资源(自然风、阳光、地热等),减少对传统暖通、空调、照明等设备的依赖,有效提高能源的使用效率,从而极大地减少能源消耗和碳排放。以国家绿色建筑评价标准为依据,在控规中落实绿色建筑的相关要求,是促进建筑用能部门实现碳减排的有效手段。

绿色建筑是指在建筑的全寿命周期内,最大限度地节约资源(节能、节地、节水、节材),保护环境和减少污染,为人们提供健康、适用和高效的使用空间,建造与自然和谐共生的建筑。因此,推进规划项目的绿色建筑建设,可实现建筑的节能减排。根据《广州市绿色建筑和建筑节能管理规定》要求,四类项目应当按照绿色建筑标准进行立项、土地出让、规划、建设和管理。四类项目是:全部或者部分使用财政资金,或者国有资金占主导的新建、改建、扩建房屋建筑项目(含保障性住房建设项目);旧城改造项目;2014年起,本市范围内新建、改建、扩建的单体面积超过2万m²的机场、车站、宾馆、饭店、商场、写字楼等大型公共建筑;海珠生态城、国际金融城、中新广州知识城、白云新城、天河中央商务区、天河智慧城、白鹅潭商务区、南站商务区、琶洲片区、增城经济技术开发区、南沙新区、空港经济区、广州国际生物岛、大学城南区等城市发展新区的新建房屋建设项目。

此外,应根据国家《绿色建筑行动方案》的规定对"绿色建筑比例"提出规划要求(表5-2-14)。"绿色建筑比例"是指新建或改扩建的居住用地(R类)、公共管理与公共服务用地(A类)、商业服务业设施用地(B类)地块中,有绿色建筑星级要求地块的总建筑面积与规划总建筑面积的比例,重点地区不论新建地块还是改扩建地块,均须全部为绿色建筑,其他新建地块需达到60%以上,改扩建地块需达到30%以上。

表5-2-14 "绿色建筑比例"建议指标值

适用地区	新建地块	改扩建地块
重点地区	100%	100%
其他地区	60%	30%

资料来源:《广州市低碳控制性详细规划指引》。

绿色建筑要求与低碳城市发展最为密切相关的是建筑节能。建筑能源消耗占全市能源总消耗的30.84%,是主要的能源消耗部门之一。推动绿色建筑发展,加强建筑节能管理,可以有效降低建筑能耗,提高建筑能源利用效率。根据《广州市绿色建筑和建筑节能管理规定》相关要求,广州市在控规中提出"绿色建筑星级要求",促进城市的绿色发展、循环发展、低碳发展(表5-2-15)。当一块用地上有多栋建筑时,应保证不少于一半的建筑符合表中所规定的星级要求。主要用于居住用地、公共管理与公共服务用地、商业服务业设施用地。对于没有"绿色建筑星级要求"的住宅建筑、公共建筑,应根据《夏热冬暖地区居住建筑节能设计标准》(广东省实施细则)(DBJ 15-50—2006)、《公共建筑节能设计标准》(广东实施细则)(DBJ 15-51—2007)的要求,建筑节能率应不小于50%。

表5-2-15 "绿色建筑星级要求"控制指标建议值

用地类型	适用情况	适用星级
居住用地(R)	保障性住房建设项目	一星A
公共管理与公共服务用地(A)、商业服务业设施用地(B)	新建、改建、扩建的单体面积超过2万m²的机场、车站、宾馆、饭店、商场、写字楼等大型公共建筑	二星A
居住用地(R)、公共管理与公共服务用地(A)、商业服务业设施用地(B)	位于重点地区的新建示范性项目、标志性项目	三星
	位于重点地区的新建项目	二星A
	位于重点地区的改建、扩建项目	一星A
	旧城改造项目	一星A
	全部或者部分使用财政资金,或者国有资金占主导的新建、改建、扩建房屋建筑项目	一星A
	其他有要求的地块	一星A

注:1. 如果建设项目同时适用于上述两种或两种以上情况,则按最高的适用星级进行指标要求;公共管理与公共服务用地(A)的中小学用地(A33)没有绿色建筑星级要求。

2. 资料来源:《广州市低碳控制性详细规划指引》。

（3）生态廊道

充分利用自然资源，完善生态廊道及通风廊道体系，改善城市生态环境。构建自然通风廊道，可以防治污染、减缓热岛效应，减少对于制冷设备的依赖，从而降低能耗与温室气体排放。控规中可利用自然的生态廊道与生态冷源，结合区域的气候条件，通过优化方案的空间布局形成有效的微风通道，改善热环境。

为确保片区与片区之间、组团与组团之间有一定宽度的生态廊道，防止城市建成区连片发展，保护廊道系统内的生物生境，维护城市生态安全。根据上位规划要求及国内外相关研究，广州市利用既有山体、水体、湿地、农田、开敞空间规划设置生态廊道，确定片区级生态廊道宽度宜为50～300m，组团隔离带度宜为30～100m（表5-2-16）。

表5-2-16　生态廊道不同宽度及其承担功能

廊道等级	要素类别	最小宽度（m）	适宜宽度（m）	承担的功能
区级生态廊道	河流	约100（不包括河流宽度）	100～300（不包括河流宽度）	能创造自然的、物种丰富的景观结构
	山林	约200	200～1200	含有较多植物及鸟类内部种
	道路	50	50～100	满足中等及大型哺乳动物迁移
组团隔离带	河流	30	30～100	满足动植物迁移和传播，以及生物多样性保护的功能
	山林	30	30～200	具有较大的草本植物和鸟类多样性和内部种
	道路	12	12～50	截获从周围土地流向河流的50%以上沉积物；控制氮、磷和养分的流失；为鱼类繁殖创造多样化的生境
绿道	河流	6	6～30	包含草本植物和鸟类多数的边缘，种满足鸟类迁移
	道路	3	3～12	保护无脊椎动物种群、鱼类、小型哺乳动物

资料来源：《广州市低碳控制性详细规划指引》。

城市生态冷源是指地表温度较低，为城市提供冷空气的区域。按性质可分为水域冷源、森林冷源、田园冷源三类，按区位可分为外部生态冷源、内部生态冷源两类（表5-2-17）。外部生态冷源应布置在城市夏季盛行风向的上风向，并用风廊将冷源与城市中心区连接起来，使冷源产生的冷空气可以输送入城市内部，缓解热岛效应；内部生态冷源应尽可能均匀布局在城市中，通过"林源风""水陆风"等自然大气循环，将冷空气扩散到周边的建设用地，改善城市局部热环境。要合理规划生态冷源，以缓解热岛效应、改善城市局部热环境。

表5-2-17　三类冷源规划指引

类别	水域冷源	森林冷源	田园冷源
组成要素	河流、河涌、湖泊、水库、池塘、湿地、景观水体	林地、郁闭度高的园地	耕地、园地、公园绿地
主要控制指标	①块状水体面积≥1hm²；②带状水体宽度≥20m；③湖泊、景观水体的深度≥0.5m	①森林冷源的面积≥5hm²；②森林冷源任一切面的最小宽度≥200m；③森林郁闭度≥0.7	①作为冷源的公园面积≥10hm²；②作为冷源的公园建筑密度≤5%；③公园冷源绿地的乔木数量≥3棵/100m²
规划指引	①水域冷源周边应设置一定宽度的绿化带，以增强冷源的效果；②应保护已有河流、河涌、湖泊、水库，充分利用其冷效应；③将水域冷源布置在城市中心，切割城市热核	①森林冷源周边的林带应疏密适度，下部适当通风，以促成下坡风；②尽量避免在山谷中进行大规模的城市建设，以充分利用山谷风系统；③可沿河流、河涌、景观大道建设"林带"，将森林的冷空气输送到城市	①作为冷源的公园绿地应尽量均匀地分布在城市内部，形成局部冷岛；②田园冷源尽量与水域冷源结合布置，提高其冷岛效应；③田园冷源根据夏季盛行风向，结合河流、河涌、道路等要素，形成城市通风廊道

资料来源：《广州市低碳控制性详细规划指引》。

通风廊道是依据生态学的大气循环原理，通过分析城市风向玫瑰图而设置的与城市主风向一致或成一定夹角的廊道。规划设计通风廊道，能利用自然风缓解城市热岛效应，减轻人们对建筑设备的依赖，从而降低碳排放。应根据城市地形、气象条件与发展现状，结合生态廊道及组团隔离带规划，设计区域通风廊道、城市通风廊道。广州夏季以东、东南、南风为主，应保证通风廊道内空气流动不受阻碍，减小地面粗糙度，具体可以从宽度、走向、开敞空间、相邻界面、建筑五个方面对通风廊道进行控制（表5-2-18）。

表5-2-18　通风廊道控制指标一览表

控制方面	区域风廊道	城市通风廊道
宽度	≥200m	≥100m
走向	应尽量取"东南—西北"的走向，其次取"南—北""东—西"走向	
开敞空间	廊道内建设用地比例≤20%	廊道内建设用地比例≤25%
相邻界面	相邻界面的高宽比≤0.5	相邻界面的高宽比≤1
建筑	廊道内建设用地的建筑密度≤25%；廊道内建设用地的阻风率≤0.5	廊道内建设用地的建筑密度≤30%；廊道内建设用地的阻风率≤0.6

资料来源：《广州市低碳控制性详细规划指引》。

（4）低碳指标体系

低碳控规的指标体系可分为总体与地块两个层次。总体层次，是基于区域平衡的视角，从土地集约利用、生态环境、绿色交通、绿色建筑、市政工程五个方面引导控规方案减排和增汇，同时将碳中和战略目标以指标赋值形式落实到法定规划管理中。地块层次，主要用于控制与引导地块上的建设行为达到低碳建设要求，与土地出让紧密结合，能在竣工验收中现场核查（表5-2-19）。

表5-2-19　低碳控规指标体系框架

目标	指标内容	具体要求
控规总体指标	土地集约利用	增强用地功能多样性，引导公共交通用地协调发展，提高土地利用效率
	绿色交通	增加公共交通系统的使用率，优化慢行系统
	绿色建筑	增加绿色建筑比例，降低建筑碳排放
	生态环境	保护生态空间，促进低碳的户外游憩活动
	市政工程	提高资源利用效率，减少环境污染
地块管理指标	建筑布局	改善地块风、热环境，促进用地混合、集约使用
	建筑设计	改善地块风环境，推广绿色建筑设计，降低建筑能耗
	建筑外环境	改善地块热环境，提高绿容率，降低对市政管网的冲击
	市政工程	减少资源使用与垃圾产生量，降低洪涝风险与交通能耗，促进资源循环利用

结合广州地域化特征，并考虑低碳指标的规划管理可操作性，对精选指标进行转译优化，最终形成广州低碳控规总体层面指标体系，共涉及土地集约利用、绿色交通、绿色建筑、生态环境、市政工程5个方面，10项指标（表5-2-20）。

表5-2-20　低碳控规总体指标一览表

类别	设置目标	指标
土地集约利用	增强用地功能多样性，提高短路径出行比例	拥有混合使用功能的街坊数量比例（%）
	合理布局基本公共服务设施，提高公共设施可达性与使用率	基本公共服务设施可达性（%）
绿色交通	提高交通运输效率，缓解交通拥堵，提升公交可达性	路网密度（km/km²）
	提升交通站点可达性，提升公交服务能力	轨道交通站点600m覆盖率（%）
绿色建筑	促进建筑与环境可持续发展，降低建筑碳排放	绿色建筑比例（%）

类别	设置目标	指标
生态环境	确保生态用地规模，维持城市生态安全	综合绿地率（%）
	促进生态绿地联系成网络，提高绿色空间生态效益	绿地连通度（%）
	提高公园绿地可达性，促进低碳出游	公园绿地500m覆盖率（%）
市政工程	提高水资源利用效率，减少自来水消耗	使用"非传统水源"的地块面积占比（%）
	减少化石能源消耗，降低能源碳排放	使用"可再生能源"的地块面积占比（%）

资料来源：《广州市低碳控制性详细规划指引》。

从建筑布局、建筑设计、建筑外环境设计、市政工程4个方面，制定14项低碳控规地块管理指标，其中控制性指标4项，引导性指标7项（表5-2-21）。[①]

表5-2-21　低碳控规地块指标一览表

类别	设置目标	指标	指标类型
建筑布局	促进用地混合、集约使用	建筑功能混合使用率（%）	控制性指标
		地下空间开发强度	引导性指标
	促进通风	透风率（%）	引导性指标
		阻风率	引导性指标
建筑设计	推广绿地建筑，促进建筑节能	绿色建筑星级要求	控制性指标
		建筑节能率（%）	控制性指标
	促进通风	首层架空率（%）	引导性指标
建筑外环境设计	降低热岛	屋顶绿化率（%）	控制性指标
	实现低影响开发	平均径流系数	引导性指标
	提高绿容率	每100m²绿地的乔木数（棵）	通则性指标
		乡土植物比例（%）	通则性指标
市政工程	降低交通出行能耗	非机动车停车位（位）	通则性指标
	减少垃圾产生量，降低资源使用量	非传统水源利用率（%）	引导性指标
		可再生能源利用率（%）	引导性指标

资料来源：刘婕，李晓晖，吴丽娟. 碳中和语境下的控规低碳指标体系构建——以广州为例［C］//面向高质量发展的空间治理——2021中国城市规划年会论文集（17详细规划），2021：220-229.

---

① 刘婕，李晓晖，吴丽娟. 碳中和语境下的控规低碳指标体系构建——以广州为例［C］//面向高质量发展的空间治理——2021中国城市规划年会论文集（17详细规划），2021：220-229.

5.2.5　广州都会区生态廊道控规实践

5.2.5.1　工作概况

2014年，广州积极响应国家生态文明建设号召，生态环境问题得到各界关注及重视。2014年2月19日，《广州统战信息》刊发："市政协委员何伟建议，广州要通过规划建设各种类型的城乡生态隔离区，即生态带建设，有效降低$PM_{2.5}$污染，提高城市宜居程度。"该提案得到广州市委、市政府领导高度重视。为落实"生态文明"建设要求，贯彻新型城市化发展战略，深化推进广州"生态隔离、组团发展"的城市发展战略，更好地实现生态用地的保护控制、生态廊道的建设引导，2014年广州市组织开展都会区生态廊道控规整合编制。

广州市都会区范围主要包括越秀区、荔湾区、海珠区、天河区、白云区、花都区的北二环高速公路以南地区，黄埔区的南部地区（除知识城和九龙镇区）和番禺区，面积约1339km²。广州都会区是城市集中发展区，快速城镇化进程中，都会区建设用地以蔓延式扩张，生态用地破碎化程度高，串联生态节点的带状网络型生态廊道体系是维持都会区生态结构与功能的基本骨架，同时也是实现生态隔离、组团发展的主要规划控制手段。广州市都会区以非集中建设单元控规优化、细化生态廊道的用地布局、建设管控、地景营造等内容，保障生态廊道体系的有效落实。

5.2.5.2　特色和亮点

（1）方案系统编制

生态廊道是为了增加生态系统的连通性，为物种的交流和贮存提供渠道，提高物种和基因的交流速率和频率，在生态环境中呈线性或带状布局、能够沟通连接空间分布上较为孤立和分散的生态单元的生态系统空间类型。因此，生态廊道本质上是一种系统性空间，在控规编制中不能就单一廊道或单元而论，需以整体思维从生态网络优化视角出发，开展控规方案的系统编制。基于此，广州市都会区生态廊道控规整合编制工作形成"都会区—重点廊道地区—单元及地块控规"三个层面的方案编制成果。

①都会区生态廊道规划

都会区生态廊道规划侧重体系构建。以"生态隔离、组团发展"为原则，结合上层次规划及广州生态体系本底分析，构建都会区生态廊道网络体系。在生态廊道体系基础上提出都会区生态控制线方案，明确分级管控要求。

一是构建生态廊道等级功能与结构体系。明确都会区生态廊道的功能、等级、宽度与间距等要求，以连通性为目标，以生态廊道和生态基础设施理论为指导，按照"生态隔离、组团发展"的理念，基于山水格局、热岛环节、生态连接度提升、水系功能维护、道路绿带预留等分析，提出都会区生态廊道的网络结构。

二是明确生态廊道空间布局。以现状和规划的水系、山林、各类城市绿地等生态用地为基础，整合都会区破碎化的生态用地，规划生态廊道控制范围，确定廊道总面积。明确区域廊道、组团廊道和城市绿道等各级生态廊道的布局，串联各类生态与开敞空间。同时，构建集生态保育、休闲游憩、安全防护、垦殖生产等功能于一体的生态基础设施网络，明确廊道分类建设原则。

三是划分生态廊道一二级分区管制。在都会区生态廊道体系规划基础上，根据生态用地重要性与监督管理级别，提出都会区城市生态控制线方案，明确分级管控要求，通过生态控制线落实生态廊道体系规划，强化生态与开敞空间的刚性管控（图5-2-20）。

②重点廊道地区概念规划

重点廊道地区概念规划侧重衔接指导。探索利用城市设计与控规方法制定重点生态廊道控制地区的规划方案，落实总体层面空间布局，提出建设控制指引，为单元及地块

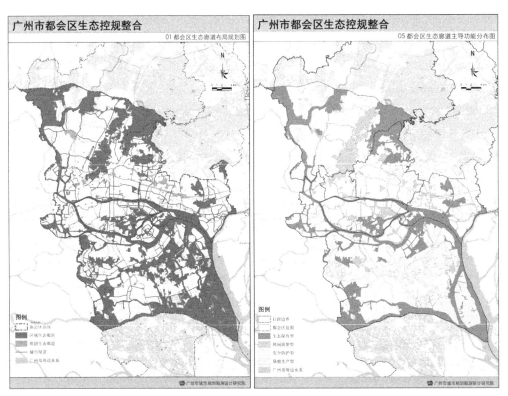

（a）01都会区生态廊道布局规划图　　　　　　（b）05都会区生态廊道主导功能分布图

图5-2-20　都会区生态廊道布局图、生态廊道主导功能分布图和生态控制线管制分区图

资料来源：《广州市都会区生态控规整合》项目文本。

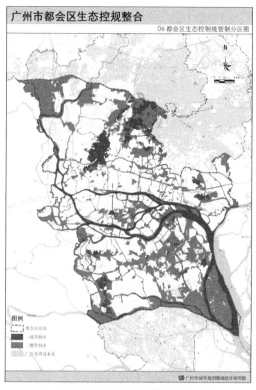

广州市都会区生态控规整合

06 都会区生态控制线管制分区图

图例
都会区范围
禁管制区
限管制区
广州及周边水系

广州市城市规划勘测设计研究院

（c）06都会区生态控制线管制分区图

图5-2-20　都会区生态廊道布局图、生态廊道
主导功能分布图和生态控制线管制分区图（续）

层面控规编制与调整提供指导依据。

一是细化廊道用地布局。根据都会区生态廊道规划划定的廊道范围，细化范围内水库、水源林、城市公园等各类生态用地的空间布局、实施管理对象和功能类型，并明确廊道范围内生态用地总面积及各类生态用地的面积（表5-2-22）。

表5-2-22　重点廊道地区一东部生态带用地布局及各类生态用地信息

序号	生态廊道用地分类	面积（hm²）	实施管理对象	功能类型
1	水库	11.4	龙头山内水库	生态保育类
2	水源林	74.4	龙头山水源涵养林	生态保育类
3	主干河流	477.8	珠江、南岗河北段、化龙运河等主干河流	生态保育类
4	土壤侵蚀保护区	40.4	番禺化龙镇露天矿地区	生态保育类
5	其他生态保护区	1928.0	黄埔北部山林地	生态保育类
6	城市公园	812.2	包括黄埔区、番禺区综合公园、专类公园、主题公园、带状公园及社区公园	休闲游憩类

序号	生态廊道用地分类	面积（hm²）	实施管理对象	功能类型
7	自然公园	718.5	包括龙头山森林公园、大蚝沙湿地公园、化龙湿地公园、尖峰山郊野公园	休闲游憩类
8	基础设施隔离带	494.6	沿东二环高速、金山大道、京珠高速东段防护绿地	安全防护类
9	基本农田	1920.3	番禺区化龙镇、新造镇、石基镇、石楼镇基本农田	垦殖生产类
10	生产绿地	2644.1	番禺区化龙镇、新造镇、石基镇、石楼镇农田与苗圃	垦殖生产类
11	建设用地	1345.3	黄埔滨江地区及番禺区村建设用地	建设控制类

资料来源：《广州市都会区生态控规整合》项目文本。

二是开展城市设计引导。对重点廊道地区开展城市设计研究，确定重要的生态景观节点，并明确各生态节点的生态保护要点、规划控制指引和规划断面引导，对涉及重要生态景观节点的单元及地块层面控规的规划管控内容提供参考（表5-2-23，图5-2-21）。

表5-2-23　重点廊道地区内重要生态景观节点设计指引

序号	生态景观节点	生态保护要点	规划控制指引	规划生态断面
1	帽峰山、凤凰山、火炉山、华南植物园	生态林保护与建设、生物多样性维护	（1）维护和完善区段内的原生景观，土地利用类型以自然林地为主。 （2）采用水土保持措施修复受损山体，增加植被覆盖，改良土壤。 （3）对与自然保护区、森林公园、生态公益林等地区，禁止有损生态系统的一切开发活动，包括设立污染型企业，如侵占和开山采土等。 （4）旅游开发应结合区段的环境容量严格控制旅游接待量，划定可参观活动范围，规定组团观光的范围。开辟少量的游客驻足点及活动场地，并避开野生动物主要活动区域。禁止大型水上游船、天然泳池等项目设置。 （5）严格审核和控制在该区段建设用地开发强度	断面1、2
2	万亩果园、海珠湖湿地、天河公园、琶洲塔公园	城市公园系统建设、生态恢复	（1）强调城市人工生态与自然生态的协调发展。 （2）保持适度的人口密度，控制各类用地比例，保持合理的区域建筑密度和建筑容积率，保障公共开放空间的连续性。 （3）逐步迁出对水源保护与水环境有影响的工业，控制水环境污染，保护现有自然植被与堤岸。 （4）尽量保持现有水道自然走向并维护水道的天然特征	断面3、4、5

序号	生态景观节点	生态保护要点	规划控制指引	规划生态断面
3	生物岛开敞空间、大学城中心湖公园创新城中轴线	优化滨水公共空间、城市景观空间形态特色化	（1）划分堤岸带与绿化带，堤岸带宜采用拟自然河流的方式开展生态护坡建设，绿化带宜结合绿道建设沿河带状公园，加强景观游憩功能。 （2）积极引导和调整该区段内的产业结构，发展智慧生态型产业，杜绝污染严重、能耗大的企业在该区段落户，严格执行环境质量标准和污染物排放控制标准。 （3）尽量保持现有水道自然走向并维护水道的天然特征。 （4）利用生态修复工程技术，进行水体水质和沿岸土地质量改善，景观重要地段应恢复沿河沙场的绿化植被状况	断面3、4、5
4	化龙湿地、沙湾水道	农田生态系统保护、生态多样性保护	（1）将田园、河流、湿地作为必要的景观要素有机组织到城镇空间体系中，建设湿地公园、观光农业区等。 （2）范围内的违法建设用地及对生态环境有较大影响的现状建设用地，应予以迁出或改造。合法建设项目和用地中的各类对生态环境保护有较大影响的项目且无法改变的，也应迁出和改造。 （3）允许布局少量的农村居民点，鼓励其按照相关规划在生态廊道范围外进行异地统建	断面2

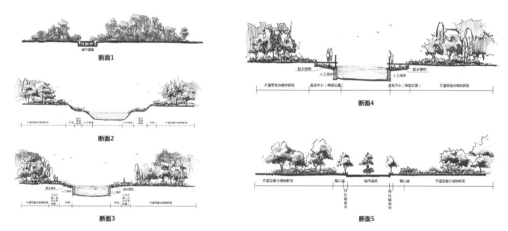

图5-2-21 重点廊道地区内重要生态景观节点示意

资料来源：《广州市都会区生态控规整合》项目文本。

三是明确廊道管控指标。在落实生态廊道总体结构的基础上，重点廊道地区设定五类管控指标，包括廊道总面积、廊道宽度、廊道内绿地和非建设用地比例、廊道内水面率、连通性指数等，以量化指标既保障了生态廊道连通性、总规模不减少，也便于向下层次控规的指标传导。

③单元及地块控规

单元及地块控规侧重实施管控。生态廊道地区划定非集中建设单元，基于地区详尽数据开展生态综合评估与廊道内现状、规划、重点项目等情况核查，确定土地利用规划方案的同时在都会区生态廊道规划确定的生态廊道范围基础上，详细划定生态廊道边界，明确生态廊道功能定位，制定管制分区，开展生态廊道布局规划，明确单元及地块的规划管控指标及要求，编制专项法定图则并进行数据建库（图5-2-22）。

（2）分层指标设定

为对广州市都会区生态廊道用地实施有效的生态控制管理，保护廊道内具有特殊价值的生态敏感地、景观敏感地，维护区域生态安全格局与生态平衡，建立都会区生态廊道"总体—管理单元—地块"三级指标体系，逐层落实生态建设、管理与考核。同时，通过控制性指标与引导性指标相结合，实现刚弹管控（图5-2-23）。

图5-2-22 非集中建设单元法定图则示例

资料来源：《广州市都会区生态控规整合》项目文本。

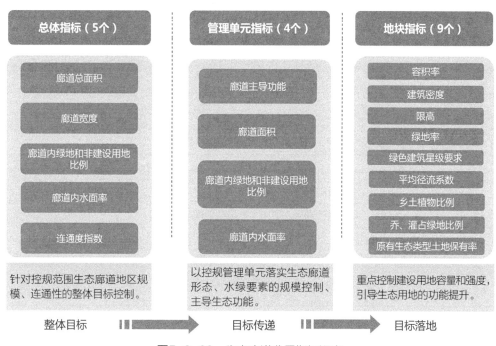

图5-2-23　生态廊道分层指标设定

资料来源：《广州市都会区生态控规整合》项目文本。

①总体指标

总体指标针对重点生态廊道地区等控规整体编制范围内生态廊道体系的控制。重点控制生态廊道规模，廊道内绿地和非建设用地比例，保证廊道连通性，引导生态功能提升（表5-2-24）。

表5-2-24　总体指标体系表

序号	指标	建议目标值	指标性质	说明
1	廊道总面积（km²）	应不低于《广州市都会区生态控规整合》划定面积	控制性	城市生态廊道规模的总体控制
2	廊道宽度（m）	应不低于《广州市都会区生态控规整合规划》划定宽度	控制性	
3	廊道内绿地和非建设用地比例（%）	控规范围内生态廊道非建设用地面积＞80%	控制性	控制生态廊道内建设用地规模
4	廊道内水面率（%）	应不低于现状水面率	控制性	控规范围内，有河流、湖泊、水库等水体要素，均应控制该指标
5	连通性指数	＞99%	控制性	生态廊道连通段的长度与生态廊道总长度的比值，描述廊道完整度与系统性的指标

资料来源：《广州市都会区生态控规整合》项目文本。

②管理单元指标

管理单元指标作为总体层面指标向地块层面指标落实的传递，主要用于生态廊道管理，重点明确主导功能，管理生态廊道面积、水面率、绿地和非建设用地比例（表5-2-25）。

表5-2-25　管理单元指标体系表

序号	指标	指标性质	说明
1	廊道主导功能	引导性	主导功能引导（生态保育/休闲游憩/垦殖生产/安全防护）
2	廊道面积（km²）	控制性	城市生态廊道规模形态管理
3	廊道内绿地和非建设用地比例（%）	控制性	管理生态廊道内绿地和非建设用地不低于现状水平
4	廊道内水面率（%）	控制性	管理控规范围内的河流、湖泊、水库等水体要素不低于现状水平

资料来源：《广州市都会区生态控规整合》项目文本。

③地块指标

生态廊道内地块指标包括6个建设用地指标和3个生态用地控制指标两类共9个，重点在于控制建设开发和加强生态保护（表5-2-26）。建设用地指标用于控制建设开发活动强度和下垫面环境，生态用地指控制指标用于保护生态用地，提高生态效益。

表5-2-26　地块指标体系表

类别	序号	指标	标准	指标性质
建设用地控制指标	1	容积率	一级管制区：仅准入必要设施，按国家相关法律法规标准控制。二级管制区：公用设施用地按照设施相关规划规范制定；村庄建设用地按原农村居民点的规模控制容积率；公共管理与公共服务设施用地、商业用地不大于1.0；居住用地不大于0.8	控制性
	2	建筑密度（%）	一级管制区：仅准入必要设施，按国家相关法律法规标准控制。二级管制区：公用设施用地按照设施相关规划规范制定；公共管理与公共服务设施、居住及商业用地不大于30%；村庄建设用地按原农村居民点的规模控制建筑密度	控制性
	3	限高（m）	一级管制区：仅准入必要设施，按国家相关法律法规标准控制。二级管制区：不高于24m	控制性

类别	序号	指标	标准	指标性质
建设用地控制指标	4	绿地率（%）	公共管理与公共服务设施用地≥40%；村庄建设用地≥35%；公园绿地≥75%；防护绿地≥85%；广场用地≥60%	控制性
	5	平均径流系数	公共管理与公共服务设施用地≤0.5；村庄建设用地≤0.5；公园绿地≤0.2；防护绿地≤0.1；广场用地≤0.4	引导性
	6	绿色建筑星级要求	新建建筑应不低于二星B	引导性
生态用地控制指标	7	乡土植物比例（%）	公园绿地≥70%；防护绿地≥70%；广场用地≥70%	引导性
	8	乔、灌占绿地比例（%）	公园绿地≥70%；防护绿地≥80%；广场用地≥60%	引导性
	9	原有自然生态类型土地保有率（%）	一级管制区100%；二级管制区≥95%	引导性

资料来源：《广州市都会区生态控规整合》项目文本。

（3）分区管控区划

为促进形成生态安全、疏密有致的城市空间结构，加强刚性、弹性结合的生态保护，进一步研究细化非集中建设单元内一、二级生态控制线内的用地准入、功能控制和引导。

①一级生态控制区

用地准入：对应《城市用地分类与规划建设用地标准》（GB 50137—2011），一级管制区准入用地类型包含8个中类用地，分别为G1（公园绿地）、G2（防护绿地）、E1（水域）、E2（农林用地）、E9（其他非建设用地）、A7（文物古迹用地）、U3（安全设施用地）、H4（特殊用地）。

功能控制：实行最严格的管控措施，禁止从事与生态保护无关的开发活动，以及其他可能破坏生态环境的活动。除生态保护与修复工程，文化自然遗产保护、森林防火、应急救援设施、必要的军事及安保设施、必要的旅游交通、通信等基础设施外，不得进行其他项目建设，并逐步清理区域内现有污染源。

②二级生态控制区

用地准入：对应《城市用地分类与规划建设用地标准》（GB 50137—2011），二级管制区准入用地类型包含7个大类、15个中类、6个小类用地：G1（公园绿地）、G2（防护绿地）、G3（广场用地）、E1（水域）、E2（农林用地）、E9（其他非建设用地）、

A2（文化设施用地）、A35（科研用地）、A4（体育用地）、A7（文物古迹用地）、B3（娱乐康体用地）、S1（城市道路用地）、S2（城市轨道交通用地）、S4（交通场站用地）、U（公用设施用地）、H14（农村居民点的建设用地）、H9（风景名胜区、森林公园等的管理及服务设施用地）、H21（铁路线）、H22（公路用地）、H25（管道运输用地）、H3（区域公用设施用地）、H4（特殊用地）。

功能控制：以生态保护为主，严格控制有损生态系统服务的开发建设活动。除生态保护与修复工程，文化自然遗产保护、森林防火、防灾减灾、应急救援、必要的管护设施以及必要的军事与安全保密设施、农村生活及配套服务设施、生产配套设施、公共基础设施、公园或旅游服务设施、科研设施外，不得进行其他项目建设。建设项目应当遵循小体量、低密度和园林式的原则，在满足生态系统完整性、连续性及生态功能的前提下，综合景观、交通及现状建设情况开展生态控制区（主要是生态廊道地区）及周边地区控规整合以确定具体控制指标和要求。

（4）功能分类指引

参照《广东省城市生态控制线划定工作指引》，根据非集中建设单元内生态廊道涉及的自然保护区、森林公园、风景名胜区、水源保护区、水库、湖泊、河流河涌、生态公益林、湿地公园、水土流失敏感区、地质灾害敏感区、城市公园、防护林地等要素的主要生态服务功能差异，结合相关规划要求以及生态廊道所处区位、周边建设情况，将非集中建设单元进一步细分为生态保育型、休闲游憩型、安全防护型和垦殖生产型。四种类型单元对应差异化的生态建设及地景营造指引、产业发展引导，并将内容纳入非集中建设单元的专项法定图则成果中。

①生态保育型单元

生态保育型单元具有维护生态系统完整性，维护自然生境基本生态安全的功能。主要生态要素有：自然保护区、水源保护区、湿地公园、森林公园、区域主干河流及堤围、大型湖泊及沼泽、水库及水源林、生态公益林区、重要湿地及其保护范围、具有重要生态保护价值的岛屿及群岛、生态滨海岸线及防护区、其他重要生态保护区等。以上述要素构成为主的廊道所在的单元可定位为生态保育型单元。

在生态建设及地景营造指引方面，生态保育型单元内的廊道重点保护生物多样性，对不同生态保育对象进行分类引导。例如以河流为主的廊道应减少水坝、水闸之类的截流设施建设；恢复河流廊道断面的景观多样性；河流水体应按照自然化原则，发掘河流自身的美学价值，恢复水系的自然格局与形态；提高流域生物群落的多样性，充分利用乡土物种，减少引进名贵植物物种；减少沿河楼台亭阁及其他人工建筑物，避免城市河流渠道化与园林化。

在产业发展引导方面，生态保育型单元内的廊道应严格落实维护生态系统完整性与自然生境基本生态安全的功能要求，严格限制产业开发及其产业发展的类型。在满足保护自然、历史序列和生态系统的完整性与特殊性的条件下，可引导发展科研教育产业，开展与生态保育功能相关的科研、教育活动，建立科学研究、环保教育的综合基地。

②休闲游憩型单元

休闲游憩型单元具有供人们观赏、休闲、游憩、娱乐的功能，兼具生态保护、保育功能。主要生态要素包括：自然公园（风景名胜区、郊野公园、地质公园及地质地貌景观区、海岸公园）、大型城市公园（综合公园、专类公园）、生态旅游度假区等。以上述要素构成为主的廊道所在的单元可定位为休闲游憩型单元。

在生态建设及地景营造指引方面，休闲游憩型单元内的廊道重点协调周边用地条件，充分发挥廊道的休闲游憩功能。例如休闲游憩功能型廊道内的建设类型，应以休闲廊道、景观小品、体育设施为主，营造生活游憩的生态景观，并应与廊道周边用地的功能相协调，充分发挥休憩廊道自然景观资源的本底优势。城市郊区开发程度较低的区域，则应以原生景观为主，强调自然生态的原始风貌，建设郊野型原生自然景观。

在产业发展引导方面，休闲游憩型单元内的廊道在生态功能较不敏感且满足管制要求的地区，可开发生态旅游服务功能，适当建设公园游憩、旅游服务、体育休闲等服务设施。禁止有污染的餐饮企业进入，同时，旅游产业发展的相关收入应有专款用于廊道的维护与建设。

③安全防护型单元

安全防护型单元提供重大设施设置的防护和隔离作用，具有卫生、隔离、安全防护功能。主要生态要素包括基础设施隔离绿地（高压走廊，大型环卫设施隔离绿地，重大电力、通信、输水、供气等基础设施安全控制区或隔离带，国道、省道、高速公路、快速路沿线的绿化带等）和环城绿带（组团或城市功能隔离带）等。以上述要素构成为主的廊道所在的单元可定位为安全防护型单元。

在生态建设及地景营造指引方面，安全防护型单元内的廊道重点强化生态防护功能，进一步美化廊道的景观风貌。例如加强道路绿化带管护，增加乡土物种比例。在树种配置上实行高大的乔木、低矮的灌木、花草地被相结合，形成错落有致的景观效果，增强绿带的抗风能力和行车安全。设计形式上从游憩功能出发，注重植物的色相和季相，优化景观视觉效果。

在产业发展引导方面，安全防护型单元内的廊道应优先保障基础设施建设的需求，严格控制安全防护功能型廊道的产业建设；产业用地应尽量避免占用廊道用地，确需占用的项目，经各项审核通过的，应严格限制项目规模。

④垦殖生产型单元

垦殖生产型单元能够提供农、林、淡水、渔业等物质产品，兼具有维护生态环境稳定的功能。主要生态要素包括基本农田保护区、基塘系统、生产绿地、林业生产基地等。以上述要素构成为主的廊道所在的单元可定位为垦殖生产型单元。

在生态建设及地景营造指引方面，垦殖生产型单元内的廊道提升农业景观价值，体现岭南田园的乡土景观风貌。倡导以"大农业"为背景的景观风貌，充分考虑气候、地带性分布及农业的不同类型，展现以农作物、林木、植被及动物等生态景观为主体的自然景观风貌，体现岭南田园的乡土特色，增加植物种植种类，强化果树、蔬菜和花卉等更具观赏性的种植类型，综合考虑季相构图，突出反映季节特色，从而建立具有鲜明特色、较高生态稳定性与景观多样性的景观。

在产业发展引导方面，垦殖生产型单元内的廊道应鼓励发展农林特色产业，倡导绿色农业。基本农田等地区的农田、果园、鱼塘、商品林等生产用地大力发展特产种植、养殖、栽培、观光农业等农林特色产业，为城市提供丰富的本土农副产品。鼓励开展农业科技攻关，推广特产种植、养殖、培植等农业生产技术，建立农业专业化生产基地、观光农业基地，提高经济效益。

5.3 详细规划审批制度优化策略与探索

5.3.1 探索建立分层审批制度

2022年，广州探索制定《广州市城镇开发边界内国土空间详细规划编制指引》，改变以往控规的任何调整都需要经过严格法定程序的做法，衔接详细规划分层编制的思路，在单元详细规划层面，建议通过明确强制性内容、建立详细规划控制工具箱区分管控深度等刚弹结合的方式，在地块详细规划层面有序引导分类调整，并同步建立"修改、局部调整以及技术修正"的分层审批制度，来解决原控规频繁调整的问题。

5.3.1.1 明确单元详细规划强制性管控内容

广州市明确单元详细规划强制性内容是规划实施和管理中应严格遵守的内容，是对单元详细规划实施进行监督检查的重要依据，具体内容包括底线约束、土地利用、开发容量、民生设施四个方面。其中，底线约束为永久基本农田、生态保护红线、城镇开发边界、绿线、蓝线、黄线、历史文化保护线等各类底线用地面积、边界范围；轨道交通控制线、高压走廊控制区、次干路及以上道路红线和各类市政管廊管控范围。土地利用包括建设用地规模；耕地、林地、草地、园地、湿地、河湖水面等各类自然资源以及现状保留用地的用地性质及四至边界。开发容量包括单元内经营性用地总开发容量和城镇居住用地开发容量，以及城镇居住用地、商业服务业设施用地容积率上限。民生设施包括邻避型设施的类型、等级、规模及布局（四至边界/空间点位）。公共服务、综合交通、市政公用、综合防灾设施、公园绿地及广场用地的类型、等级、数量、规模、覆盖率要求。

对于不涉及单元详细规划强制性内容的地块详细规划调整，可以作为"局部调整"或"技术修正"，适当简化修改程序。若地块详细规划调整涉及修改单元详细规划强制性内容，则视同修改单元详细规划，须同步开展单元详细规划修改，修改方案一同报市规委会审议、市政府审批。

5.3.1.2 建立详细规划控制工具箱区分管控深度

广州按照不同类型要素的管控需求，将单元详细规划强制性内容区分实线控制、虚线控制、功能区控制、点位控制、指标控制五类管控深度，形成详细规划控制工具箱，刚弹结合，明确地块详细规划对强制性内容遵守的具体情形和要求，支撑控规分类调整和分层审批制度的精准落实。

其中，实线控制是指地块详细规划应严格落实用地规模、性质用途及范围边界。虚线控制是指在类型等级不改变、规模数量不减少、覆盖水平不降低的前提下，地块详细规划可在单元范围内对用地四至边界进行优化调整。功能区控制是指单元详细规划以次干路围合范围划分城镇居住、商业服务、工业仓储等经营性用地功能区，并明确各功能区的主导用地功能比例控制要求，地块详细规划在符合功能区主导功能比例要求的前提下，可对地块边界、用地性质进行优化调整。点位控制是指在类型等级不改变、规模数量不减少、服务要求不降低的前提下，地块详细规划可在单元范围内对空间点位进行优化调整。指标控制是指对控制内容的功能占比、总量规模、数值区间等作出规定，但不在规划图纸上具体划示地块，由地块详细规划结合具体方案统筹落实指标控制要求。

5.3.2 健全符合性审查机制

依据《中共中央 国务院关于建立国土空间规划体系并监督实施的若干意见》，详细规划要依据国土空间总体规划进行编制和修改。广州立足于国土空间规划传导规则，以单元规划搭接国土空间总体规划与地块详细规划，重点开展地块详细规划对单元详细规划符合性审查，并实现技术审查要点表单化，辅助自动化机审，提升审查效率，完善详细规划符合性审查机制。

详细规划符合性审查要点主要包括底线要素、发展规模、用地布局、开发强度、公共服务设施、综合交通、市政设施、开敞空间、历史文化保护等国土空间总体规划传导到单元规划层面的主要内容，广州将地块详细规划对单元详细规划的符合性审查要求，转化为审查表格，方便管理人员逐项对照落实，提升技术审查效能与质量。同时，也有效衔接广州市规划和自然资源局的"控规通"机器辅助审查工具，为自动化机审提供要点模板，审查结论仅包含"是""否""不涉及"，也为智能化审查的成果输出提供便利（表5-3-1）。

表5-3-1 地块详细规划对单元详细规划符合性审查表格（节选）

审查内容		详细规划项目内容	单元详细规划要求	审查结论
发展规模	城乡建设用地规模	是否符合单元详细规划用地上限要求	（机器生成）		□是 □否
	人口容量	是否符合单元详细规划人口上限要求	（机器生成）		□是 □否
用地布局	"大三线"	是否落实"大三线"管控要求	（机器生成）		□是 □否
	"小四线"	是否落实"小四线"管控要求	（机器生成）		□是 □否
	"三区"	是否落实"三区"管控要求	（机器生成）		□是 □否
	非建设用地	耕地、湿地、林地、河湖水面等是否符合单元详细规划规模指标及空间布局要求	（机器生成）		□是 □否
	经营性用地结构	各街坊是否符合单元详细规划指标要求	（机器生成）		□是 □否
开发强度	城镇居住用地	地块容积率是否符合单元详细规划确定的开发强度分区管控要求			□是 □否
	商业商务用地	地块容积率是否符合单元详细规划确定的开发强度分区管控要求			□是 □否

审查内容			详细规划项目内容	单元详细规划要求	审查结论
开发强度	建筑高度	是否符合街坊单元确定的建筑高度上限要求			□是 □否
公共服务设施	类型	是否符合单元详细规划指标要求			□是 □否
	数量规模	是否符合单元详细规划指标要求	（机器生成）		□是 □否
	空间覆盖率	是否符合单元详细规划指标要求	（机器生成）		□是 □否

5.3.3　完善分类调整制度

广州原有详细规划分类调整机制尽管区分了"修改"和"局部修正"，但大部分情形均需提交规委会审议，审批效率不高。2021年，广东省自然资源厅印发《关于加强和改进控制性详细规划管理若干指导意见（暂行）的通知》，要求提高修改工作效率。在此背景下，广州探索制定了《广州市控制性详细规划局部调整和技术修正实施细则（试行）》（简称《实施细则》），将控规调整分为修改、局部调整、技术修正（相当于原来的局部修正），并对控规局部调整和技术修正的具体情形、程序进一步界定和细化，有助于简化公益性、基础性设施等民生设施正向调整程序，减少时间和成本投入，提高规划审批效率。

此外，《实施细则》规定了局部调整和技术修正的前提要求，明确控制性详细规划局部调整和技术修正均应当满足国土空间规划底线和生态环境、自然与历史文化遗产保护、国家安全、城市安全等强制性要求，遵循永久基本农田、生态保护红线、城镇开发边界、历史文化保护紫线等控制线的管控要求，符合控制性详细规划单元主导功能、总建筑面积（住宅建筑面积）等控制指标。在适当简政放权的同时，也明确了"底线"思维，确保总体规划和单元规划的刚性内容的权威性。

5.3.3.1　控规局部调整

控规局部调整以公益性用地正向优化为主，广州明确五种控规局部调整的具体情形：一是将经营性用地调整为公益性用地（对社会民生影响较大的邻避型、厌恶型设施除外，下同）；二是公益性用地之间用地性质调整；三是同一控制性详细规划单元内公益性用地位置调整或置换；四是调整公益性用地使用强度；五是经市规委会审议通过并报市政府批准同意可以进行内部统筹平衡的控制性详细规划单元，在不增加规划单元总建筑面积（住宅建筑面积），不减少绿地、公益性用地和路网密度，不改变规划单元主导功能、已公开出让建设用地的用地性质和规划指标、次干路及以上路网格局，保持规划单元划定的永久基本农田保护线、生态保护红线、历史文化保护紫线以及其他各类保护区边界等强制性要求的前提下，可以对规划单元内的地块指标和布局进行深化、优化。

在控规局部调整的办理程序简化方面，一是在审议阶段，由原来的城市规划委员会审议调整为城市规划委员会专家（小规委）和公众代表委员会议进行审议，适当简化了审议环节和要求；二是在最终审批权方面，控规局部调整方案经城市规划委员会专家和公众代表委员会议通过后，可由市人民政府委托市规划和自然资源主管部门批准，相比于提交市人民政府审批，极大降低了行政成本。

5.3.3.2 控规技术修正

控规技术修正则是以满足基础性设施实施需求为主。广州明确因道路交通、市政、水利等工程实施需要，在保持蓝线、绿线等规划控制线等级、走向基本不变和总量不减少，保持规划单元划定的历史文化保护紫线、永久基本农田保护线、生态保护红线以及其他各类保护区边界等强制性要求，不增加原规划确定的总建筑面积的前提下，允许对三种情形的控规技术方案进行修正：一是对蓝线、绿线等规划控制线进行微调；二是对道路及市政设施的线位、部分技术参数进行修正；三是对沿线用地规划控制指标进行技术修正。

在控规技术修正的办理程序简化方面，重点是将最终审批权适当下放。在完成公示、审查、审议等程序后，广州明确跨行政区的地块详细规划技术修正方案由市人民政府委托市规划和自然资源主管部门批准，各行政区范围内的地块详细规划技术修正方案则由市人民政府委托本行政区人民政府审批。

5.3.4 广州市南沙新区实践

作为国家级新区、广东自贸区的重要组成部分，探索改革创新是广州市南沙新区坚持全面深化改革、发展高层次开放型经济、推动形成全面开放新格局的历史使命。目前控规分层编制、管理是全国各大城市的主流做法，国内天津、厦门、香港等部分先进城市已经对控规编制审批管理制度进行了一定的创新、探索。南沙作为国家改革创新前沿地区，也积极探索符合国家新区、自贸区发展趋势的控制性详细规划分层管理办法。2017年，南沙出台《广州南沙新区控制性详细规划制定办法》（简称《南沙办法》），对南沙新区不同管理主体的职责、分层审批管理流程作了明确规定，先行先试推动详细规划分层管理制度的创新，提升控规的精细化程度和审批效率，助力国家新区、自贸区的快速发展。

《南沙办法》明确了南沙新区范围内关于控规的管理职责，南沙新区管委会按照规定权限，负责本行政区域的控规工作；南沙（开发）区规划和自然资源局负责本行政区域的控规编制管理工作，可与经批准的特定区域开发建设管理单位联合开展控规编制工作。南沙新区城市规划委员会作为南沙新区城市规划决策的议事机构，负责对控制性详细规划及其修改草案、城市设计草案进行审议，对城市规划区范围内因国家、省、市重点建设或重要的公益性项目需要使用土地，但尚未编制或正在编制控规的地块规划条件进行审议。不同管理主体的职责明确分工，有序、高效地推动南沙新区的规划与建设工作。

南沙新区控规探索了分区控制性详细规划、地块详细图则两个层次的编制，同时也规范了控规的分层审批制度与相应修改程序。其中，分区控制性详细规划在编制过程中应征求部门和专家意见，公开征求公众意见，报南沙新区城市规划委员会审议，由南沙新区管委会审批，报本级人民代表大会常务委员会和上一级人民政府备案。修改分区控规的，应对修改必要性进行论证，报南沙新区管委会同意后，方可开展修改编制工作。地块详细图则在编制过程中应对草案符合性进行审查，在网站公示征求公众意见，经南沙（开发）区规划和自然资源局审议，由南沙（开发）区规划和自然资源局审批后报南沙新区管委会备案。其修改与动态维护工作由南沙（开发）区规划和自然资源局建立内部管理和运行机制依法开展。

5.4 详细规划管理制度优化策略与探索

5.4.1 建立数据动态更新机制

聚焦数据动态更新，推进实践活动深入展开，构建"一张图"核心数据动态管理平台，以及时应变、修正与调整实施过程中控规编制既存问题，并实现从"以数管地"到

"以图管地"的转变。[①]

　　广州市于2005年后形成控规"一张图"动态更新体系并开展数据动态维护工作，实现法定规划成果的智能化管理。首先，广州市各区规划和自然资源局以年度为单位，委托技术服务机构开展"一张图"平台控规图层梳理整合及动态维护工作，对行政区范围内现行法定控规进行更新并制作土地利用规划图，梳理各类用地性质及公共服务设施占比，加强规划编制与成果管理之间联动，建立信息反馈、报送与退回等制度，在此基础上提出控规编制工作建议，在上述全过程中实时制作符合"一张图"平台格式要求的成果数据并及时上网更新，持续形成最新的成果数据库。其次，在控规"一张图"的图层数据结构中，考虑到控规动态更新的需求，除原有控规的"规划导则地块图层"外，创新设置"动态更新层"与"附加信息层"，以实时反馈动态更新的控规内容并优化完善"一张图"平台功能。

5.4.2　建立以单元为载体、以镇街为主体的规划评估机制

　　强化"单元—地块"分层体系，探索以单元为载体、以镇街为主体的规划评估机制，强调评估内容、管理、运行各事务之间联动，有序开展现行控规评估。

　　在规划评估的内容层面，一方面，重点开展总规刚性管控要求及重点项目评估，评估详细规划对总体规划确定的底线要素、重大设施的符合情况以及对城市近期重点项目的支撑情况[②]，区分控规修编的紧急程度，作为后续制定详细规划编制计划、开展详细规划新编或修编工作的依据。同时，加强与专项规划"一张图"比对衔接，按照总体规划要求，对已编、在编专项规划成果进行评估，整合纳入"一张图"系统，通过将详细规划与涉及空间需求的专项规划"一张图"进行校核比对，强化专项要素选址可行性、实施性。另一方面，广州市印发《广州市现有规划单元及已批控规评估工作方案（试行）》，重点从符合性、支撑性、适应性、实施性四方面，对已批控制性详细规划开展评估。其中，符合性是评估已批控规对底线、设施、交通、规划分区等市级国土空间总体规划核心管控内容的符合情况；支撑性是评估已批控规对国家、省、市、区各级

---

① 何锡顺，胡兵，陈伟. 浅论新时期控规"一张图"动态更新体系构建——以长沙市为例［C］//中国城市规划学会，成都市人民政府. 面向高质量发展的空间治理——2021中国城市规划年会论文集（17详细规划）. 2021：9.

② 蔡小波. 广州：空间精细治理支撑多元发展［N］. 中国自然资源报，2023-02-01.

近、中、远期各类重点建设项目的支撑能力；适应性是评估已批控规对土地节约集约利用、安全韧性、城市更新、城市设计等新理念和新要求的适应程度；实施性是评估控规道路衔接、地块衔接、设施落地等是否具备可实施性。最终综合各项评估结果，以单元为单位制定问题清单，基于矛盾冲突的紧急程度，实行差异化处理。

在规划评估的管理层面，基于规划单元，以镇街为主体，健全评估数据收集制度，支撑开展详细规划实施管理的动态监测与定期评估，作为下一年度制定详细规划编制计划的重要依据。[①]

在规划评估的运行与应用层面，重点以单元为载体、以镇街为实施主体，统筹负责组织、协调、指导单元、地块层次的规划评估开展。对照详细规划评估的问题清单，将详细规划单元分为重点优化单元、适时优化单元与继续适用单元，施行分类引导。将重点优化单元优先纳入详细规划编制计划，尽快启动详细规划修编工作；将适时优化单元有序纳入详细规划编制计划，按需启动控规编制工作；将继续适用单元内依法批准的控规成果继续使用。

5.4.3　衔接社区设计师制度

以详细规划单元为辖区，以镇街为实施主体，衔接社区设计师制度，实行划片管理，全面加强社区规划建设与国土空间规划管理体系衔接，压实基层规划实施责任，打通详细规划"编审管"全流程最后一环。

在制度设计层面，广州社区设计师以详细规划单元为基本工作单元，按照单元详细规划导则要求，发挥组织者、协调者、沟通者等多元角色，确保详细规划各项管控和引导要求的高质量落实。具体工作内容包括：一是提供规划设计服务。一方面是在单元详细规划方案编制中，由社区设计师作为主要团队，基于前期基层调研，重点从控制指标体系优化、公共服务设施配套等方面对单元详细规划方案深入研究，以单元为基本范围，制定设施需求清单，建立相应项目库，制定年度计划，提前保障方案的实施落地。另一方面是参与或主持社区建设发展相关项目，如社区规划编制、规划实施评估、规划研究、景观设计与建筑设计等，并在项目中落实单元详细规划的相关内容。二是提供技术咨询。设计师为单元范围内城市功能和空间布局优化、环境综合整治提升等相关建设项目，提供行政决策的技术咨询服务、参与项目设计审查把关。三是参与实施协调。

---

① 蔡小波. 广州：空间精细治理支撑多元发展［N］. 中国自然资源报，2023-02-01.

在单元详细规划明确的各项公共服务设施建设项目中，从多次现场调研、施工图设计、施工监督到后期动态评估，以全流程跟踪服务落实"全生命周期管理"理念，保障项目建设质量。四是开展公众参与，协助社区开展规划科普宣讲、意见征询与活动组织等公众参与工作，使居民深入了解详细规划与社区建设等内容。[①]

在制度实践层面，广州近年来将344名社区设计师和163名乡村规划师引入全市各街道的城乡社区品质提升中，形成"社区设计师出智、各级政府与部门出力、人民群众参与"的多元共治模式，推动社区设计师工作从市区向各街道（乡镇）传导和延伸，并通过走访踏勘、组织社区活动与开展会议座谈等多种形式，带动居民共同参与身边项目设计。[②]

在实施成效层面，将"专"融入"细"之中，实现详细规划的指标、条文、底线等专业技术语汇向精细化、有温度、可感知的社区空间品质转变。例如，在海珠区，社区设计师对55个长者饭堂进行田野调查，并结合18个街道的老年人口密度数据、居住空间分布数据、15分钟老年人生活圈半径+15分钟老年人模拟路径"双覆盖"数据计算后，在落实单元详细规划设施布点的基本原则下，合理规划新增长者饭堂，科学完善规划布局，同时优化既有"智慧养老"平台；在黄埔区，社区设计师带领研究院团队，重点解决详细规划单元内老旧小区因土地历史遗留问题导致配套幼儿园"实施落地难"的现实困境，通过"现状评估—整体策划—计划实施"的创新模式，成功推进东苑花园等小区配套幼儿园的建设，一方面解决社区历史遗留问题，另一方面活化闲置社区用地、完善小区教育设施配套。[③]

5.4.4 广州市"社区设计师"实践

5.4.4.1 工作概况

为贯彻落实党的十九大提出的"打造共建共治共享的社会治理格局"要求，深入践行习近平总书记对广州提出的实现"老城市新活力"和"四个出新出彩"重要指示，用"绣花"功夫加强城市建设管理，广州自2019年起全面启动社区设计师工作制度，印发《广州市社区设计师工作方案》，提出共同缔造、品质建设、广州特色三大目标，旨在引

---

① i自然全媒体. 广州：以设计师为纽带探索社区多元共治［N］. 中国自然资源报，2023-10-13.
② 姜兴贵. 做精细化规划，做有温度设计［N］. 广东建设报，2022-02-18.
③ 广州开发区规划和自然资源局. 聚焦社区小切口，凝成善治大变化——广州黄埔区社区设计师工作纪实［Z］. 2022.

领城市发展从"政府管理"向"共同治理"、从"鸟瞰视角"向"蚂蚁视角"、从"千篇一律"向"各具特色"转变。

各区政府按照"一区一策"指导精神，因地制宜地建立区级社区设计师工作制度，设立社区设计师办公室，组建包含城乡规划、建筑设计、道路交通、市政工程、园林景观、测量勘察、工程建设、工程管理等专业技术领域的社区设计师团队，以片区（由若干街镇组成）为单位实行网格化管理，深入社区规划建设、运营管理的全流程，做好设计方案和评审等技术服务与支撑工作。自广州实行社区设计师工作制度以来，各规划技术单位充分发挥专业优势，投入近千名技术人员深入社区街道，全程参与广州市社区规划师制度建设，围绕百姓需求，广泛征集民意，做更加接地气的规划设计，受到了广大居民的肯定，为城市建设管理提供高质量、精细化的技术咨询指导。

5.4.4.2　工作内容

按照《广州市社区设计师工作方案》要求，结合各区在实际规划建设管理中的工作需求，社区设计师具体工作内容主要包括以下四个方面。

专业咨询：跟踪了解国土规划政策、建设项目的实施情况，为镇（街道）工作决策提供专业咨询服务，参与拟定整体实施计划，对社区空间环境存在的问题提出改进建议，并及时向街道（镇）反馈。

设计把控：协助把控城市设计统筹和精细化管理的目标与原则，针对具体项目设计提供控制引导要求。

实施协调：协助政府部门和实施单位进行综合技术协调，统筹社区实施项目的精细化管理。

公众服务：协助街道（镇）进行政策理念宣传、经验分享、活动组织等，培育社区居民的公众参与意识。建立地区与地方政府的联系机制，实现社区共同缔造目标。

5.4.4.3　特色经验

建立三种工作模式，构建社区治理共同体。探索制定"社区事·大师做""社区事·专职做""社区事·街坊做"三种社区设计师工作模式，搭建由专业大师、技术团队、社区居民多方参与、共同缔造的社区治理平台，推进实现"社区事·大家做"。

发挥多专业融合优势，提供全流程伴随式服务。社区改造提升是多维度复杂过程，涉及规划、建筑、园林、市政、艺术等多专业领域，涵盖设计、审查、施工、管理等全生命周期。社区规划师制度为广州各区社区环境综合整治提升工作提供"一揽子"解决方案与伴随式技术服务（图5-4-1）。在前期阶段，深入调研与精心策划，形成社区改

共享社区	开放园区	魅力人文	休闲网络
党群中心 儿童游戏场 基础设施 老旧小区 文化中心 ……	亲子工坊 共享办公室 创意孵化器 ……	历史建筑活化 文化建筑 体育场馆 ……	绿道节点 口袋公园 街旁绿地 海绵设施 ……

社区单元	行动板块	行动内容
大沙微改居住单元	共享社区	优化空间功能、完善基础设施、完善服务设施、通达慢行网络、提升开放空间
横沙旧改居住单元	共享社区 魅力风貌	优化城市功能、保护生态环境、完善慢行系统、搭建创新平台、增加公共服务设施
姬堂旧改居住单元	共享社区	优化城市功能、增加公共服务设施、保护历史风貌、增加公共空间、完善慢行系统
机械谷创新产业单元	创新园区	增加服务设施、增加公共空间、完善慢行系统
姬堂数字产业单元	创新园区	优化城市功能、增加公共服务设施、保护历史风貌、增加公共空间、完善慢行系统
加庄商务产业单元	创新园区	优化城市功能、增加公共服务设施、保护历史风貌、增加公共空间、完善慢行系统

图5-4-1 黄埔区大沙街道社区治理与策划方案

资料来源：广州社区设计师工作成果。

造提升"一图一表"实施项目库；在中期阶段，积极参与市、区级公共空间、公共服务设施、交通和市政设施三大类示范性项目的规划设计工作，并实行技术把关；在后期阶段，紧密跟踪项目施工进度，把控质量。

践行人本关怀，打造有温度的社区环境。问需于民，多途径收集街坊意见建议。深入社区聆听居民需求，保障居民在社区建设中的主导权、发声权。策划"美丽上学路"活动，36名二年级学生化身为"小小社区设计师"，去探索和设计自己心目中的美丽上学路，形成对上学路空间的评价意见，在城市建设中表达孩子的声音（图5-4-2）。举办"冰棒挑战"活动，以"儿童视角"记录儿童购买冰棒的行走路径、各节点的逗留时间，并观察其行动举止，从"1米高度"研究提出儿童友好型社区的优化方向。发放社区使用评价意见表，让街坊对改造后的项目工程提出试用体验，结合街坊意见建议进行工程最后优化。

着眼于微，将社区工作做深做实。针对不同居民群体的需求特征，从小处着手，从问题着手，切实解决社区实际问题，让精细化、品质化建设渗透到社区每个角落。例如，环市路周边老旧小区微改造项目中（图5-4-3），针对社区老龄化问题，项目围绕打造"老年友好型社区"，重点开展三个方面提升改造：一是实现全龄友好，增加无障碍设施36处、安全扶手1800m，添置路灯182盏，消除照明死角24处，构建安全社区

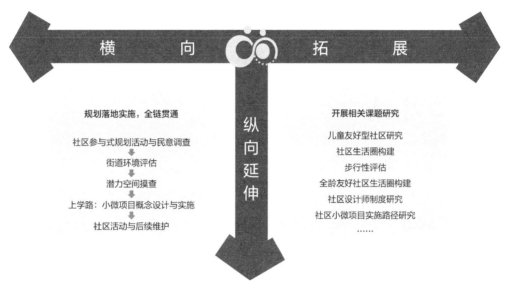

图5-4-2 "美丽上学路"黄埔社区设计师制度构建路径

资料来源：广州社区设计师工作成果。

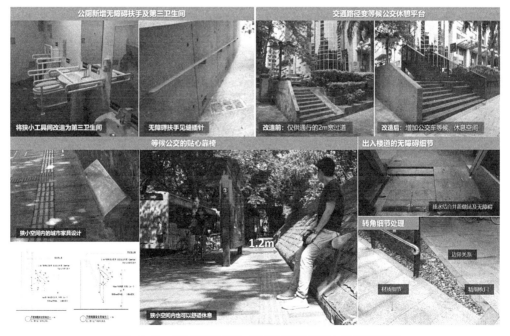

图5-4-3 "社区设计师"制度下的环市路人性化微改造

资料来源：广州社区设计师工作成果。

环境；二是打造安心街道，将6条车道改为步行空间，增加人行道面积2700m²，提升居民通行体验；三是营造生活场景，整合废弃地、闲置地，挖掘6处口袋公园，增加社区活动空间面积3800m²，添置休闲桌椅16套、健身器材13处，为街坊提供充满活力的公共空间。

5.5 小结

本章节通过梳理近年来广州详细规划实践，总结探索新时期广州市详规"编审管"制度优化与实践主要包括以下四大方面。

（1）规划理念层面

"老城市新活力"是广州全面贯彻落实习近平新时代中国特色社会主义思想的鲜明主线和根本遵循。通过明确规划目标要求和部署要求，正确认识和处理好老和新的关系，守护好"老城市"，澎湃出"新活力"。从编制、实施、管理三个层面出发实现规划理念从增量为主转向增存协同：编制层面，强调存量空间资源再利用；实施层面，强调时空权益机制再建构；管理层面，强调规划管理体系再健全。通过规划制度、基本思路、规划机制三方面出发体现刚性与弹性结合理念：规划制度方面，规划"编审管"制度转向刚性、弹性融合模式；规划基本思路方面，强化突出底线，弱化细则；规划机制方面，强调差异化动态化特征。通过居民需求导向下的生活圈体系构建，公共利益导向下的开发强度控制，环境特色导向下的城市设计引导等方式体现新时期详细规划见物与见人融合的规划理念。从规划编管机制、编制模式、程序建设、权责界定四个角度出发体现详细规划从管理向治理转变的规划理念。

（2）规划编制层面

通过分析总结广州总详传导机制、总详传导路径设计的实践与经验，建立系统化总详传导路径机制。通过实行"单元—地块"详规分层编制体系，优化广州详规"单元"划定，构建分层规划编制管理体系。通过区分一般城镇单元通则式编制内容、特殊城镇单元特色化编制内容，明确全覆盖、差异化的规划编制思路。通过打造以人为本的社区生活圈，采取弹性混合的土地集约节约利用新模式，实行低碳导向的绿色发展战略，响应落实城市发展新理念与新需求。

（3）规划审批层面

通过明确单元详细规划强制性管控内容，建立详规控制工具箱区分管控深度，建立分层审批制度。通过开展详细规划符合性审查，健全符合性审查机制。通过将控规调整分为修改、局部调整、技术修正，并对控规局部调整和技术修正的具体情形、程序进一步界定和细化，完善控规分类调整制度。

（4）规划管理方面

通过建立详细规划数据动态更新机制，实现规划成果智能化管理；通过构建以单元为载体、以镇街为主体的规划评估机制，为后续详细规划修编等工作提供依据；通过强化规划管理与社区责任设计师制度的衔接，保障规划实施落地，打通详规"编审管"全流程最后一环。

第 6 章

结论与展望

6.1 结论

在详细规划制度四十余年的实践历程中，我国的详细规划"编审管"制度已暴露出部分问题，本书在理论层面上深入剖析大城市治理中控规"编审管"制度问题形成的根源，全面探究其形成机制，对其他城市的先进经验进行参考，总结问题解决的共通思路，进而提出适应国土空间规划改革、可操作性强的普适性技术路径，并基于广州市详细规划"编审管"制度的发展和探索进行佐证，对于拓宽学科研究视野、丰富控规的理论研究体系具有较强的学术价值。经过研究发现，广州市在规划编制和审批管理制度上已经取得了一定成效，但仍存在一些问题。为了进一步优化规划编制和审批管理制度，本书提出以下结论。

（1）建立健全规划编制和审批管理制度

目前，广州市已经建立了一套比较完善的规划编制和审批管理制度，但还需要进一步完善和强化。需要建立更加详细的规划编制和审批管理流程，并制定相应的规章制度和标准规范，以确保规划编制和审批工作的顺利进行。

（2）加强规划编制和审批管理的工作流程

规划编制和审批管理是一项复杂的系统工程，需要在各个环节上加强协调和沟通，确保各项工作流程的顺利进行。对于各类规划编制和审批管理的问题，应该及时协调处理，确保规划编制和审批工作的顺利进行。

（3）建立健全生态保护和环境保护机制

国土空间规划体系下的规划编制和审批管理工作需要充分考虑生态环境保护要求，确保城市的可持续发展和环境保护。需要建立健全生态保护和环境保护机制，完善规划编制和审批管理工作。

在此基础上，本书以广州市为例，探讨如何优化规划编制和审批管理制度。首先，加快规划编制审批流程，提高编制和审批效率。其次，通过制定标准规范和规章制度，确保规划编制和审批工作的规范性和准确性。最后，建立健全生态保护和环境保护机制，保障城市可持续发展。

总之，国土空间规划体系下的规划编制和审批管理是一个复杂而严谨的工作，需要各方面合力推进优化和改善。本书提出的相关结论和建议有望借鉴其他城市的经验，推进规划编制和审批管理工作，为国土空间规划体系下城市高效可持续发展作出贡献。

6.2 展望

随着我国经济不断发展，城市化进程不断加速，国土空间规划的重要性日益凸显。然而，当前国土空间规划编制审批管理制度在实践中存在不少问题，亟待完善优化。本书旨在探讨国土空间体系下详细规划编制审批管理制度的优化问题，以广州为例，分析广州城市规划体系的实践经验与不足之处，并为新时期国土空间规划体系下详细规划"编审管"制度的创新提供有力抓手。

从研究案例看，本书选择广州市作为研究和示范对象，虽然对其他相同规模和发展程度的城市的"编审管"制度改革和发展起到一定示范作用，但其所面对的现实矛盾只是众多城市详细规划"编审管"制度发展过程中的一部分。在进行编制内容与成果要求、审批程序优化、管理制度规定探索的过程中，依旧需要秉持因地制宜的原则，从当地城市的发展特征和既存问题出发，合理提出详细规划"编审管"制度优化和提升的对策。

国土空间规划体系下，详细规划编制审批管理制度的优化是规划编制工作中必不可少的一个环节，广州市规划实践也存在不足之处。尽管如此，通过政府、市民等的积极参与，不断推进规划编制审批管理制度的完善，将有利于保障国土空间合理利用的目标实现，并促进社会经济的发展。

参考文献

[1] 李鹏,马灿. 国土空间详细规划技术逻辑重塑与创新 [J]. 规划师,2021,37(9):5-9.

[2] 畅月萍. 投资效益评估法在城市修建性详细规划中的推广和应用 [J]. 规划师,2010(S1):53-55.

[3] 阳建强. 详细规划 [M]. 北京:中国建筑工业出版社,2016:64-65.

[4] 张伟娟. 从悖论走向创新——浅谈修建性详细规划对规划条件的核定作用 [J]. 规划师,2012(S2):150-163.

[5] 邹丽东. 在修建性详细规划评审阶段调控消极外部效应——以上海市为例 [J]. 规划师,2004(9):10-12.

[6] 黄孚湘,韩文超,朱红. 国土空间详细规划编制的"总详联动"机制研究 [J]. 规划师,2021,37(17):23-29.

[7] 胡海波,曹华娟,曹阳. 国土空间规划体系下详细规划再认识与改革方向 [J]. 规划师,2021,37(17):12-16.

[8] 赵广英,李晨. 国土空间规划体系下的详细规划技术改革思路 [J]. 城市规划学刊,2019(4):37-46.

[9] 王军,应凌霄,钟莉娜. 新时代国土整治与生态修复转型思考 [J]. 自然资源学报,2020,35(1):26-36.

[10] 王飞虎,黄斐玫,黄诗贤. 国土空间规划体系下深圳市详细规划编制探索 [J]. 规划师,2021,37(18):11-16.

[11] 韩文静,邱泽元,王梅,等. 国土空间规划体系下美国区划管制实践对我国控制性详细规划改革的启示 [J]. 国际城市规划,2020,35(4):89-95.

[12] 徐家明,雷诚,耿虹,等. 国土空间规划体系下详细规划编制的新需求与应对 [J]. 规划师,2021,37(17):5-11.

[13] 姜涛,李延新,姜梅. 控制性详细规划阶段的城市设计管控要素体系研究 [J]. 城市规划学刊,2017(4):65-73.

[14] 王竹,孙佩文,钱振澜,等. 乡村土地利用的多元主体"利益制衡"机制及实践 [J]. 规划师,2019,35(11):11-17,23.

[15] 孙施文. 从城乡规划到国土空间规划 [J]. 城市规划学刊,2020(4):11-17.

[16] 徐耀宽,刘楚君. "一张蓝图干到底"之下控规编制与管理的对策——以广州为例 [J]. 中外建筑,2018(6):68-70.

[17] 龚毅,段宁. 当前控规编制与实施管理的反思——以长沙市控制性详细规划评估工作为例 [C]//中国城市规划学会. 规划创新——2010中国城市规划年会论文集. 重庆:重庆出版社,2010.

[18] 汪毅,何淼. 新时期国土空间用途管制制度体系构建的几点建议 [J]. 城市发展研究,2020,27(2):25-29,90.

[19] 凌莉. "体系衔接与治理创新"——上海市单元规划的演进与探索 [J]. 上海城市规划,2018(4):80-85.

[20] 常青,石晓冬,杨浚. 新时代推动国土空间规划重构的实践探索——以北京为例

［J］. 城市规划，2021，45（5）：61-67.

［21］邓伟骥，谢英挺，蔡莉丽. 面向规划实施的空间规划体系构建——厦门市"多规合一"的实践与思考［J］. 城市规划学刊，2018（S1）：32-36.

［22］姚凯，杨颖. 市级国土空间规划的统筹与传导实践探索［J］. 南方建筑，2021（2）：34-38.

［23］邵琳，曹月娥. 市县级国土空间用途管制的逻辑和运作策略——以新疆阿克苏地区为例［J］. 南方建筑，2021（2）：51-55.

［24］吴岩，贺旭生. 生态空间控制性规划的探索实践与思考——基于国土空间规划的背景［J］. 中国园林，2021，37（S1）：12-17.

［25］黄婧，吴沅箐. 乡村振兴背景下的上海市郊野单元村庄规划研究——以松江区泖港镇试点为例［J］. 上海国土资源，2020，41（2）：13-18，30.

［26］余建忠，江勇. 城乡融合视角下乡村地区郊野单元规划编制实践探索——以杭州郊野单元规划编制为例［J］. 上海城市规划，2020（2）：109-114.

［27］唐绍均. 论我国城市规划审批决策体制的正义与效率［J］. 城市规划，2008（2）：50-54.

［28］耿慧志，赵鹏程，沈丹凤. 地方城乡规划编制与审批法规的完善对策——基于地方城市规划条例的考察［J］. 规划师，2009，25（4）：50-55.

［29］黄明华，赵阳，高靖葆，等. 规划与规则——对控制性详细规划发展方向的探讨［J］. 城市规划，2020，44（11）：52-57，87.

［30］张衔春，边防. 行政管理体制改革背景下规划审批制度优化对策［J］. 规划师，2014，30（4）：28-32.

［31］屠李，张超荣. 多元利益诉求下的规划审批制度改革［J］. 规划师，2013，29（9）：99-103.

［32］何冬华，袁媛，刘玉亭，等. 国土空间规划中广州存量建设用地审批制度与策略研究［J］. 规划师，2021，37（15）：23-29.

［33］陈川，徐宁，王朝宇，等. 市县国土空间总体规划与详细规划分层传导体系研究［J］. 规划师，2021，37（15）：75-81.

［34］刘涛. 治理能力现代化导向下的控规审批制度改革研究——基于广州市城市规划委员会的探索与实践［J］. 上海城市规划，2021（3）：98-102.

［35］李晓晖，詹美旭，李飞，等. 面向实施的市级国土空间规划传导思路与技术方法［J］. 自然资源学报，2022，37（11）：2789-2802.

［36］白娟，黄凯，路遥. 国土空间规划体系核心价值认知及落定策略［J］. 规划师，2021，37（10）：12-19.

［37］王慧芹，詹美旭，曹靖，等. "放管服"背景下广州市旧村更新管理审批体制创新研究［J］. 规划师，2021，37（14）：41-46.

［38］崔海波，尹长林，陈光辉，等. 从"数据治理"到"信息化治理"：高质量发展的空间治理方式改革探索——以长沙市工程建设项目审批管理系统为例［J］. 规划师，2020，36（24）：58-63.

［39］赵广英，李晨. 国土空间规划体系下的详细规划技术改革思路［J］. 城市规划学

刊，2019（4）：37-46.

［40］苏茜茜. 控制性详细规划精细化管理实践与思考［J］. 规划师，2017，33（4）：115-119.

［41］胡思聪，罗小龙，顾宗倪，等. 国土空间规划体系下的汕头详细规划编制探索［J］. 规划师，2021，37（5）：38-44.

［42］姚凯. "两规合一"背景下控制性详细规划的总体适应性研究——基于上海的工作探索和实践［J］. 上海城市规划，2011（6）：21-27.

［43］唐燕，刘畅. 存量更新与减量规划导向下的北京市控规变革［J］. 规划师，2021，37（18）：5-10.

［44］章毓婷. 温州控制性详细规划改革探索［J］. 规划师，2018，34（S1）：29-33.

［45］陈东梅，彭璐璐，马星，等. 国土空间规划体系下南沙新区详细规划成果智能化审查研究［J］. 规划师，2021，37（14）：47-53.

［46］阚俊杰. 特大城市控制性详细规划成果数据管理的总体框架——以上海市为例［J］. 上海城市规划，2014（2）：106-111.

［47］赵毅. 控制性详细规划实施管理视角的"2231"核心环节探讨［J］. 规划师，2014，30（8）：72-77.

［48］北京市构建"三位一体"统筹管理制度 全面深化控制性详细规划编制实施管理改革［N/OL］. 中国日报网，2022-03-02［2022-11-15］. https://baijiahao.baidu. com/s?id=1726183368731927582&wfr=spider&for=pc.

［49］邓丽君，南明宽，刘延松. 德国空间规划体系特征及其启示［J］. 规划师，2020，36（S2）：117-122.

［50］殷成志，弗朗兹·佩世. 德国建造规划的技术框架［J］. 城市规划，2005（8）：64-70.

［51］Senatsverwaltung für Stadtentwicklung, Bauen und Wohnen. Archiv: Bebauungs-splan 12-62e（Schumacher Quartier）, Bebauungsplanverfahren der Senat-sverwaltung für Stadtentwicklung, Bauen und Wohnen［EB/OL］.（2022-08-31）［2023-05-25］. https://www. stadtentwicklung.berlin.de/planen/ b-planverfahren/de/oeffauslegung/12-62e/index.shtml.

［52］Senatsverwaltung für Stadtentwicklung, Bauen und Wohnen. Bebauungsplan 12-62e. Bebauungsplanverfahren der Senatsverwaltung für Stadtentwicklung, Bauen und Wohnen［EB/OL］.（2022. 08.31）［2023.05.25］. https://www. stadtentwicklung.berlin.de/staed-tebau/projekte/tegel/download/b-plan/ 180918_BP12-62_Planzeichnung_Var 2.pdf.

［53］张秋仪，杨迪，杨培峰，等. 序时兼管、质效双控：国土空间规划体系下的控规转型趋势［J］. 规划师，2021，37（20）：81-87.

［54］邵润青，段进. 理想、权益与约束——当前我国控制性详细规划改革反思［J］. 规划师，2010（10）：11-15.

［55］徐洋. 基于国土空间规划的控制性详细规划编制体系探究［J］. 中华建设，2021（2）：102-103.

［56］詹美旭，席广亮. 面向全域全要素统一空间管制的市级国土空间规划编制探索［J］.

规划师，2021，37（10）：34-40.

［57］林坚，赵晔. 国家治理、国土空间规划与
"央地"协同——兼论国土空间规划体系
演变中的央地关系发展及趋向［J］. 城市
规划，2019，43（9）：20-23.

［58］徐晶，杨昔. 国土空间规划传导体系与实
施机制探讨［J］. 中国土地，2020，（8）：
21-24.

［59］黄慧明，韩文超，朱红. 面向全域全要素
的广州市国土空间规划传导体系研究［J］.
热带地理，2022，42（4）：554-566.

［60］蔡小波. 广州：空间精细治理支撑多元发
展［N］. 中国自然资源报，2023-02-01.

［61］同衡规划. "一张图"系统：统一数据底座，
赋能全流程治理［EB/OL］.（2022-08-
26）［2023-06-25］. https://m.thepaper.
cn/baijiahao_19631738.

［62］汪坚强. 控制性详细规划运作中利益主体
的博弈分析——兼论转型期控规制度建设
的方向［J］. 城市发展研究，2014，21
（10）：33-42.

［63］王开泳，陈田. 新时代的国土空间规划体
系重建与制度环境改革［J］. 地理研究，
2019，38（10）：2541-2551.

［64］韦冬，程蓉. 立足规划的公共政策属性，
强化管理的公共服务职能，全面加强对控
制性详细规划的技术支撑——关于上海市
规划编审中心的工作实践和探索［J］. 上
海城市规划，2011（6）：54-57.

［65］王海蒙，石春晖，高浩歌. 国土空间详
细规划编制技术路线构建［J］. 规划师，
2021，37（17）：17-22.

［66］徐晓梅. 街区规划编制工作的回顾［M］
//广州城市规划发展回顾编纂委员会. 广
州城市规划发展回顾 1949—2005：上卷.

广州：广东科技出版社，2006：152-153.

［67］姚燕华，王朝晖，孙翔. 广州市控制性详
细规划的实践与思考［C］// 载舒扬，陈
如桂，涂成林，等. 广州蓝皮书：2007年：
中国广州城市建设发展报告. 北京：社会
科学文献出版社，2007：158-166.

［68］彭高峰，等. 基于规划管理单元的广州市
控制性规划导则编制研究［M］//《广州
城市规划发展回顾》编纂委员会. 广州城
市规划发展回顾 1949—2005：下卷. 广
州：广东科技出版社，2006：536-540.

［69］彭高峰，吕传廷，王朝晖，等. 基于"一
张图"管理模式的规划探索与实践——以
广州市中心八区分区规划及控制性规划导
则为例［C］// 吕传廷. 广州市城市规划
编制研究中心学术论文（2006-2010）.
北京：中国建筑工业出版社，2010：
200-205.

［70］彭冲，吕传廷，廖文翰，等. 广州市控制
性详细规划全覆盖的探索与实践［C］//
中国城市规划学会. 转型与重构：2011中
国城市规划年会论文集. 南京：东南大学
出版社，2011：4251-4261.

［71］郭文博，荣颖. 广州白云新城地区城市设
计历程回顾——重点地区城市设计工作思
考［C］// 中国城市规划学会. 面向高质
量发展的空间治理：2020中国城市规划年
会论文集. 北京：中国建筑工业出版社，
2021：45-59.

［72］姚燕华，鲁洁，刘名瑞，等. 精细化管理
背景下的广州市重点地区城市设计实践
［J］. 规划师，2010，26（9）：35-40.

［73］夏晟，吕颖仪，蔡宁，等. 精细化城市设
计实施——以广州为例［J］. 建筑技艺，
2021，27（3）：40-49.

［74］王朝晖，师雁，孙翔. 广州市城市规划管理图则编制研究——基于城市规划管理单元的新式［J］. 城市规划，2003，23（12）：44.

［75］彭高峰，李颖，王朝晖，等. 面向规划管理的广州控制性规划导则编制研究［C］// 中国城市规划学会. 城市规划面对面：2005 城市规划年会论文集. 北京：中国水利水电出版社，2005：839.

［76］广州城市更新配套新政出炉［N/OL］. 广州日报，2020-09-28［2023-05-25］. http://m.xinhuanet.com/gd/2020-09/28/c_1126550337.htm.

［77］杨勇，赵蕾，苏玲. 南京"一张图"控制性详细规划更新体系构建［J］. 规划师，2013，29（9）：67-70，76.

［78］市规划和自然资源局举办2021年度广州市"多规合一"国土空间管理平台业务培训会［N/OL］. 潇湘晨报，2021-09-01［2023-05-25］. https://baijiahao.baidu.com/s?id=1709648022265083814.

［79］北斗智慧云. 智慧城市建设，广州将推进国土空间规划一张图实施监督系统［EB/OL］.（2022-07-29）［2023-05-25］. https://baijiahao.baidu.com/s?id=1739648919083897749&wfr=spider&for=pc.

［80］广州有个智慧时空信息云平台，能管城中村、还能服务疫情防控［N/OL］. 广州日报，2021-08-31［2023-5-25］. https://www.sohu.com/a/486815228_120152148.

［81］连玮. 国土空间规划的城市体检评估机制探索——基于广州的实践探索［C］// 中国城市规划学会. 活力城乡 美好人居：

2019中国城市规划年会论文集. 北京：中国建筑工业出版社，2019：709-717.

［82］方凯伦. 广州城市设计历程与实施途径［J］. 住宅与房地产，2019（24）：55.

［83］余伟梁，邓海萍. 重点地区控规调整机制创新研究——以广州市琶洲地区控规为例［C］// 中国城市规划学会. 活力城乡 美好人居：2019中国城市规划年会论文集. 北京：中国建筑工业出版社，2019：991-1000.

［84］孙一民. 践行"精明营建"理想的城市设计实践［J］. 建筑技艺，2021，27（3）：12-14.

［85］程哲. 重点地区城市总设计师制度初探［D］. 广州：华南理工大学，2018.

［86］周云. 注重文明传承、文化延续：广州实现老城市新活力的根本［N］. 南方日报，2018-12-10.

［87］莫文竞，夏南凯. 控规编制（调整）过程中公众参与制度的演进、绩效与发展——以上海为例［J］. 现代城市研究，2020（3）：60-67.

［88］刘涛. 我国特大城市的规划委员会运作机制研究及优化建议——以广州为例［C］// 中国城市规划学会. 活力城乡 美好人居：2019中国城市规划年会论文集. 北京：中国建筑工业出版社，2019：413-418.

［89］林冬阳，周可斌，王世福. 由"恩宁路事件"看广州旧城更新与公众参与［C］// 中国城市规划学会. 多元与包容：2012中国城市规划年会论文集. 昆明：云南科技出版社，2012：61-73.

［90］陈宏胜，王兴平，国子健. 规划的流变——对增量规划、存量规划、减量规划的思考［J］. 现代城市研究，2015（9）：

44-48.

［91］邹兵．增量规划向存量规划转型：理论解析与实践应对［J］．城市规划学刊，2015（5）：12-19．

［92］张波，于姗姗，成亮，等．存量型控制性详细规划编制——以西安浐灞生态区A片区控制性详细规划为例［J］．规划师，2015，31（5）：43-48．

［93］葛佳欣，钟信敏．存量规划视角下的城市更新研究进展［J］．建设科技，2022（14）：16-18，26．

［94］王朝宇，朱国鸣，相阵迎，等．从增量扩张到存量调整的国土空间规划模式转变研究——基于珠三角高强度开发地区的实践探索［J］．中国土地科学，2021，35（2）：1-11．

［95］闫永涛，朱红，吕峰．技术难题还是制度困境——广州控规全覆盖后的若干反思［C］// 中国城市规划学会．新常态：传承与变革：2015中国城市规划年会论文集．北京：中国建筑工业出版社，2015：1555-1562．

［96］张惠璇，刘青，李贵才．"刚性·弹性·韧性"——深圳市创新型产业的空间规划演进与思考［J］．国际城市规划，2017，32（3）：130-136．

［97］刘健枭．论空间规划修改制度的刚性与弹性均衡［J］．城市规划，2022，46（8）：36-43，74．

［98］段进，赵民，赵燕菁，等．"国土空间规划体系战略引领与刚性管控的关系"学术笔谈［J］．城市规划学刊，2021（2）：6-14．

［99］黄明华，杜倩，易鑫，等．强制性、开放性、引导性——以公共利益为核心的居住地块（街坊）开发强度指标体系构建［J］．

城市规划，2020，44（1）：24-34．

［100］刘慧军，罗嘉强，牛梦云．由专项个案探讨新时期控制性详细规划的变革与转型［J］．城市发展研究，2022，29（1）：29-32．

［101］陈秋晓，吴霖．关于控规编制中效率与公平的良性互动——探寻隐藏在不确定表象背后的空间秩序［J］．城市问题，2013（9）：14-19．

［102］衣霄翔．城市规划的动态性与弹性实施机制［J］．学术交流，2016（11）：138-143．

［103］张建荣，翟翎．探索"分层、分类、分级"的控规制度改革与创新——以广东省控规改革试点佛山市为例［J］．城市规划学刊，2018（3）：71-76．

［104］梁伟研．社区生活圈公共服务设施布局适老化评估体系研究［D］．广州：华南理工大学，2020．

［105］王兵．"城市人"理论视角下的社区生活圈公共服务设施指标体系研究［D］．武汉：武汉大学，2019．

［106］李雪．基于生活圈视角下的广州中心城区居住空间体系规划研究［D］．广州：华南理工大学，2018．

［107］彭冲，吕传廷．新形势下广州控制性详细规划全覆盖的探索与实践［J］．城市规划，2013，37（7）：67-72．

［108］廖远涛，胡嘉佩，周岱霖，等．社区生活圈的规划实施途径研究［J］．规划师，2018，34（7）：94-99．

［109］周岱霖，胡嘉佩．社区生活圈公共服务设施配置规划路径探索——《广州社区生活圈及公共中心专项规划》编制思考［J］．城乡规划，2021（4）：117-124．

[110] 张凌云，余龄敏. 控制性详细规划用地兼容与混合性研究——以金华市经济技术开发区为例 [J]. 浙江国土资源，2022（3）：28-30.

[111] 刘婕，李晓晖，吴丽娟. 碳中和语境下的控规低碳指标体系构建——以广州为例 [C] // 中国城市规划学会. 面向高质量发展的空间治理-2021中国城市规划年会论文集. 北京：中国建筑工业出版社，2021：220-229.

[112] 余伟梁，邓海萍. 重点地区控规调整机制创新研究——以广州市琶洲地区控规为例 [C] //中国城市规划学会. 活力城乡 美好人居：2019中国城市规划年会论文集. 北京：中国建筑工业出版社，2019：991-1000.

[113] 李浩，孙旭东. 控规局部调整辨析 [J]. 重庆建筑大学学报，2007（1）：15-17，35.

[114] 李亚洲，刘婕. 面向市场需求的控规弹性策略研究——国内外实践及广州空港经济区"可选择用地"的探索 [C] //中国城市规划学会. 共享与品质：2018中国城市规划年会论文集. 北京：中国建筑工业出版社，2018：5-15.

[115] 何锡顺，胡兵，陈伟. 浅论新时期控规"一张图"动态更新体系构建——以长沙市为例 [C] //中国城市规划学会. 面向高质量发展的空间治理：2021中国城市规划年会论文集. 北京：中国建筑工业出版社，2021：9.

[116] i自然全媒体. 广州：以设计师为纽带探索社区多元共治 [N]. 中国自然资源报，2023-10-13.

[117] 姜兴贵. 做精细化规划，做有温度设计 [N]. 广东建设报，2022-02-18.

[118] 广州开发区规划和自然资源局. 聚焦社区小切口，凝成善治大变化——广州黄埔区社区设计师工作纪实 [Z]. 2022.

[119] 胡嘉佩，周岱霖. 全域全要素管控视角下特大城市详细规划改革探索——以广州市番禺区为例 [C] //中国城市规划学会. 面向高质量发展的空间治理：2021中国城市规划年会论文集. 北京：中国建筑工业出版社，2021：9.

[120] 番禺区融媒体中心官方账号. 番禺城乡规划设计师打造身边"小美好" [Z]. 2022.